誓把河山重安排
敢叫荒滩变绿洲

口述梅蓉

桐庐县人民政府桐君街道办事处◎编著

经济日报出版社

图书在版编目（CIP）数据

口述梅蓉 / 桐庐县人民政府桐君街道办事处编著
. -- 北京 : 经济日报出版社, 2021.4
ISBN 978-7-5196-0871-2

Ⅰ. ①口… Ⅱ. ①桐… Ⅲ. ①村史—桐庐县 Ⅳ.
①K295.55

中国版本图书馆CIP数据核字(2021)第058167号

口述梅蓉

编　　著	桐庐县人民政府桐君街道办事处
责任编辑	王　含
责任校对	蒋　佳
出版发行	经济日报出版社
地　　址	北京市西城区白纸坊东街2号（邮政编码:100054）
电　　话	010–63567684（总编室）
	010–63584556 63567691（财经编辑部）
	010–63567687（企业与企业家史编辑部）
	010–63567683（经济与管理学术编辑部）
	010–63538621 63567692（发行部）
网　　址	www.edpbook.com.cn
E – mail	edpbook@126.com
经　　销	全国新华书店
印　　刷	成都兴怡包装装潢有限公司
开　　本	710mm × 1000mm 1/16
印　　张	18.75
字　　数	135千字
版　　次	2021年5月第一版
印　　次	2021年5月第一次印刷
书　　号	ISBN 978-7-5196-0871-2
定　　价	85.00元

梅蓉文化的气质

文/陆生作

梅蓉村前临长水，后靠高山，江中独秀，县左流芳，古称九里洲，俗称洲上，雅称梅花洲。一地四名，像极了古人的姓、名、字、号。至今，梅蓉之名不足百年，梅花洲之名不足300年，洲上、九里洲之名已逾千年。唐代方干有诗云："林中夜半双台月，洲上春深九里花。"其诗自注："桐庐有九里洲。"我国现存最早的地图南宋《（淳熙）严州图经》里，刻画着九里洲800年前的模样，如舟似帆一沙洲。

天下佳山水，古今推富春。富春山水孕育的文化，我以为隐士文化第一，反抗文化第二，梅花文化第三。隐士文化，严子陵名气最大，而林则徐、吴嵩梁、蒋敦复等人皆欲归隐九里洲。"九里洲梅数万本，花时成海……结庐于此，不十倍桃花源耶"？即使在特殊年代，梅蓉人也是"心无旁骛，每天起早落夜地苦干，心中只有一个念想……让我们田野里的庄稼产量更高"。

反抗文化，三国孙权一家干得最出色。此后南齐唐宇之，唐代女子陈硕真，宋代方腊，个个反抗。20世纪六七十年代，九里洲战天斗地，敢叫荒滩变绿洲，也是一种反抗。据传，包立身抗击太平军，战败后隐姓埋名于九里洲余庆庵。光绪二十八年（1902），包村后人于余庆庵中寻得包立身画像。朱元璋说“罪人大者，莫过严光”，可见隐士也有反抗的一面。

梅花文化，以九里梅洲为最。九里一色香雪海，名扬天下三百年。钱维城、徐日纪、阮元、陈鸿寿、林则徐、张应昌、周芸皋、吴嵩梁、龚自珍、潘曾沂、祁寯藻、张图南、陈苌、周宣猷、张芸、袁昶、三多等一大批名人，皆与九里洲结缘。他们吟诗作画写文章将“九里洲”打造成了一个文化地理，一如陶渊明笔下的“桃花源”，用以寄托心情、精神与信仰。

这三种文化交融在梅蓉这片土地上，形成一文一武两座高峰：300年九里梅花香雪海，30年敢叫荒滩变绿洲。当我看到这本《口述梅蓉》时，对“九里洲巨变”背后的自力更生、奋发图强有了更深的认识，那段战天斗地的光辉岁月，如在目前。

梅蓉人是创造了奇迹的！

他们“令流水改向”，“从此，富春江水驯服地流上了沙洲”。他们挑塘泥港泥，种草子，养猪，把“死土”改“活土”，把沙土改“黑土”，“叫土地变样”。他们把沙石滩改造成果园，村前村后、山上山下遍种果木，“鲜花处处开放，瓜果四季飘香”。外交部副部长黄镇来了！国家副总理李先念来了！60多个国家的外宾来了，他们说：“中国农村，真是太美了！”

梅蓉大篇幅、多篇次地出现在《人民日报》《人民画报》《解放日报》《解放军报》《浙江日报》《杭州日报》的报道里，出现在中央新闻纪录电影制片厂、挪威电影公司的镜头里，出现在画家叶浅予《富春山居新图》的笔墨里，出现在向青、叶文玲等诗人作家的文字里……梅蓉人有自己的影剧院，建筑面积1300平方米，座位1108个；有自己的《九里洲小报》，由现代中国画人物画奠基人李震坚题写报头；有自己的村歌《歌唱九里洲》，由当代音乐艺术家马骧填词……梅蓉人撸起袖子加油干，风雨无阻，风调雨顺，日子越过越好。

今天的梅蓉由孙家（俞家）、戚家、陈家、王家（陆家）、龚家、罗家、滩上、前江、徐家、店坞、舒坑等自然村组成，耕地2000余亩，山林6000余亩，1100余户家庭，3400多人口，先后被评为浙江省第四批历史文化村落保护利用重点村、中国传统村落、浙江省3A级景区村庄、桐庐县诗歌村。村内现有古建筑80余处，包括明代2处、清代9处、解放前70余处，其中罗家大屋、郭侯王庙、龚家宗祠、舒坑宗祠为县级文物保护单位。

为助力梅蓉攀登第三座高峰：打造新时代乡村生活样板地，在桐君街道的领导组织下，“山花奖”获得者方赛群老师带领《口述梅蓉》项目组深入梅蓉，挖掘“红色矿藏”——以梅蓉村志《九里洲巨变》为线索，采访了33位梅蓉奇迹的见证者、亲历者、参与者，请他们回忆当年战天斗地的真实情景，努力把志书上一些简短的记录和枯燥的数字，还原成有血有肉、真实鲜活的珍贵历史。

桐君街道分管文化工作的副主任潘萍萍老师，嘱我为《口述梅蓉》作序。这是我的荣幸，也是我应尽的责任，因为我就是梅蓉人啊。我想，历史从来因人而鲜活而有价值，我们需要看见《口述梅蓉》在不同层面的意义。我们应该将梅蓉放在一个更大的视野里审视，发现它的独特文化气质，接受它的文化洗礼，发扬它的文化精神。

是为序。

（作者系梅蓉村王家自然村人，中国寓言文学研究会理事，浙江省作家协会会员，入选浙江省第八批“新荷计划”人才库）

前言

口述梅蓉

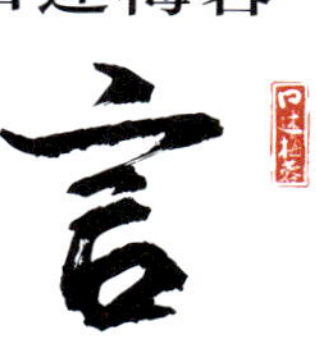

梅蓉村是有山、有水、有历史、有故事的古村落，凭借“梅花洲”的自然景色，吸引了诸多文人墨客驻足，留下了无数脍炙人口的诗文。

可有史以来，这方“美得惊人”的土地，却也“穷得吓人”：该村近2000亩土地中，80%是火星沙地。由于自然灾害频发，老百姓一直过着贫困不堪的生活。“十里洋滩九里洲，庄稼十年九不收，米桶一年空到头，有女不嫁九里洲。”梅蓉村这首自古流传的民谣，真实地反映了老百姓的生活状态。

新中国成立后，在中国共产党领导下，梅蓉村人依靠集体的力量，大搞农田基本建设，对沙洲进行彻底改造，叙写了“荒滩变绿洲”的神话。20世纪六七十年代的梅蓉村名扬国内外，先后有44批次60多个国家482位外国政要和宾客前来参观访问，成就了一段梅蓉历史上的鼎盛与辉煌。

这是一个属于梅蓉村的“红色矿藏”，虽然时光渐远，但记忆依然清晰。“敢叫荒滩变绿洲”的梅蓉精神永远不会过时，对新时代奋进中的美丽乡村来说，更有着特殊的意义。经过大半年的努力，我们终于有了手头这本名为《口述梅蓉》的新书。

值得一提的是，书中梅蓉村的那些讲述人，他们中绝大多数不仅是梅蓉村那段“战天斗地”历史的见证者，更是亲历者和参与者。他们一双粗糙的手，也是创造历史的手。他们那一辈人，充满改天换地的豪情，说到底，梅蓉村后人的好日子，就是他们那一代人用心血和汗水一点一点攒下的。而今他们又通过讲述自己的记忆，留给后人一笔宝贵的精神财富。

中国人爱说“家有一老，胜过一宝”。历史是由人创造的，我们的命运与国家的命运紧紧相连。同样，梅蓉村史和村民的家史也是一体的，他们的讲述，让一段远去的荡气回肠的历史，重新回到人们眼前，并让人们从中汲取力量。让我向梅蓉村这批可敬的老人致以最崇高的敬礼！

目录

人文古韵入画来

目录

三 发展脚步

四 山水新貌

五 岁月记忆

六 古韵新声

七 古村人杰

峥嵘岁月

一个穷村落，一群泥腿子。凭着“誓把河山重安排”的豪情，他们豁出命来大干苦干，书写出了一部可歌可泣的英雄诗篇。他们把荒滩变成了绿洲，把压在头上千百年的“缺粮”帽子猛地一下子甩到太平洋！

历史深处的小港记忆

梅蓉村原名梅洲，全村总面积6.75平方公里，整个洲由富春江洪水泛滥夹带的泥沙淤积而成，自滩上而下至小江口，洲长9里，故有“十里洋滩九里洲”之称。从现存的《嘉靖桐庐县志》《康熙桐庐县志》及《乾隆桐庐县志》均可看出，当年九里洲的地理位置及地形大势，是四面环水的“洲渚”地形。从早年地图上也可见，梅洲南有富春江，北有小江，当地人称“小港”。历史上一代又一代的梅蓉人，就在这四面环水的滩涂地上艰难生存。如今的梅蓉村早已融入陆地“怀抱”，小江也早就改变了原先模样，但梅蓉人关于“小港”的历史记忆，依旧那么清晰。

[讲述人小档案] 陈来春，1940年出生。家住梅蓉村陈家自然村。20世纪60年代经当地推荐成为工农兵学员，画作《政治夜校》上过国家级的美术画册。1971年以来，先后任原梅蓉大队会计、大队长、村书记等职。他还主编村史，是《九里洲巨变》一书的主笔。

口述人：陈来春

梅蓉村村口有块大石头，上写“扬帆梅蓉”4个苍劲有力的大字。该村乡贤每次返乡时，常会在这里久久驻足品味。都说“扬帆”两字意味无穷，因为历史上的梅蓉村，原本就像停泊在江中的一条“船”。

记得我们小时候，常听村里的老辈人说小港的往事。老人说，过去小港的江面有五六十米宽。富春江上满大水的时候，江上来往船只便在梅蓉村的小港停靠或通过。平时村里人要到外面去办事时，都得乘渡船，村里总共有3只渡船。那时富春江边是没有埠头的，小港倒有好几个埠头。梅蓉的祖先为了保护小港稳妥清净，在江两岸种上杨柳树、乌桕树，既保持了水土不流失，又可让村民干活累了有个休息之处。

那时富春江经常发洪水，洪水来时水急浪高，船只行水险象环生，而此时小港则是风平浪静，船夫因此都避走富春江。如此一来，小港就成了江上来往船只最好的“避风港”。这时候，梅蓉村前面的富春江是浪打浪，后面“小江”里是船挤船，那情景也算是独一无二了吧。

到了我们出生时，梅蓉村的小港江面已经没有那么宽，江面上也不见船只，取而代之的是5座小木桥。人们习惯用附近的村名为这些小桥冠名，这5座小木桥分别叫“舒坑桥”“店坞桥”“木坞桥”“戚家桥”“孙家桥”。

一条小港，把梅蓉村与桐庐陆地分割开来，告别渡船，小桥就成了通往外界的唯一通道。这5座桥说是“桥”，其实也就是几根木头拼接而成。桥面宽一点的是5根木头，窄一点的只有3根木头。桥板长度一般只有3至5米。天长日久，虫蛀水蚀，木头桥会腐烂发霉，人走在上面有点慌兮兮的。

那年木坞桥的几根木头都要换了，人们正在担心呢，正在这时来了几场大雨，庙旁边的一个大牌坊倒坍，露出了几块很好的条石，村民便抬去把木坞桥的木头换下来。从此后，木坞桥就成了小港上面唯一的一座石头桥。

小港上面的5座桥，样子虽然简陋“寒酸”，但它们的“地位”毋庸置疑。村里人上山砍柴，出门访友，一天也少不了它。每座桥边都有埠头，妇女在这里洗衣，小孩在这里洗澡，水底鱼虾游来游去，桥上行人你来我往，岸边垂柳迎风起舞。

在文人墨客看来，这真是一派“小桥流水”的美景，而“两江相环”的梅蓉村，就像一只小船在“江中独秀”，独特的景致确实是很吸引人，历史上文人墨客为梅洲留下了许多隽永的诗章。可他们怎知道美景后面的苦难。

历史上，富春江经常洪水泛滥，尤其是4、5、6月份梅汛更凶猛。有诗人

曾用“久雨积黄梅，江流滚滚来”的诗句来形容汛期洪水，而老百姓只用4个字就道尽了内心对洪灾的恐惧，那就是“洪水猛兽”！

据记载，自明宣德九年（1434）算起至新中国成立的500多年间，桐庐遭遇大旱36次，水灾34次。洪灾到来，是一片“庐舍淹没，浮尸蔽江，作物悉数冲毁”的情景，四面是水的梅洲，此时的情景别提多悲惨了。

梅洲这片土地，既无力抵御洪灾，更无法抗拒旱灾。解放前，我们梅蓉村在近2000亩土地中，只有20多亩水田，粮食产量很低。全村80%是火星沙地，20%是“靠天田”，因此每次旱灾都是“溪枯井竭，田禾枯槁，颗粒无收，民食草根，饿殍载途，死亡枕藉”。人们常说“靠山吃山，靠水吃水”，梅洲前有富春江，后有小江（小港），但老百姓吃到的只是苦头。因此，解放前有首民谣“十里洋滩九里洲，庄稼十年九无收。米桶一年空到头，有女不嫁九里洲。”这首民谣，深刻地反映了千百年来梅蓉人贫穷无望的生活状况。

解放后，在中国共产党领导下，梅蓉人开始用战天斗地的精神来改变自然环境和自身命运，20世纪50年代始，梅蓉人男女老少齐上阵，治水患、治沙患，造长渠、种水果，把九里荒滩变成了一片绿洲。梅蓉人的日子终于一天天好起来。

梅蓉村一天天变样，小港的“模样”也不复从前。

在“以粮为纲”的历史背景下，那年梅蓉大队第二任书记吴长明从大寨参观回来后，领着村民启动实施“小港隧道”工程，时任县委常委的方仁祥，带领突击队驻梅蓉大队奋战三个月。该工程于1977年冬季动工，于1978年全程贯通，总工程基本竣工。小港隧道高2.5米，宽3米，全长2500米，平整土地659亩。经过改造，梅蓉村原本的“小江”慢慢不见了，小港上的桥和埠头不见了，多出了一大片水稻田。梅蓉村有了进村的大路，从此之后与陆地融为一体，曾经有的“洲渚”地形彻底改变了。

如今的梅蓉村，村口进村公路的两边，一边是小小一湾碧水，凸显的是古朴天然的风光，一边是刚完工的一片人工湖，扑入人们眼帘的是一片“映日荷花”。这里就是昔日的梅蓉小港，入村口一左一右的两种景象，是历史与现代的呼应。

虽然梅蓉小港“萎缩”了，江上的桥、桥下的埠头，都消失在历史的大

现在的“小港”

潮中，但关于小港的记忆留下来了，至今被人们津津乐道。

我今年80多岁了，一生没有离开过梅蓉。我写过梅蓉，画过梅蓉，亲身参与了当年战天斗地建设新梅蓉的战斗，亲眼目睹了梅蓉沧桑巨变，还亲手记录了梅蓉村50余年的发展史，我很骄傲，内心也很充实。每当路过小港的时候，我心里总会感慨万端，因为我和她一样，都是历史的见证者。

一场洪水冲开“奋进之门”

据记载，自明宣德九年（1434）算起至新中国成立的500多年间，桐庐遭特大水灾有34次。对历史上四面环水的九里洲来说，每一次大洪灾都是一次毁灭性的浩劫。单拿1922年那次特大洪灾来说，就造成梅蓉28户村民外出讨饭，38户农户卖儿卖女，其中有4户家破人亡。不过对梅蓉人来说，1955年那场特大洪灾却显得异乎寻常：虽然那场洪灾比1922年的那场洪灾还要大，大水冲倒村里80多间房子，可灾后的梅蓉，不仅没有一个人伤亡，没有一户外出逃难，而且还有史以来第一次获得小规模的水稻丰收，与此同时，更轰开了“改天换地”一扇门。这真是一场令人瞩目的大洪灾，它不仅记载于桐庐县的灾难史，同时还出乎意料地载入了梅蓉村的发展史。

[讲述人小档案] 柯良柱，1942年出生，梅蓉村王家自然村人，退休教师。他亲身经历了1955年那场特大洪水，亲眼目睹了梅蓉人“化危为机”与恶劣的自然环境斗争的历程；此后，参与了梅蓉村治沙治水、平整土地等“战天斗地”的重大战役。

口述人：柯良柱

2020年的梅雨季总算过去了，桐庐人重新迎来了阳光灿烂的日子。在过去的四五十天里，一场又一场的大暴雨使富春江水位迅猛上涨，洪水像猛兽一样咆哮着冲击着江堤。面对重大灾情，桐庐人在县委县政府的领导下，众志成城守护家园，干部党员冲到第一线严防死守，保护人民群众的生命安全。令人骄傲的是，我们桐庐全县成功经受住了新安江“九孔泄洪”的重大考验，而我们梅蓉村在桐君街道重点守护下，凭借几代人完成的水利设施，在这场特大洪灾中千亩良田无一冲毁，全村房屋无一受损，全村老小安然无恙。

这情景，让我情不自禁地回想起了1955年的那场特大洪水。

那时候，富春江上游还没有水利枢纽工程，一场暴雨就会引发洪灾，一段时间不下雨就会引发旱情。小时候，梅蓉孩子要学会两项生存技能：一是上树，二是游泳，为的就是灾难来时能自保。村里的老人用“三点毛雨水上灶，三个日头脚起泡”来形容生存环境的恶劣。这个说法虽说有点夸张，但自古以来，我们梅蓉村这片土地既无力抵抗水灾，也无法抵御旱情，却是毫不夸张的事实。

1955年6月份，老天好像被捅漏了一样，接连下了四五天的大暴雨。富春江上很快形成特大洪水，我们九里洲上是汪洋一片，大樟树只露出了树梢。洪水来势汹汹，像野兽一样张牙舞爪疯狂扑来。村里的老年人一生受够了洪灾的折腾，见此情景也吓得发抖，话也讲不出来。可这毕竟是新社会了，在县政府的关心下，我们大队及时组织避灾。上级领导和大队干部组织把村里的耕牛、农具、种子、肥料以及老人、小孩用农船、竹筏运送到山上安全地带。还有一部分村民则扶老携幼，撤退到村中地势较高的人家去躲避逃洪水。

我家房子地势较高，家中有5间屋，眼看洪水涨得越来越快，村里有10多户人家来到我家避难，我家一下子涌进了几十口人，地板上睡满了人。我父母都是很善良的人，他们腾出了房屋，用大灶烧饭给大家吃，还不断地安慰乡邻说："不用怕，我家地势高，洪水不会上来的，洪水很快就会退的！"

可我父母还是太乐观了一点儿，这场洪水异乎寻常地凶猛。当最后几户村民逃到我家时，洪水几乎是"咬"着他们的脚后跟涨上来了！接下来，洪水顺着我家门前的台阶快速地往上"爬"，大水很快涌进了我家的大门。逃到我家的村民原本一部分是住楼下的，现在只得惊叫着往楼上跑。

洪水也跟着他们上楼梯，很快进屋的水高达两米，大水涨到了一楼楼板平。随着风起浪涌，洪水一下一下地击打着楼板，发出"咚、咚、呼"的声音，好像是魔鬼的脚步声一样，听了让人胆颤心惊，令人感觉非常恐怖。洪水越来越大，只听村庄低洼处的房屋一会儿"哗啦啦"倒掉一幢，一会儿又"哗啦啦"地倒掉一幢，引得村民一片惊呼声，几个孩子也吓得大哭起来。

就这样，我们几十个人挤在楼上，惶惶不可终日。窗外是白茫茫一片，我们这幢房子就像大海里的一只小船一样孤苦无依。这时大家嘴上不说，心里都在想，洪水什么时候能够退去？这幢房子会不会倒掉……这时，面对强大的大自然，人的力量显得那样渺小，除了听天由命，我们没有任何办法。

好在天无绝人之路，几天后洪水终于退了。

洪灾过后的梅蓉村，一片狼籍。农户家中的淤泥有几尺高，房子倒掉的村民如今已经无家可归，他们望着眼前的残砖剩瓦发呆，欲哭无泪。地里种的番薯、玉米、黄豆、高粱等杂粮也全部被冲掉了，今后的日子该怎么过？

说实话，要是解放前，梅蓉村的人碰上这样的大洪灾，只有一条路可走，那就是逃荒讨饭。可毕竟是中国共产党领导的新社会，大家心里是有底的。很快，县政府就对受灾的村民进行救济，村民只要到大队里开个证明，就可以到窄溪粮管所买到米。虽然那米有些发红，是洪水中泡过了的，但灾后有饭吃已经是天大的好事了。那时大家说得最多的一句话就是“谢谢共产党”！

灾后，梅蓉村民立即进行抗灾自救。

各初级农业合作社立即组织力量恢复生产。男女老少齐上阵，老人妇女修整住房，有经验的去抢救梨树，青壮年劳力到田间改种抢种。可是时令已到6月，红薯、黄豆、高粱等杂粮地，大部分已被冲成白地了，想改种补种都来不及了，种田人都清楚，庄稼错过季节是没有收成的！怎么办呢？

这时大家惊讶地看到：洪水过后，村里一些种在水塘附近的稻子，由于田里冲进了富含营养的淤泥后，长势反倒特别好。这一新发现让大家眼前一亮：我们梅蓉村沙地原本只能种杂粮，但洪水带来的淤泥给沙土铺上了天然的、营养丰富的“保护层”，如果把低洼处改造一下是不是可以种水稻呢？大家兴奋起来了，都说按照节气，抢种中稻还来得及！我们何不试一试呢？

紧接着，全体干部群众紧急动员，组织起来争分夺秒地改造各处的低洼地和积水沙地，总数达到了80余亩。各初级社联合向农村信用社贷款200元，派人到萧山、绍兴等地买来秧苗，在九里洲破天荒地种上了80亩晚稻。过去村里有20来亩水田，只种一季水稻，如今在沙地里种上了双季稻，在这梅蓉村，是一次真正的突破与“创新”，因此这80亩水稻牵动了全村人的心。

这是一片真正的“希望的田野”，在村民们的精心栽培下，再加上洪水带来的淤泥的滋润，这80亩水稻长势竟然是出奇得好。那稻头沉甸甸的，看了叫人喜爱，让人兴奋！这片稻田最后实现平均亩产250公斤，相比去年村里20多亩水稻的产量，足足增产了一成多，村民高兴得不知说什么好。虽然只有80亩面积，但也让全村人都感受到了丰收的喜悦。

灾后丰收，梅蓉人创造了一个奇迹，让梅蓉人看到了新希望：只要有信心，沙地可以改为水田，种杂粮可以改为种水稻，低产田可以改为高产田。从那年开始，梅蓉村村民改变传统习惯，开始种植晚稻，由一年一熟改为二熟，使粮食产量大大提高。

这个由一场大洪水激发出来的坚定信念，因此成为引发梅蓉村“荒滩变绿洲”的“核动力”，让梅蓉村人在沙洲上铺开了一张宏伟蓝图！

震撼人心的“开渠引水”

凡是到过梅蓉村的人，大概都会对江边那条长渠印象深刻。这条覆盖全洲总长达15930米的灌溉长渠，始建于1956年，建设时间前后历时8年，连接着富春江边及后面小江边的17个机埠，寄托着属于那个年代梅蓉村民的“脱贫攻坚之梦”。这条长渠，连接着梅蓉人当年惊天地、泣鬼神的壮举。

为了建设这条长渠，梅蓉人当年付出了无数的心血和汗水，因为缺少资金，许多农户“把卖鸡蛋的钱都凑上了”。长渠建成后，奇迹般地把梅蓉村数千亩沙地“变”成了水稻田，从而彻底改变了梅蓉村贫困面貌，开启了该村一段鼎盛辉煌的历史。这条质朴的长渠因此变得不同凡响，它记录了“荒滩变绿洲”的奇迹，承载了梅蓉人自力更生，艰苦创业的精神，展示了梅蓉人敢于与严重的天灾“叫板”的豪迈，是一条有温度、有情怀、有故事的长渠。

[讲述人小档案] 方永见，1934年出生，1958年入党，是新中国成立以来梅蓉大队里的第三任党支部书记。他亲身参与了梅蓉村开渠引水、沙地变良田、水果种植、发展副业等发展历程。

口述人：方永见

就是要让“水往高处流”

1955年那场特大洪水啊，给我们村造成了极大的损失，要是在旧社会啊，估计村里许多人家为了活命，肯定都拖儿带女出门讨饭去了。可在共产党领导下，这一场洪水反而激起了梅蓉人与天灾斗争的巨大勇气，他们利用洪水带来的淤泥层，通过改造低洼沙地，补种了80亩水稻并获得了丰收。这也是梅蓉人有史以来第一次尝到了水稻丰收的喜悦。

灾后丰收，使梅蓉人信心大增，发展生产的信心更坚定了。村干部们强烈地意识到，要彻底解决梅蓉村的粮食问题，只有对沙地进行改造，把种杂粮改为种水稻，把低产田改为高产田。只有这样，梅蓉人才能过上好日子。

可想归想，摆在我们面前的困难太大了。

要想在原洲上种水稻，首先要解决水田灌溉和排涝问题。常言道“水往低处流”，可我们梅蓉村是“中间低，两头高”的地形地貌，既不蓄水又不经晒。

洲上倒是有十几个小水塘，但要大面积的“沙改田”，靠这点水，老实说当“胡椒粉”都不够的。村边的富春江里倒是有水，滔滔不绝，可梅蓉村地势高，富春江地势低，水不可能往高处流，也正因为如此，自古以来梅蓉人在大旱之年都只能“望水兴叹”，要想种水稻那更是“痴人说梦”了。

可时代不同了，我们梅蓉人就是想要“水往高处流”！

1956年2月，新蓉初级合作社首先行动起来。社长徐阿罗意气风发地带领社员建机埠、修渠道，一门心思想要引水上沙滩，但毕竟该初级社只有30多户人家，势单力薄，干了一阵就干不下去了，只好偃旗息鼓。第一仗虽然败下阵来了，可徐阿罗等人“开渠引水”的信念反而更强烈了。

1956年，梅蓉村成立高级合作社，全村实现合作化，社长是陈阿水，徐阿罗是常务副社长。他提出要干的第一件大事，就是实施“建机埠引水”工程，他说：“只有把富春江水引上来，把沙田变成水田，梅蓉人才有活路！”他的话很直白，但很打动人心，他的提议得到了全体干部群众的一致拥护。

梅蓉人决心虽然下了，但到底怎么弄，大家心里都没有底。就拿建机埠来说吧，首先要解决的第一个问题就是选址，但梅蓉村没有一个人懂水利，机埠该建在哪里，谁也说不出个道，于是村干部只能硬着头皮上。

那天，徐阿罗领着合作社的干部在富春江边走，说是“三个臭皮匠，顶个诸葛亮”，大家来讨论决定机埠建在哪里。他们一边走一边议论，这里看看不行，那里看看也不行，最后在徐家这个地方站住了脚步。

大家异口同声地说：“这个地方不错！这个地方真不错！”

要说大家看中的徐家这地方，不仅离水近，离村也近，而且这地方对下去江边正好是一个深潭，非常有利于抽水。最重要的还有一条：这里是九里洲的中心位置，建水渠上可以引水到罗家，下可以引水到陈家。换句话说，水渠从地势高的徐家开始建，今后引水可以浇灌到九里洲一半的土地。

经大家一致同意，机埠就建在徐家。

1956年冬季，在县政府的重视和支持下，以徐阿罗为总指挥的“开渠引水”工程轰轰轰烈烈地上了马。村民热情高涨，要知道在富春江边造水渠、建机埠，这不仅在梅蓉村是开天辟地第一次，而且在桐庐也是第一个呢。

总指挥徐阿罗一马当先。他把工地当成自己的家，没日没夜地在这里劳动。他只晓得工作，不知道休息，常常忙得忘记了吃饭。当时和他一起工作的，还有乡里派来的一个女干部。这个乡干部干起工作来有力道，对人很和气。在工地上，社员劳动，她也劳动，社员收工了，她有时还在工地上。大家对她的评价很高，说她是“共产党的好干部”，村里许多妇女都喜欢和她“搭伴”。因为她姓王，是凤川柴埠人，因此大家都叫她“王柴埠”。

开渠引水工程浩大，困难重重，但梅蓉村人决心更大。

虽然参加劳动的社员穿得都是打补丁的衣服，吃得也都是粗粮，但一个个豪气冲天，也不知力气是从哪里来，一个个起早落夜做生活也不感觉吃力。

工程中缺少资金，徐阿罗一声号召，各家各户都主动凑钱。有的人家把卖鸡蛋的钱都凑出来，所有的人都把从牙缝中省下来的钱交到了社里，一共筹集了4800元钱，这在当时是一笔“巨款”，解了工程的燃眉之急。

造渠道需要大量的建筑材料，最重要的是石头。村民自力更生想办法解决，到对岸河滩里去拣石头，然后用木船一船一船运回来。这也是一件不容易的事，当时是冬季，江上风大，到河滩上拣石头要多冷有多冷。有一天运

石头的船只还翻在了江里，船上人跌到江里，冻得够呛。好在有惊无险，社员没有生命危险。虽说拣石头很苦很冷，可村民中没有一个人叫苦喊累的。

我们都是“土匠人”

梅蓉人不怕吃苦，不怕累，战胜困难决心强。但话要说回来，许多困难光凭吃苦精神是不够的，那回碰上“技术困难”，还真把梅蓉人难住了。

工程实施初期，梅蓉人使上了九牛二虎之力，终于把造渠道一期工程的材料全部备齐了，承建单位的施工人员也来了，可他们干了一阵后不干了：“工程量太大，技术复杂，吃不消做。”请来的泥工师傅也嫌工钱少走了，还有人说风凉话：“这工程太大，造长城一样，有年无月，谁吃得消做啊。”

梅蓉人满腔热情被当头浇了一盆冷水，别提多难过了，不过干部群众并没有泄气。原农会主任丁文根说：“求人不如求己，他们不干，我们自己干。”“对！死了张屠夫，难道就吃带毛猪了？”“事在人为，谁也不是天生会造渠道。”

就这样，在社干部的带领下，社员们干起来了。不懂技术怎么办，边干边摸索，村民中有几个过去干过泥水活的，这一回成了工地上的“高工”，他们除了自己干活，还带起了徒弟，办起了“现场培训班”。

不过，当泥水工和建渠道毕竟是两回事，更何况还是在沙滩上建渠道呢。“土匠人”挑大梁，刚开始的时候，质量问题是难以回避的。我们碰到了很多难题，也经历了很多失败，但没有一个梅蓉人愿意打“退堂鼓”。造渠道质量不过关，那就推倒重新来过。我记得有一截渠道因地质原因，建好不久，就倒坍了，社干部第二天就组织力量重建，想不到建好不久又坍掉了，于是又组织力量重建。这一截渠道先后倒掉5次，重建5次，一直到坚如磐石为止。

看着渠道一点一点建起来，在沙地上不断向前延伸，梅蓉人看到了希望。因此，虽然碰到的困难很多，但参加建渠道的人也越来越多，村民的干劲越来越大。村里男男女女都想出把力，有的到舒湾溪里拣石头，有的装船，有的抬石头，有的在渠上砌石头，个个干劲高涨，连一些年纪大的人也要求参加劳动。

实施“开渠引水”工程的同时，梅蓉村“沙地改田”的工程同时启动。两个工程同时进行，相互呼应，做到渠道建到哪里，地就改到哪里。

经过一个冬春的苦战，1957年夏天，梅蓉村建成全县第一个抽水机埠和第一条1600米长的渠道。这条长渠建得非常结实：上面宽1.5米左右，底脚宽2米，水渠两边都可以走路。“土匠人”们把自己的心血和汗水，还有对家乡的情感，全部都融入了这条渠道。他们是造渠，也是在为子孙造福啊！

建渠引水，沙地改田，富春江的水，真的按照人们的意愿“往高处流”来到了洲上。这年夏天，当机埠第一次将富春江的水抽到洲上的时候，看着那水“哗哗”地流入水渠，顺着水渠流入改好的沙田时，全村人真像过年一样高兴，男女老少都到渠边来“看水”，小孩子在水渠边追着水跑，“土工匠”们一个个脸上全笑开了花，可许多年纪大的人却当场流下了激动的泪水。

是啊，也难怪老年人激动的。过去富春江年年发洪水，每次发洪水都给九里洲人带来灾害，有了这条渠道，富春江从此要给梅蓉人“送福”了！

水，是生命之源，同时也成为梅蓉村的“发展之源”。1957年灌溉水渠一期工程完工后，富春江水引到龚家、徐家、罗家。这一年全村270亩沙地“变”成了水田，种上水稻后，当年亩产达到500多斤。旱地有了水的滋润后，产量更是大幅增加：当年旱地作物每亩增产300斤。更令人自豪的是，当年该村270亩晚稻获得丰收后，向国家卖了

1957年5月，桐庐县第一个抽水机埠——梅蓉徐家机埠建成

10000余斤余粮。

从这年开始，梅蓉村粮食自给有余；也从这年开始，梅蓉村改变了传统种植习惯，由原本的一年一熟为一年二熟，粮食产量大幅度提高。

实施机电排灌工程

第一炮打响，极大地鼓舞了梅蓉村村民的干劲，大家造渠道的热情更高了。从1956年开始，梅蓉村每年冬春就掀起造渠道和沙地改水田的热潮。长渠延伸到哪里，“沙改田”项目就实施到哪里，水稻就种到哪里。干部群众身上迸发出的那种“改天换地”的精神，那种“创造历史”的精神实在感人！

这条寄托了村民“过好日子”梦想的长渠，越建越长，一个机埠不够了，又造一个机埠，两个机埠还不行，接着造第三个、第四个机埠……

自1957年建成桐庐县第一个排灌机埠和第一条长1600米的渠道后，梅蓉村先后建成机电排灌机埠17座，电机、水埠配套设备23台套，功率292.5千瓦，受益灌溉面积达到3300多亩，全村90%的耕地实现了机电灌溉。

与此同时，我们还建成覆盖洲上全部土地的灌溉网，总干渠全长2900米，从六弓到里洲末头贯穿全洲。中间，接通舒坑水库联渠、徐家埠倒吸虹、经堂门口明渠、大坟头机埠倒吸虹，长排口机埠。支渠按田块合理布局，使水渠总长达到15930米。村里安装变压器10台，共960千瓦，架设电力线路48.4华里，总投资876.1万元。到1961年，洲上的水田面积比原先扩大了4倍，村里90%的耕地实现机械灌溉，粮食亩产超千斤。

讲到这里，我想起了村里的老退伍军人罗长青，他是我们村里第一个管理机埠的人。

第一个机埠建在徐家，管理机埠的任务交给谁？经合作社干部集体研究决定，由退伍军人罗长青来担任这个光荣而重大的任务。那时梅蓉村没有通电，动力源采用的是木炭机，其原理类似火力发动机。机埠管理人员要先把火炉中的炭火烧旺，转化为能量把抽水机带动起来，把水抽上去，送上水渠。

木炭机现在属于“老掉牙”的设备了，可在，60年多前那还算是“新技术”呢。记得当年我们请了一个师傅来传授木炭机的使用技术，罗长青学得非常认真，可那台木炭机实在很气人：常常是那位请来的师傅把机器发动起来了，运转很正常，可师傅走了没多久，机器莫名其妙地又“罢工”了。那时村里没有电话机，于是罗长青只得心急火燎地赶到桐庐去把这位师傅找回来……这样来回折腾的次数还真不少，把退伍军人罗长青弄得苦不堪言。

经过一番努力，罗长青终于把这个木炭机“驯服”了。到底是当兵的人，不怕苦、不怕累。抽水的日子，罗长青一天到晚都在机埠里，守着炭火机一步也不离开，那时他整天都像烧火师傅似的，脸上通通红、墨墨黑。

后来，我们的机埠使用上了比木炭机先进的柴油机。罗长青整天围着柴油机转，机器出故障都是他自己修理。这样一来，他常常身上沾满了油污，脸上也是油污，但看见水渠里的水“哗哗”流，田里的稻秧绿油油，他再累也感觉不到累，脸上笑得那个开心哦。

1961年村里通了电，开始实施机电排灌工程，那可真是“鸟枪换炮”了，管机埠的人再也不用像罗长青那么辛苦了。记得第一个掌握电动抽水机的社员叫陈春根，也是一位退伍军人，他的工作认真劲头和罗长青一样。后来机埠越建越多，徐家一个，前江一个，孙家一个，戚家一个……一共建成了17个，管机埠电动抽水机的人也越来越多。他们称自己的工作是“电开关一开，头颈睡弯”，意思是有了机电排灌系统后，管机埠繁重的劳动变轻松了。

第一个管理机埠的人——罗长青

一条长渠，17个机埠，记录了梅蓉村一段珍贵的历史，而我后村的机电排灌工程，更是生动地记录下了梅蓉村向现代化迈进的步伐，记录梅蓉人“敢叫荒滩变绿洲”的豪迈。直到现在，这些机埠大部分还在发挥作用呢。在梅蓉后人眼中，这条长渠不仅是一项水利工程，更是一座矗立的丰碑，一面夺目的旗帜，一种不朽的精神。

向瘠薄的土质“宣战”

开渠引水，改沙地为水田的胜利，使梅蓉人看到了组织起来的强大力量，可是这并没有解决高产稳产的问题。要真正实现梅蓉村“沙洲变沃土”的梦想，“土壤改良”是一道绕不开的关隘，必须增加沙质土壤里的有机质和养分含量，改良土壤性状，提高土壤肥力。1958年始，在政府的大力支持下，梅蓉人开始实施大面积的土壤改良工程。这场重大战役长达4年，梅蓉人通过挑塘泥覆土、种紫云英增加土地氮素养分、家家养猪用猪粪肥田等种种办法改良土壤。1974年至1978年，累计投工61万工，实现沙地改田1306亩，彻底改变了梅蓉村只能种旱杂粮，不能种水稻的历史。村民的汗水换来喜人成效：原先白松松的沙质土变成黑黝黝的沃土，肥力大增，水稻产量一年比一年高，1961年该村粮食亩产超纲要，1982年超双千斤。

[讲述人小档案]陆庆根，1941年出生，梅蓉村王家自然村人。从1964年开始到1986年，当王家生产队长长达20多年。1986年后，任梅蓉村支部委员3年。一辈子没有离开过梅蓉村这方土地的他，亲身参与了梅蓉村巨变的全过程。

口述人：陆庆根

一

我今年80岁了，这个年纪的人往往喜欢怀旧。每当回忆“大干苦干”的往事，我大脑里就像放电影，一幕幕都在眼前呢。特别是当年我们梅蓉村改良土壤那些事更是难以忘记。前不久，我还梦见和大家一起在挑塘泥呢。

那是20世纪五六十年代，当时梅蓉村已经建起了机埠，造起了长渠，修起了水库，洲上大部分沙土田都改成了水田。我们吃了数不清的苦，流了数不清的汗，做了祖上世世代代都不敢做的大事情，心里别提有多骄傲了。

可是，不知不觉之间，一个新的难题又摆在了大家面前：九里洲沙土虽然成了水田，但土质没有改变，田里还是那些捏不成团的沙土，既不保水，也不蓄肥，根本无法保证水稻的稳产高产。村里一些上了年纪的老农摇头说：“唉！用这样的白沙田种水稻，种种一畈，收收一担，要蚀煞老本的。”

村里的干部群众都看清了一件事：贫瘠的土地，是种不出好庄稼的。要想让“白沙地”真正变成稳产高产的水稻田，实施土壤改良是当务之急。不但平整好的土地要改良，就是原有的旱地也需要改良，否则我们梅蓉人付出大量人力、精力实施的“开渠引水”等项重大工程取得的胜利，最后都会大打折扣。

1958年开始，梅蓉村正式实施“改土工程”。

改良土质，提高产量，到底该怎么做？这时有人提起一件事：1953年，陈凤林互助组有3亩沙地挑上塘泥种小麦，最后获得亩产200多斤的收成。大家一听都深受启发，觉得这是一个改良土壤的好办法，值得大力推广。土办法往往能解决大问题嘛。社管会干部当即拍板了：好！我们挑塘泥。

不过，群众中也有不同意见：“生成的沙子，再怎么弄都变不成烂泥的。我们发动全村投工投劳花那么大的人力物力，到时候会不会劳命伤财？”还有人说：“有这个力道，还不如买点化肥到田间撒撒，省事还立竿见影。”

群众中出现的这种“消极情绪”，虽然是极个别，但处理不好也会变成“负能量”影响工作。要说那时的社管干部，真是做群众思想工作的“高手”，他们没有批驳，更没有上纲上线扣帽子，而是扳着手指头算了一笔账：“算起来，一亩地土壤改良，挑塘泥大概要百来工，听听投入人工成本是有点大，但今后每年能增产百来斤，辛苦一冬春，享用一辈子，是合算不合算？”

这一笔账，算得社员心服口服。大家异口同声地说：“是啊是啊，撒化肥是省力，但撒一次只一次，撒多了土地还板结呢，没有挑塘泥划算。”还有人说：“撒化肥是治标，挖塘泥是治本，改良土壤是造福子孙。”

群众的思想高度统一了，社管会的干部因势利导，紧接着就发出了实施土壤改良工程的动员令：“今年挑土，明年挑谷。”这短短8个字，简明扼要，朗朗上口，把眼下的任务和今后的目标讲得清清楚楚，确实是鼓舞人心。

1956年冬季，我们新蓉高级社组成了一支600多人的挑土队伍，以每亩500至800担的标准，往平整好的沙田挑塘泥加厚土层。许多沙田当时已种上麦子并长出了麦苗，我们挑塘泥直接往麦苗上铺，把整块田的麦苗都压平压折了……不过不用担心，麦子经过这么一折腾，不但不会减产，还会长得更好呢。

挑塘泥，是真正的脏活、重活。队里要事先派人把水塘里的水车干，让塘底干上几天才能挑。塘泥很臭也很重，路更是难走，再加上冬季风寒雨冻，挑塘泥的社员每天都是满身是汗，一身是泥。可奇怪的是，挑塘泥的人反而越来越多，甚至一些年近花甲的人也来参加，他们说："挑塘泥既能赚工分，也是利于子孙的好事，我们在家呆不住。"

就这样，我们当年苦干一个冬季，挑塘泥改造沙田500亩。第二年，这500亩田里麦子丰收，水稻也丰收，亩产得到大幅度提高。那些头年参加过挑塘泥的社员，个个喜笑颜开，因为他们流过的汗水，全部变成了丰收的喜悦。

从此之后，冬闲时节挑塘泥江泥就成了梅蓉人的"日常功课"。当时还以生产队为基础，农民参加集体劳动实行的是工分制度。挑塘泥的男劳力一天可以挣11个工分，女劳力按一天的劳动量挣8分、7分、4分不等。社员们挑塘泥积极性日益高涨，大部分生产队挑塘泥，要一直挑到大年三十下午三点才收工，过完年后大年初三又开工。记得那年龚家村干部群众挑塘泥的积极性更高：该队的社员大年初一就出工挑塘泥。此事还受到了上级领导的表扬呢。

村民以小队为单位，把洲上十几口大大小小的水塘的塘泥挑了个"底朝天"，一直挑到见沙为止，水塘里的泥挑光了，又到小港里挑泥……水塘和小港经过这么一次大规模的"疏浚"之后，水域面积加深加宽了，水也更清了。

二

挑塘泥改良土壤"一举两得"，但洲

上十几个水塘的塘泥毕竟是有限，要把梅蓉的“白沙地”真正变成“黑土田”，光靠挑塘泥显然是不够的，尤其是我们村开始推行“新三熟制”之后，肥料不足的矛盾进一步凸显。

为了进一步提高土地的肥力，社管会每年扩大草子的种植面积。草子的学名紫云英，该植物含有丰富的氮素养分，固氮能力较强，同时还具有富集和活化磷、钾及微量元素的作用。紫云英“翻耕入田”后，腐化的有机肥分解极快，肥效迅速，是冬季主要的绿肥品种之一。它开的花有紫色的也有白色的，细细的小花连成一片，远远望去很漂亮，是春天农村一道独特的风景。

紫云英的幼嫩茎叶还是喂猪的好饲料。

在“以粮为纲”的年代，有一句口号叫“猪多肥多粮多”，养猪的重要性不言而喻。对我们梅蓉人来说，养猪就更重要了，因为一头猪就是一个微型的“肥料加工厂”，对我们村实施土壤改良工程事关重大。养猪需要大量饲料，种植紫云英既能肥田，又能成为养猪的青饲料，而养猪又能直接提高农民收入，岂不是一举三得。正因为如此，那些年梅蓉村不断扩大绿肥种植面积，以数字为证：1957年全大队种植紫云英的面积仅为24亩，到1963年扩大到514亩。

这一年，梅蓉田野里的紫云英开成了“花海”。

1957年，农户养猪积极性热情高涨：全村养猪达到1500头，基本实现了一亩地一头猪，平均每亩施放栏肥36担，逐步满足了改良土壤的要求。此后，梅蓉村养猪规模继续加大：1965年，为巩固集体经济，村里建立建全生产责任制，大队、生产队畜牧场有计划扩展，做到集体和个人两条腿走路，饲养量不断上升。1963年，集体和个人养殖的生猪达到1505头，户均3.6头。1965年，全村生猪饲养量为1831头。“猪多肥多粮多”成了喜人的现实。

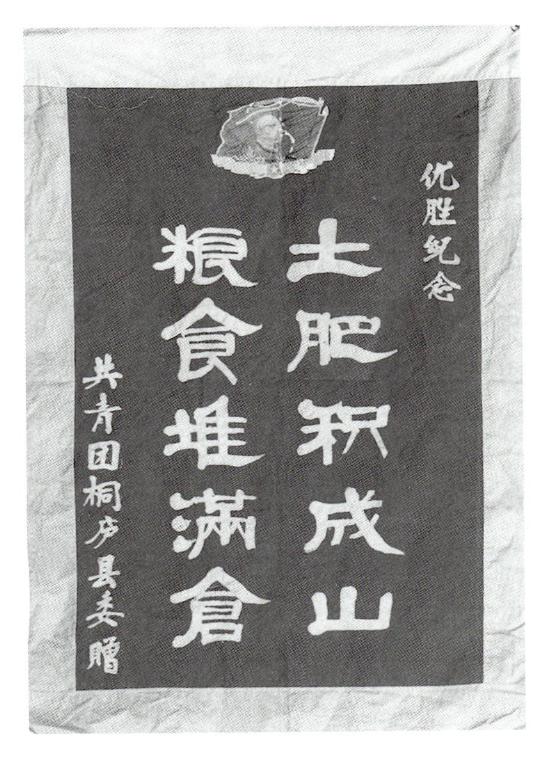

挑塘土，种植紫云英，发动农户养猪，梅蓉的土壤改良工程“三管齐下”，经过4年艰苦奋战，1974年至1978年，全村累计投工61万工，沙地改田1306亩。在党的领导和政府的支持下，我们洲上的白沙终于变成了黑色的沃土，粮食产量更是不断提升：1961年粮食亩产超纲要，1982年超双千斤。一项土壤改良工程，达到了让农业增效、农民增收、农村增绿的好效果。

敢叫砂石滩涂变果园

1959年，梅蓉村确立了水果产业发展新目标：要把洲上200多亩荒滩改造成果园。这在当时几乎是一个不能完成的任务，因为那片由洪水冲积成的滩涂地，除了砂石还是砂石，杂草丛生，荆棘遍地，野兔出没，尤其到了夏天，是一个“人走过脚起泡，蛇游过要烫死”的地方。可是，敢想敢干的梅蓉人就是有改变“把荒滩改造成果园”的决心。村民们不辞辛劳地挖坑、种树、培土、拔草；水果专业队的人更是集体住在荒滩上，每天披星戴月地对果树进行精心管理。经过多年的开发，最终把这一片砂石滩涂。开发成了四季飘香的果园。

[讲述人小档案] 陈关富，1930年出生，梅蓉村王家自然村人。29岁那年进了水果专业队，主要负责苗圃的管理。在水果队一干就是20多年，是梅蓉村把荒滩“变”成果园的见证者和亲历者。

口述人：陈关富

一

我今年91岁，从小就听老人讲起，我们梅蓉水土好，无论种什么水果都很甜，这也是人们常说的“得天独厚”吧。梅蓉先人爱种果木，尤其爱种梅树，诗中“梅蓉有梅一万枝”，说得就是这件事，梅蓉村名也因此而来。

古诗中的梅蓉村固然美，但现实却并不美妙。近代由于兵荒马乱、自然灾害频发等原因，梅蓉村里梅树、果木早已被毁殆尽。滩上只能种些杂粮，老百姓难得吃上白米饭。当洪灾来袭时，老百姓只能出门讨饭。

解放后，在共产党领导下，梅蓉人为了改变“一穷二白”的生活处境，与大自然作斗争，通过兴修水利、改良土壤，粮食生产的问题基本得到了解决。可是单一抓粮食生产，没有办法解决农田水利基本建设的资金来源。这就如同“巧媳妇难为无米之炊”，村里要实现发展规划面临重重难关。

最难忘的是1956年，我们梅蓉村成立了“新蓉高级社”。当时集体经济底子单薄，社员家家户户的日子都过得紧巴巴、苦兮兮的，再加村里大搞农田水利基础设施建设，因此村集体经济到了“捉襟见肘”的地步。这年是梅蓉村的大干之年：村里建成全县第一个抽水机埠和第一条长达1600米的渠道，沙地改田面积达到270亩。做成这两件大事，梅蓉村一下子出名了。可是这年年底，新蓉高级社年终分配方案无法兑现，9000多元分红款也付不出。

这件事，让村里的群众有点泄气，私底下议论纷纷：豁出命来苦干一年，到了年终，却连分红款也拿不到，让我们如何有力气做生活。

高级社的干部心里更沉重：社员的日子要过，农田水利基础设施要继续搞，资金的问题如何解决？这时有人提出，梅蓉从古以来都有种水果的传统，如果我们把不能种水稻的地都利用起来种水果，村集体还怕没有钱用吗？

这个提议，让高级社干部一下子找到了发展方向。高级社于是确立了“一手发展粮食生产，一手抓果木生产”的发展思路，用现在的话来形容，就是，梅蓉村发展要采取“两条腿走路”的方针，走可持续发展之路。

“振兴水果产业”的思路得到了社员的一致拥护。有人说：“我们梅蓉村从古到今，种水果都是有名气的。我们发展水果产业是有优势的。”有人说：“我们梅蓉水土好，种的水果甜，今后不愁销的。”还有人说：“桃子3年结果，李子4年结果，只要管理到位，我们种水果很快就会有钱赚。”

就这样，新蓉高级社专门成立了水果专业队，队长名字叫陈来林。水果专业队里一共有12名成员，他们都是各自然村抽上来的，不仅肯吃苦，责任心强，而且对果树种植都有一定的经验。为了掌握先进的技术，队长陈来林和社员孙木金，还专门到桐庐当地和周边县市“拜师”学习。

有了这支“主力军”，新蓉高级社发展水果产业的“战役”很快就打响了。水果专业队成立当年，就到建德等地购进一批果树苗木，在山上、田头地角一共种下了1700株白梨、2200株水蜜桃，并在江边种植芦竹、杨柳、水杉以保持水土。水果专业队施肥、拔草、修剪，每天用心“侍候”这些小苗。

凭良心讲，我们梅蓉村确实是种水果的“宝地”。

在水果专业队的精心管理下，种下的果树茁壮成长，看着它们开枝散叶、开花结果，全社干群都很开心，大家看到了希望，发展的信心更足了。

二

1959年，梅蓉村确立了水果产业发展新目标：要把洲上200多亩荒滩改造成果园。不过这一次，大家的意见不那么一致了。

那200亩滩涂，位于九里洲上游，地势一头低一头高形成斜坡状。这样的地势既不蓄水，也不经晒。多年来经一场又一场洪水冲刷，这里是砂石成堆，杂草丛生，荆棘遍地，野兔出没，是老百姓放牛的地方。

听说要在这里开辟果园，有人抱怀疑态度："这鬼地方，夏天走路脚起泡，蛇游过都要烫死，哪里种得活水果树？"还有人说："这里除了砂石还是砂石，在这里种果木，就像在青石板上种庄稼差不多，结果就是有种无收。"还有人反映说，以前也有人尝试在这里挖坑种树木，结果力气花了木佬佬，种下去的树都是"一月青，二月黄，三月见阎王"，没有一棵树活下来过。

虽然这些都是实情，可梅蓉人"把荒滩改造成果园"的决心已定。水果专业队的人更是信心满满。这时水果队增加到19个人。为了降低成本，专业队自建苗圃培育果苗。他们到山上采集野梨子等果子，取核播种，果苗长成后到外地购买优质果木砧木进行嫁接。这样培育出来的苗木，生命力特别强，水果的品质特别好。与此同时，水果队还引进"塘栖枇杷"等名优水果品种。

我29岁那年，进入了水果专业队，那也是开发荒滩关键时期。

那时，在那片荒滩的边上有两幢旧房子，是原先造船厂闲置的房子。为了便于开发和管理果园，水果队30多名成员全部住在那里面，过起了"日出而作，日落而息"的集体生活。我们与社员一起搬石头，挖深坑，挑泥土，种果苗。种果木需要大量的肥料，我们外出寻找肥源，经常到县城里学校、招待所、商场厕所掏粪，一担担挑出来，然后用小船一船一船运回村。

掏粪是又脏又臭的活儿，掏一天粪，浑身都是臭气，但没有人嫌脏嫌臭逃避劳动的，因为这是我们"份内事"，再说没有大粪臭，哪有水果香啊。

除了到外面去掏粪以外，我们还用焦泥灰、猪栏粪来肥田。要说农家肥真是好东西，果树“滋滋”地长，棵棵枝粗叶绿，看着实在让人喜欢。

可是，老天爷常常出来捣蛋：好多次，我们精心培育的果树苗被洪水冲得一片狼藉，有的在水中渗泡多日后，已是半死不活。有的地方果树苗成片被冲光了。这情景看着着实让人心痛，我们只得采取多种补救措施，千方百计让奄奄一息的果树苗重新恢复生机，至于被冲走的果苗的地块，只能全部补种了。

我们就这样与老天爷作斗争，果苗冲了再种，种了又被冲，冲了又再种。在这样的抗衡中，我们渐渐占了“上风”：果树一天天长大，荒滩上一片浓绿，水果的种类也很多。就这样，这片荒滩一点一点地被开垦成了果园。

为了管理好这片果园，水果专业队的人不怕吃苦受累。每天太阳没有上山我们就起床了，一直忙到太阳下山才收工。我们在果园修剪、嫁接、施肥……不过干得最多的活儿还是除草，那时没有除草剂，我们都是人工除草。果园里的草长得很快，几天不除草，滩上的青草就会盖过果苗，肆无忌惮地争夺果树的肥料，因此我们一点也不敢疏忽，人与草的“战斗”必须天天进行。

我们水果专业队的队员都是壮劳力，除了几个没有成家的小青年，个个都是上有老，下有小。可是忙于管理果园，我们平时也难得回家一次，尽管家里离水果队的“集体宿营”也不远。就拿我来说吧，当时家中有4个孩子，可我平时很少回家。一个家全部扔给了我老婆，她一个人要照顾一大家子的生活，还要到生产队里挣工分。唉，那些年她真是太辛苦了。

我们的汗水终于换来了满园果香。

4年后的1962年，果园里李子、水蜜桃都已进入盛产期，其他果子也开始结果。1963年，梅蓉大队的水果总产量达到356000斤。到了春天，这里桃花红，那里梨花白，一片姹紫嫣红的美丽风景。到了收获季节，这里又是一片硕果累累的景象，200亩江滩已成为四季飘香的果园。

我们当年种植果树的时候，都是拉线挖坑，一株株果树间距科学合理，横平竖直，因此果园里的果树排列像仪仗队似的，春天是整齐的一树树花，收获期是一树树果，看着非常壮观，参观的人个个啧啧称赞呢。

果园丰收了！我们把水果一个个进行精心挑选，然后由供销社统一收购，统一销往本地及杭州等大城市。由于梅蓉水果品质好，深受城市居民的欢迎，梅蓉的白梨、杨梅、水蜜桃都出了名，我们心里很有成就感。

值得一提的是，我们水果专业队的人终年忙碌，却难得吃上一个好水果。因为那时候最讲究的是“公私分明”，水果是集体的，“偷吃”是可耻的行为。我们收获了无数鲜美的水果，但自己吃的基本上都是不能卖的烂水果，如被鸟啄过的水蜜桃，又如被雨打落地的杨梅等等。就是烂水果，我们也不会随便吃，而是以三分钱一斤的价格向集体购买，然后高高兴兴地带回家，与家人一起分享。烂水果切除坏掉的部分，吃起来依旧很甜，那个味道我至今难忘。

就这样，水果种植成为了梅蓉品牌。梨、桃、杨梅、柑橘、李、枣、梅、枇杷、白果等，品种有14种之多。集体化时，全村杨梅种植有500亩，年产量40万斤。除此之外，全村还发展薪炭林800多亩，柏子、麻栗等林木100多亩。

林业的发展，壮大了梅蓉村早期的集体经济，为农业水利基础设施建设提供了强大的经济支撑，同时还为当时实现机电浇灌后，生产队出现的剩余劳力谋取了出路。总之，水果产业兴旺，为大队各项事业发展添了“后劲”。

当时村民编了一首顺口溜：春季梅李青蓬蓬，梅李好做落田本，夏季杨梅红似火，夏收夏种能派用，秋季白梨水蜜桃，农具机器添置好，冬季柏子白如银，年终分配喜盈盈。

后来，水果专业队虽然解散了，但梅蓉大队的水果产业依然蓬勃发展。村里实行专业管理和群众管理相结合的办法，发展杨梅、白梨、水蜜桃等水果857亩；1979年，在田坞、盘龙坞种柑桔树苗4100株；1980年，用双轮车从山上拉来黄土7000多立方米，兴建三八桔园40亩，种下柑桔树苗3300株。

更令人高兴的是，凭借水果产业的优势资源，我们村搞起了水果深加工，最多的时候，村里有六七家蜜饯加工厂。我们村的蜜饯、水果汽水等产品远销上海等地，有的产品还出口日本呢。

我总共在水果专业队干了20多年，可以说人生最好的一段时光都是在水果队度过的。我们亲眼目睹了一颗颗果核播种到土里，出土长成小苗，然后经过嫁接种到荒滩上，最后开花结果变成一片果木林的全过程。荒滩变成了花果园，只是我们老了。水果专业队最早的12个人，绝大部分已故去。就连我这个当年水果队的“小年轻”，今年也91岁了。也许是梅蓉村空气好，也许是水果吃得多，我到现在都能下地呢。

九里洲畔的防洪大堤

梅蓉村长达4公里的防洪堤坝，是保护当地老百姓生命财产的“生命工程”，也是富春江边一道美丽的风景线。围绕着梅蓉村这条防洪堤坝的从无到有、从短到长、从土坝木闸到坚固美丽，反映出了梅蓉村在中国共产党领导下发生的“美丽蝶变”——老百姓生活水平不断提升的历程。这道堤坝让梅蓉村彻底摆脱了洪魔威胁，因此被老百姓誉为“放心堤、平安堤、幸福堤”。

[讲述人小档案] 虞连清，1940年出生，梅蓉村滩上自然村人。于1960年当兵，在部队服役6年后回到家乡务农，任生产队长6年。20世纪80年代始，曾任社办企业统计人员，10多年。

口述人：虞连清

2020年7月8日早上，新安江水库开9孔泄洪。这是该水库建成以来首度开启全部9孔泄洪。这一天富春江上浊浪翻滚，洪水汹涌，防洪形势非常严峻。各乡镇、村社的干部们为抗洪彻夜不眠，媒体上关于洪灾的报道更是触目惊心。令人骄傲的是，在这场特大洪灾中，紧邻富春江的梅蓉村却是一片平静，老百姓生命财产安然无恙，是长达4公里的防洪大坝发挥了重要作用。

熟悉我们梅蓉村的人都知道，这个村子在历史上是一个是四面环水的"沙渚"，整个村的地形很独特：两面高，中间低，就像一条船一样的。形较高的有滩上、罗家、龚家、徐家、前江几个自然村，而王家、陈家、戚家、孙家几个自然村地势较低。地势最低的是村中心的狭长地带，这一地带从小洋滩一直贯通到洲末头，好像是往下凹的"船腹"一般。

奇特的地形，让梅蓉人吃了数百年的苦头。据史料记载，自明宣德九年（1434，）算起至新中国成立的500多年间，桐庐遭遇大旱36次，水灾34次。每次洪水进村时，犹如猛兽似地从高往下直冲，在洪水的冲击下，村中心低洼地带立即变成"一条河"，洪水咆哮着从低满到高……梅蓉村每遇洪水必受灾，遇到特大洪水时，村民往往被"洗劫一空"，只好拖儿带女去讨饭。

历史上的水灾，我了解得不多，也讲不出个道道，但1955年的洪水，我却是亲身经历，至今记忆犹新：那年我才15岁，当时富春江上游没有水利枢纽工程，富春江水电站还没有开建，进入梅雨季后老天接连下了几天暴雨，江水猛涨，洪水长驱直入，立即淹没了梅蓉村整个村子。村民们扶老携幼，有的逃到山上，有的往地势比较高的人家转移，到处是惊惶的哭叫声。

我家的房子地势较高，但洪水也涨到了靠近楼板两寸的地方。我们全家都住到楼上，往窗外一看，只见四面是水，村里地势较低的土屋一幢幢倒掉，洪水中只有树梢和屋顶在时隐时现……那情景我一辈子也忘记不了。

九里洲上，过去是没有防洪堤坝的。虽说解放前下面几个村子的江边有一段防洪堤坝，但土坝木闸，只能抵挡一般洪水，面对特大洪水形同虚设，对村民的生命财产丝毫起不了保护作用。正因为如此，我们小时候每遇到连天大雨，大人们便忧心忡忡，生怕洪水袭来。梅蓉村里的人，小时候都上过“必修课”，那就是学游泳、学爬树，为的就是在洪灾中能逃命。

就这样，一代又一代的梅蓉人，被洪灾和旱灾紧紧地扼住了命运的“喉咙”而无法挣脱。这样的状况，一直到新中国成立后才获得了改变。

20世纪五六十年代，为了改变贫穷的面貌，梅蓉村开始大兴水利建设，大搞农田基础设施建设，造机埠、修长渠，引富春江水灌溉沙洲，众人齐心奋战把荒滩变成了“绿洲”，成就了梅蓉村一段“战天斗地”的传奇。

1970年，村里开始在江边修建防洪堤坝。那时建堤坝的工地上，人们肩挑车载，人声鼎沸，车轮滚滚，夯声不断，那种火热的场景真是激动人心。经过一冬的奋战，我们梅蓉村修起了从前江到洲末头长500米防洪堤坝。看着自己付出无数汗水，亲手修起的这一段防洪堤坝，村民们是非常自豪的。

可令人沮丧的是，这段防洪堤坝修好没多久，便有一场凶猛的洪水袭来。由于堤坝外水高，堤坝内水低，洪水巨大的毁灭性，很快就把新建的防洪堤坝冲了个稀里哗啦。虽说梅蓉人建堤坝斗“洪魔”，第一个回合便败下阵来了，但大家并不气馁，决心总结经验，重头来过。

1971年，在县水利部门的重视和支持下，经过重新设计，梅蓉村又开始重修防洪堤坝。梅蓉大队的党员干部带头，男女老少齐上阵，披星戴月地苦干，终于把500米被洪水冲毁的防洪堤修建如新，而且修得比原先更坚固。

1998年，我们梅蓉村打响了修建防洪堤坝的“大战役”。在县水利部门的主导下，孙家洲末头修建起了长达4余公里的（梅蓉段）防洪堤坝。这段长约5000米、宽在50～140米的防洪堤坝边上，是一片江涂岸地，有历年种植的水岸防护林带，保持着原生态的自然风貌，与防洪堤坝和谐相融。该工程完成后，完整地“包”住了整个梅蓉村，形成了一条美丽又坚固的“保洪链”，使梅蓉村民的安全感、幸福感进一步提升。

全长3700米的防洪大堤

2000年3月，根据县水利部门规划，梅蓉村沿江3.7公里防洪堤又实施了加固加高，成为能抗击百年一遇洪水的高标准的防洪堤。此项工程总共投资485万元，于2003年竣工。通过3年的建设，这条集防洪、观光、旅游、休闲、健身等功能于一体的梅蓉防洪堤，在波光粼粼的富春江水映衬下，已成为一道最美的风景，被我们梅蓉村的老百姓誉为“放心堤、平安堤、幸福堤”。

现在的“防洪大堤”

难忘当年修水库的日子

20世纪五六十年代，梅蓉村兴起轰轰烈烈的农田基本建设，“治水”就是其中的核心战役。如果把整个治水工程比作是一首气势磅礴交响曲的话，那么在两山之间修建舒坑水库，则是这首交响曲中一个强劲的音符。这座坝高22米、总库容80万立方、日常蓄水45万立方的水库，是当年梅蓉人顶风冒雨战严寒，肩挑背扛，经过三个冬春的奋战，人工修建起来的。这座水库大坝的每一块石头、每一方泥土都渗透了梅蓉人的汗水。水库建成后，不仅更有效地解决了梅蓉村上半洲500亩土地的灌溉问题，而且为该村防旱、防内涝上了“双保险”。

[讲述人小档案] 孙升祥，1942年出生，梅蓉村孙家自然村人。17岁考上江西共产主义劳动大学，两年后为照顾母亲辍学回梅蓉务农。于1983年后开始外出经商，是村里第一个“万元户”，后在村里办起蜜饯厂。2006年始，任孙家自然村老年协会会长共6年，是梅蓉村里第一个老年协会会长。

口述人：孙升祥

2020年的这一场洪灾，算得上是桐庐历史上的大洪灾，尤其是威力巨大的新安江“九孔泄洪”，更给桐庐的抗洪能力带来了从未有过的考验。令人骄傲的是，我们桐庐挺住了。“依江而居”的梅蓉村，在大洪水的猛烈“袭击”中稳如泰山，安然无恙。说实话，所有的梅蓉人都为此而骄傲：经过几十年持续不断的努力，我们梅蓉村已经拥有了一整套稳固的、完善的防洪排灌水利设施。几代人的不懈努力，换来了如今梅蓉人安居乐业的好光景。

记得毛泽东主席说过：“水利是农业的命脉。”确实，我们梅蓉村的巨变就是从“治水”开始的，而提到这，我总会想起建设舒坑水库的那些日子。

20世纪五六十年代，我们梅蓉村在富春江边建起了全县第一个机埠，在九里洲上建起了第一条水渠，让富春江水源源不断地流入沙洲。有了水的滋润，梅蓉村就像“十八岁的大姑娘——越变越好看”，村民的日子好起来了。

有了修建长渠的经验，梅蓉村对实施兴修水利工程、大搞农田基础建设信心更足了，决定再接再厉、乘胜追击。这时候有不少干部群众提出，我们梅蓉村虽然建起了长渠，但上半洲500亩土地引富春江水灌溉，电力成本有点高。如果在舒坑两山相对的地方建造一个水库，那么不但上半洲大片土地可以实行自流灌溉，旱涝保收，而且梅蓉村从此可以更有效地防止内涝……这个创新的想法一经提出，便获得了全村绝大多数干部群众的一致认可。

不久，有县领导下基层来搞调研，村干部便把村里的干部群众设想造一座水库的想法向县领导作了汇报。这个汇聚了干群智慧，凸显了梅蓉人敢想敢干精神的“金点子”，立即得到了县政府的高度重视。县里还认为，在舒坑这个地方造一座水库，不仅可以服务民生，而且还有国防建设的战略意义。

经过一番专业的论证后，这个水库建设工程便立项了。不过，当时这个水库的名称不是叫舒坑水库，而是叫“备战水库”。这个名字与当时常见的“反修闸”“红星水渠”“贡献田”等命名一样，带着鲜明的时代印记。

舒坑水库建设工程，得到了县水利部门的高度重视。原水利局局长汤方正亲自主持这个水库的设计工作。据说，汤方正曾受冲击“靠边站”，舒坑水库是他官复原职后的第一个设计作品。他把压抑已久的激情全部投入，领着一班技术人员不辞辛劳地测量、规划、制图……

1966年11月17日，舒坑水库建设正式拉开序幕。

那时我们国家机械化程度不高，建造水库不像现在这样有自动装卸的工程车、挖掘机、推土机、辗压机、卸吊机等大型的工程设备，主要靠社员投工投劳，换句话说，就是完全靠我们梅蓉人自己肩挑背扛人工兴建。当时整个水库工程的“装备”只有5辆双轮车，装卸主要用簸箕、用推车，靠肩扛、用手抬，挖方也是一锄一锄地挖，黄泥更是一簸箕一推车地运，夯实则是用一块加工好的方石（石夯），靠十几个人用手抛起落下一齐用力，一寸一寸进行夯实。在如此艰苦的条件下，要建设这样的水库，工程量之大，任务之重，是可想而知的。

修水库虽然缺这缺那，但我们梅蓉村人唯独不缺干劲。

村民们坚信毛主席说过的一句话：“在共产党领导下，只要有了人，什么人间奇迹也可以造出来！”我们有信心创造奇迹！那时家家户户只要有劳动力的，全部上了水库工地一线。整个工地上乌泱泱的一大片全部是人，挑着箩筐的、推着独轮小车的人流川流不息，社员们个个使出浑身力气加油干，他们有的拉石子，有的拉黄金泥，有的清基，有的驳坎……工地上大幅

20世纪60年代建造水库情景

标语红得耀眼，高音喇叭宣传内容激动人心……那场面真是热火朝天，蔚为壮观。

值得一提的是，舒坑水库动工之时，正处于那个众所周知的年代初期，许多工厂停工，学校罢课。所幸的是，这股风并没有影响到我们梅蓉村。梅蓉人没有卷入这场史无前例的政治运动，质朴的村民心无旁骛，每天起早落夜地苦干，心中只有一个念想：把水库建设好，让我们梅蓉的水利设施“更上一层楼’，让我们田野里的庄稼产量更高。

说起来，我们梅蓉人的吃苦精神，那真是第一流的。

水库工地成了火热的“劳动战场”。村民们每天自带饭包上工地劳动，抬石头、挑沙子、挑黄泥……面对困难，村民们始终保持着高昂的斗志。

修水库是很苦的，尤其是每到冬季严寒，风寒刺骨，要肩挑沉重的土块，爬上那么高的水库堤坝，累是肯定的，可社员们谁也不甘落后，更没有人在劳动中“偷工减料”。虽然人人肩膀磨破了皮，个个双手结起了茧，但每天看着大坝主体工程一寸寸高上去，大家很有成就感，也不觉得累了。

舒坑水库大坝造得很坚实：坝体两边是质地坚硬的石头，中间的黄泥一层层夯实。技术人员和村干部们，每天一丝不苟地严把质量关，原水利局局长汤方正更是一次次亲临工地，亲自检查工程质量。

经过三个冬春的奋战，舒坑水库终于完工。记得大坝“合龙”的那天，现场的人们欢声雷动，许多人都兴奋得流下了眼泪。随着水库大坝关闸蓄水，这座承担着梅蓉人厚望的水库正式投入使用，履行着它光荣的使命。

水库开始蓄水，看着水一点一点满起来，整个库面就像一面大镜子一样，倒映着高空的蓝天白云和四周的青山，看着别提让人有多舒心了。

水库的建成，对于提高梅蓉村水资源综合利用水平，发挥了极大的作用。舒坑水库大坝的坝高为22米，总库容80万立方，日常蓄水45万立方，总投工17万余工，动用土石方6.5万立方。这一个个生硬的数字后面，是梅蓉人付出的无数心血、汗水和希望。水库建成后，不仅很好地解决了上半洲500亩沙土田灌溉问题，而且为梅蓉村生态环境增添了一道亮丽的风景线。更重要的是，有了舒坑水库，梅蓉村实现抗洪防灾，实现粮田旱涝保收便有了“双保险”。

水库建好后，梅蓉村继续高唱“治水曲”。

1968年到1978年，大队投资111.7万元，投工102万工，开挖土方87万立方米，兴建了“梅蓉水闸”“洋滩闸”“舒坑水库”“防洪大坝”“大渠”“倒吸虹”5条地上暗渠，平整土地1305亩。梅蓉真正实现了“田成方，树成行，大路宽又广”的计划和目标。

2000年3月，为确保农田不受洪水侵袭，根据县水利部门规划，梅蓉村开始对沿江3.7公里防洪堤加固加高，建设高标准防洪堤。这一工程历时三年，共投资485万，于2003年竣工。全村在防洪堤工程中，累计投工217.41万工，投资1000多万元，建成了整套引水、蓄水、排灌、防洪、排涝工程，全村1707亩耕地抗大旱能力达到50天以上，基本做到旱涝保收！

随着风雨历程和历史变迁，当年修建舒坑水库的大多数村民都过了古稀之年，有不少已至耄耋，当年参加过水库劳动的“小鬼头”如今也早就过了60花甲，然而谈到建设舒坑水库的日子，大家仍旧记忆犹新，工地上那热火朝天的情景仿佛还在眼前……毕竟，这是我们自己亲手造的水库啊！

现在的“舒坑水库”

村里有条“地下长渠”

梅蓉村的舒坑猫头山至洲末头水闸地底下，有一条高2.5米、宽3米、全长2500米的“小港隧道”，这条地下长渠由一万余根水泥拱件建成，至今坚固无比。该项工程于1977年冬季动工，于1978年全程贯通。当年与这条隧道同时完成的，还有上方新平整出来的600余亩土地。该工程是在“农业学大赛”的背景下实施的，是当年桐庐县的重点工程。时任县委常委的方仁祥，曾亲自带领突击队驻梅蓉大队奋战三个月，先后有上万人参与过此项工程。此项工程为梅蓉村“防内涝”发挥了重要作用，同时也记录下了一段特殊的历史。

[讲述人小档案] 吴方云，1966年出生，梅蓉村陈家自然村人。于1987年当兵入伍，1990年退伍，2013年至今，担任梅蓉村党委书记。他是20世纪70年代梅蓉村“地下长渠”建设工程发起人——原梅蓉村党支部书记吴长明的儿子。

口述人：吴方云

一个充满激情的决策

到过我们梅蓉村的人，都知道这里有“梅洲十景”，对风光秀丽的水杉大道、蓉湖公园、龚家古街、梅蓉杨梅示范观光园区等景致更是津津乐道。可很少有人知道我们梅蓉村其实还有一处独一无二的“地下景观”，那就是高2.5米、宽3米、全长达2500米的小港隧道。这条建于20世纪70年代的地下长渠，虽然经历40年风雨，但至今依旧坚固无比，在排除内涝中发挥着重要作用。

这是一条有故事的“地下长渠”，而我父亲也是这个故事中的“主人公”之一。20世纪70年代，在“以粮为纲”的历史大背景下，“农业学大寨”运动在全国农村轰轰烈烈展开。那时我父亲吴长明是梅蓉大队第二任书记。

那一年，我父亲从大寨参观学习归来后，马上召开全大队社员会议。那次会议是在郭候王庙内举行的，村民坐的坐，立的立，像八月半看庙戏一样，座无虚席。千余人专心致志地听我父亲讲述他在大寨的见闻，他讲得很生动，村民们听得很认真。

山西省昔阳县的大寨村，“七沟八梁一面坡”，自然环境十分恶劣。英雄的大寨人通过与穷山恶水苦斗，彻底改变了山村贫穷落后的面貌……说实话，关于大寨的感人故事，村民们听了不知多少遍了，可以说是人人耳熟能详，但听我父亲吴长明讲在大寨的亲身见闻，大家依然感到十分震撼和振奋。

那天的大会上，我父亲吴长明重点讲了这么一件事：说是大寨边上有一个石屏大队，他们结合本村实际学大寨，依靠集体力量，经过全大队干部群众多年的艰苦奋战，终于实施完成了规模宏大的“石屏隧道”工程。该项工程完成后，地下行水，隧道上方填土造田，不仅大大减轻了自然灾害的侵袭，而且让石屏村多出了数百亩粮田，原本的环境劣势，一下子“变”成了优势。

说到这里，我父亲话锋一转，说：“参观了石屏隧道后，我的心情很激动，脑子里整天都在转。我想，我们梅蓉大队的小港，情况不是与石屏大队差不多吗？我们梅蓉大队虽然有了防洪堤，富春江里的江水是挡住了，但排内涝的能量不够，特别是地势低的区块，排水全靠抽水机，既费时费力还费电。我们大队党支部开会研究过了，决心领着村民对小港实施改造，在地底下建一个几里路长的隧道，把小江的水引入地底下后，隧道里可行船，隧道上可造田。”

我父亲的话，像一把火一样在村民的心里点燃了。会场上群情振奋，有人带头喊起了口号：“学大寨，见行动！”“建好小港隧道，为子孙造福！”

不过，关于此项工程的实施，当时县水利部门也有相关的技术人员发表了不同意见，他们认为此项工程决策过于浪漫，缺乏一定的科学依据，一不小心就会落得个“劳民伤财”。还说解决内涝最有效的办法，是在山脚修明渠，让山洪直接排入富春江……不过在当年农业学大寨的高潮中，这样的声音显得太微弱了。就这样，建“小港隧道”获得了梅蓉人一致拥护。

一场艰苦卓绝的战斗

1977年冬季，“小港隧道”正式开工建设了。

此项工程得到了县委县政府的高度重视，被列为当时桐庐县“农业学大寨”重点工程。规划设计中的小港隧道，高2.5米、宽3米、全长达2500米，从舒坑猫头山直贯洲末头水闸门，算得上是当时桐庐县一个超大型的地下水利设施工程了。此项工程由县桐建公司组织实施，工程所需的一万多个“水泥拱件”全部放在王家自然村操场上浇筑，桐建公司的职工在这里日夜忙碌。

工程开工后，我父亲白天忙在工地上，晚上开会到深夜，与大队干部们商量，解决工程中各式各样的困难和问题，经常忙得吃饭的工夫也没有。我母亲也起早落夜参加劳动，忙得顾不上家。因此我们兄弟几个全部跟着奶奶长大。村里建设“小港隧道”时，我已经10岁。农村的孩子，基本上12岁就利用放假和课余时间参加生产队劳动了，因此我的三个哥哥都参加过隧道工程建设。虽说起早落夜参加劳动很辛苦，但梅蓉大队社员们却没有人叫苦喊累，更没有人偷懒，大家挑土的挑土，拉车的拉车，抬石头的抬石头。这一边夯声阵阵，那一边喇叭声声，施工工地上是一片热火朝天的战斗情景。

工程开工后不久，我父亲吴长明调任原凤联乡当党委书记，接替我父亲担任梅蓉大队党支部书记的是方永见，由他带领大队社员们继续苦干。在县委县政府的重视和支持下，在大家的齐心努力下，小港隧道工程实施一路高歌猛进，引起了各级政府的重视，省委书记铁瑛曾两次来工地视察。

可是，此项工程实在太大，尽管白天连着黑夜苦干追进度，可到了次年的上半年，隧道上方的造田任务依然没有完成预定的目标。常言道“人误地一时，地误人一年”，当时已是四五月份，要知道七八月份要种晚稻呀。

根据这样的情况，县里决定开展突击行动。

时任县委常委的方仁祥，亲自任总指挥，带领突击队员驻梅蓉大队奋战三个月。县里的拖拉机、推土机也进场了。桐君公社各大队、江南片各村都组织了突击队奔赴梅蓉村。很快村里就聚起四五百名突击队队员，他们分别住在农民家中，各突击队自己办“小食堂”统一就餐。参加突击行动的人全部是年轻力壮的劳动力，没有人计较工钱，没有人关心“福利”，更没有人喊累。他们白天挑土拉车，晚上挑灯夜战，干起活来生龙活虎，浑身是劲。

真是人多力量大！在县领导方仁祥的亲自指挥下，在各方组织的突击队的齐心努力下，小港隧道工程实施进程大大加快，终于在1978年全程贯通，平整土地工作也赶在晚稻插种之前基本完成，总工程基本竣工。

这时候种晚稻的季节也到了。为了抢时间，梅蓉大队连夜将600亩土地分划到各生产队，并做好了准备工作。第二天天蒙蒙亮，各生产队就开始放水插秧。由于新改田土质较硬，尤其是有一些区块的田刚平整好，那边推土机刚走，这边就放水了，因此土特别硬，农民得用手指“抠”一个洞，种一丛稻秧，有的人手指头都抠出了血，别说有多吃力了，但大家心里高兴啊。

一条承载历史的长渠

小港隧道完成后，新平整出的土地有659亩，当年新增粮田60%种上了晚季稻。虽说由于是新土的缘故，当年产量不一，但在各生产队的精心管理下，这些区块的粮食产量也是一年比一年高。小港隧道新平整出的600多亩地加上旁边原有的土地，使梅蓉大队村口有了千亩粮田。

现在我要说说长达2500米的小港隧道了。

小港隧道在建好后的40多年时间里，利用率不高，绝大多数的时间是默默闲置，就像一个被岁月遗忘了的老人，“地下行船”的美好预期更没有实现过。但是，每当山洪来临和水库开闸降水位之时，它的作用就大大地凸显：大水通过隧道排入富春江，把梅蓉村发生“内涝”的危险降到了最低。

说到底，此项工程虽然没有达到理想中的效果，但父辈的心血和汗水也没有白流，它已经成为父辈留给梅蓉后人的一份安全保障。这是令人感到十分安慰的。更令人期待的是，随着梅蓉村“乡村旅游”业的兴旺，小港隧道会引起更多人的关注，毕竟，这是一条有历史、有故事、有温度的“地下长渠”。

梅蓉农民的奋斗篇章，引发了五洲四海的热切“回响”。60多个国家44批次政要和贵宾的来访，让古村落一时间名动天下。“蓝眼睛”在这片土地上感受到中国农民的气质，梅蓉人则通过“黄头发”闻到了世界的气息。

梅蓉村第一次来“老外”

梅蓉巨变，引起世界瞩目。1963年10月25日，外交部副部长黄镇陪同29个国家的外交使节和官员69人来梅蓉参观。这是梅蓉村里第一次来“老外”，访问团中有友好国家的外交使节，有中立国家的外交官员，还有一些敌对国家的媒体人。这使得这次访问团的接待活动蒙上了一种政治色彩，尤其是在“以阶级斗争为纲”的年代，这次接待工作更是事关重大。梅蓉村人不但向世界生动地展示了中国农民“自力更生，艰苦奋斗”形象，还巧妙地反击了一些不怀好意的国外媒体人“找岔子”“钻空子”的小动作，出色地完成了接待任务。从此之后，梅蓉村被定点为桐庐县对外国友人开放的参观单位。据统计，至1991年止，梅蓉村共接待外国贵宾60多个国家44批（次）共482人。

[讲述人小档案] 虞金莲，1932年出生，戚家自然村人。于1953年加入中国共产党，在村里先后任土改代表、互助组组长、大队支部委员、妇女主任，还担任过梅蓉针织厂厂长。担任村干部30余年，全程参与梅蓉村从贫困走向富裕的历程。

口述人：虞金莲

我们梅蓉村过去是个出名的穷地方，从20世纪50年代开始，梅蓉人凭着艰苦奋斗的精神改造自然环境，也不知身上流了多少汗，肩上磨破了几层皮，终于把荒滩变成绿洲，把沙地改成水田，把荒滩改成果园，我们用自己的一双手，亲手在九里洲上创造出了奇迹。

伟大领袖毛主席说过“穷则思变”，这话是真理！

我们梅蓉人当年正是为了改变贫穷的生活，才向恶劣的生存环境宣战的。说实话，我们“开渠引水”埋头苦干的时候，心里想的就是能种出粮食吃饱饭，让自己的日子好过起来，没有谁事先想过要出名，可我们村偏偏出名了。

1963年2月20日，《浙江日报》头版头条发表题为《富春江畔新绿洲》的长篇通讯，并在同一版上配发了社论《一个穷棒子精神》。几乎是同时，《解放日报》头版介绍了《依靠集体征服自然，荒滩变成新绿洲》的经验。

默默无闻的梅蓉村仿佛一夜间“火”了。村里人奔走相告：“我们梅蓉村上报纸了！”“我们梅蓉村上报纸了！”大家的兴奋喜悦之情可以理解。人们都说“有女不嫁九里洲”，梅蓉村向来是被人看不起的穷地方，什么时候这么风光过？我没有读过书，肚子里“墨水”少得可怜，因此报纸上的文章还是别人读来讲给我听。听到社会给我们那么高的评价，我心里真是充满了自豪感。

各国使节和外交官离开本省去上海

【新华社杭州25日电】各国驻华使节和部分外交官员以及他们的夫人，由外交部副部长黄镇和夫人等陪同，在浙江进行了三天的参观后，今晚离开新安江水电站去上海。

外宾们是在二十二日晚上从黄山到达杭州的。二十三日晚，浙江省省长周建人和夫人为他们举行了欢迎宴会。

各国使节和部分外交官员以及他们的夫人，在杭州参观了都锦生丝织厂、浙江麻纺厂、屏风山工人疗养院，游览了西湖等，并观看了越剧《胭脂》。

二十五日早上，外宾们离开杭州，参观了桐庐县桐君人民公社梅蓉生产大队和新安江水电站。

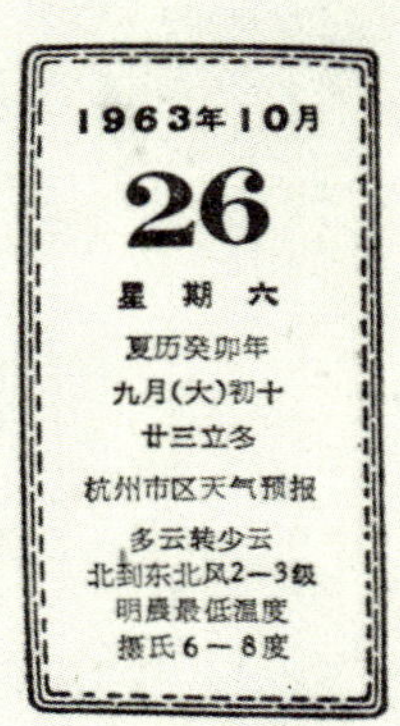

1963年10月

26

星期六

夏历癸卯年

九月(大)初十

廿三立冬

杭州市区天气预报

多云转少云

北到东北风2—3级

明晨最低温度

摄氏6—8度

1963年10月25日，外交部副部长黄镇和夫人陪同29个国家的外交使节和官员69人参观梅蓉大队。这是《浙江日报》的有关报道

梅蓉村的奋斗事迹很快轰动全国，并且在国际上引起反响。

1963年10月25日，外交部副部长黄镇陪同29个国家的外交使节和官员69人要来梅蓉参观了。得知这个消息，村干部高兴的同时又感到压力很大。

要知道，三年自然灾害期间，国外敌对势力宣传说社会主义中国饿死人了，中国人是“三人合穿一条裤子，三餐吃不饱饭”。梅蓉巨变显然触动了“国际神经”，友好国家很高兴，敌对势力想抹黑，中立国家想探个究竟，在这样的情况下，我们梅蓉村接待外宾等于向世界开个“窗”，尤其是大讲阶级斗争的年月，这次接待工作更是非同小可，是一项真正的“政治任务”。

接待工作受到县里的高度重视。为迎接这次来访，县里抽调了县级机关干部、公安部门人员等专门搞接待，还分兵把守一些要害岗位，排除一些“政治隐患”。村里的地富反坏右四类分子，集中到一个地方呆着，不准乱说乱动。

当时我们梅蓉村入村口只有一座木桥，进村是一条土路。由于年久失修，木头桥显得有些破旧了，为了让外宾的车子能够开进来，村里运来了大木头把桥整修一新。村里村外也打扫得干干净净。那天即便在田间劳动的农民，衣着也穿得齐整，尤其是小孩子，更把平时舍不得穿的新衣服都拿出来穿了。我们只有一个心愿，要把梅蓉人最好的一面，展示在世界人民面前。

10月25日，由外交部副部长黄镇陪同的29个国家的外交使节和官员69人访问团终于到了，加上陪同的各级领导和工作人员，那天来访人员的“阵容”非常强大。我记得，那天参访人员都是在入村口下车，然后步行进村的。

此时此刻，设立在罗家大屋的大队部已是整修一新，在这里举行了对来宾的欢迎仪式。根据安排，大队党支部书记吴长明介绍了村里的奋斗史，他讲话内容早几天就准备好了，他讲一句，翻译官翻译一句。虽然刚开始的时候，他还是显得有点紧张，可后来讲得越来越顺畅了。我记得他最后几句是：“……我们国家经历了三年自然灾害，我们村也过了很长时间紧日子，但在共产党领导下，在各级政府支持下，我们用自己的双手，改造了环境，改善了生活。与头几年相比，如今我们梅蓉村农民已经不愁吃，不愁穿了。”

吴长明质朴的讲话打动了外交使团的成员们，大家对他的发言报以热烈的掌声。欢迎仪式结束后，访问团的成员们开始在村里进行实地参观访问。

参观团实地参观了梅蓉村十里长渠、大片的水田，江边的机埠、生机勃勃的果园、猪牛肥壮的畜牧场、机声隆隆的加工厂。此时的大队党支部书记紧张的情绪一扫而空，每到一地作介绍时，他都能自豪地讲出参观点背后生动感人的故事。当外宾了解到这里原本是一片只能种植粗粮的沙洲，是当地农民亲手开渠引水、改良土壤将白沙成改沃土，实现粮食亩产超千斤时，都连连点头赞许，称梅蓉农民创造了一个奇迹，并说梅蓉农民是“值得尊敬的人”。

当然，访问团中也有来自“不友好国家”的人，他们是专门来“找岔子”“钻空子”的。访问团的参观路线，都是事先制定好的，可他们偏不跟着走，而是到处“挖掘”他们想要的材料。他们好的不拍，看见破房子就拿着相机猛拍，有时甚至走到农民家中去，打开农民的卧室、菜厨、米缸进行察看。自然，对这样的“不怀好意”者，梅蓉人早就看在眼里，警惕在心里。

有一个外国人跑到村民家里，左看看，右看看，然后问那家老人：“你们现在生活过得好不好，能不能吃饱饭？我希望听到真实的回答。”这家老人回答得很巧妙，说：“吃不饱，穿不暖的时光很多，不过那是解放前的事了。现在你看看，我们家是缸里有米，柜里有谷。”那个外国人见问不出什么就走了。

还有一个“老外”来到破旧猪栏边，非要叫村民站到那儿去拍个照。那个村民很干脆地拒绝了他：“这是我们养猪的地方。站这里拍不合适，要给我拍照，请到我们的住房边去拍。”让那个老外碰了一个不软不硬的“钉子”。

当然，象这种明目张胆来“钻空子”的老外毕竟是极少数。访问团绝大多数的成员都很友好，他们给了梅蓉村高度评价。古巴的大使这样赞叹说：“我们古巴的土质比你们好，可亩产只有150公斤，而你们把沙质土改良成水田，种粮亩产却达到了500公斤，这真是一个奇迹啊！”

参观访问活动圆满结束了，告别的时候，有一个不知哪个国家的女外交官，还上前给了我一个热烈拥抱。这种西方的礼仪，中国人不熟悉，我当时丝毫没有准备，着实被吓了一大跳。访问团车子都开走了，我头脑还感到有点发懵呢。

直到这时候，梅蓉大队全体干部高悬着的一颗心，总算放下了。要知道在这样的活动中，如果出一点岔子，就会在国际上造成坏影响，给国际上的敌对势力找到攻击我国的把柄……如果是那样的话，那可就糟糕透了。

由外交部副部长黄镇陪同29个国家的外交使节和官员69人对梅蓉的这次访问，在国际上引起了极大的而且是正面的反响，反面的声音几乎听不到。我们梅蓉大队的接待工作因此获得了县里的高度肯定和表扬。

从此之后，我们梅蓉村被定点为对外国友人开放的参观单位，前来九里洲参观的各国友人络绎不绝……时间过得真快，一晃就是几十年。如今我已年近九旬，可当初由外交部副部长黄镇陪同29个国家的外交使节和官员69人来梅蓉参观的事，宛如发生在昨天一样，真可谓是历历在目啊！

承载历史的“先念桥”

梅蓉村的入口处，有一座石头小桥，它虽然看上去并不起眼，却连接着该村一段宝贵的历史记忆：1966年5月8日，时任副总理的李先念和原浙江省委书记江华，陪同阿尔巴尼亚人民共和国部长会议主席谢胡到梅蓉村参观访问。李先念是无产阶级革命家、政治家、军事家，坚定的马克思主义者，是党和国家的卓越领导人，于1983年6月当选为中华人民共和国主席。为了纪念这一个珍贵的历史时刻，梅蓉村后来把这座小桥命名为“先念桥”。

[讲述人小档案] 孙银根，1938年出生。家住梅蓉村孙家自然村。1973年参加中国共产党，1964年至1980年任大队民兵连长。李先念陪同谢胡参观加工厂时，他在村粮食加工厂工作。

口述人：孙银根

那是1966年5月7日，当时我还在粮食加工厂劳动。我接到了通知，说是大队要召开紧急会议。我们赶到会议室时，只见大队书记吴长明、大队长陈阿水已经到了。书记吴长明激动地告诉大家："接到县里通知，明天，国务院副总理李先念和浙江省委书记江华陪同阿尔巴尼亚人民共和国部长会议主席谢胡同志将到我们梅蓉村参观访问。自1963年10月25日外交部副部长黄镇陪同29个国家的外交使节和官员69人来梅蓉村参观后，这是中央领导第二次陪同国外贵宾来我们村参观考察，这是我们的自豪和光荣。我们接待参观团的工作，必须要做到万无一失，这是政治任务，不能出一点差错。"

那次会议上确定了中央首长和外宾来村里参观访问时的"路线图"，具体的参观点有水果队、加工厂、畜牧场、龚家、徐家机埠等。为了确保参观工作安全有秩序地进行，会上，大队领导把所有与会人员都分配到了各参观点上配合工作。大队长陈阿水还特别交待说："通知全大队的社员们，参观团来的时候，不能围观，不要交头接耳议论，大家要和平时一样，该干什么就干什么，该做什么生活就做什么生活。我们代表中国农村，不能给国家丢脸。"

会议结束后，大家便争分夺秒地赶往各自的"责任点"做准备工作去了。我负责的参观点是粮食加工厂，我马上赶过去，与加工厂的其他人员细细地商量起来，尽量把每个细节考虑周全。然后大家立即动手干活，擦机器的擦机器，搞卫生的搞卫生……也就在这同时，全梅蓉大队都行动起来了，把整个村子都打扫得干干净净，人们脸上都喜气洋洋的，感觉就像过年过节一样。

不过，由于当时的形势，被划为“四类分子”的人是规定不能分享这一份喜悦的，他们只能规规矩矩，不能乱说乱动。这一天他们接到通知：第二天集中起来，由大队工作人员带到离村较远的一块地里去拔草。

第二天，即1966年5月8日，李先念副总理和浙江省委书记江华，陪同阿尔巴尼亚人民共和国部长会议主席谢胡前来参观访问。这是一个大型的参观访问团，加上省、市、县陪同的领导、工作人员及新闻记者等有几十个人，光小汽车就有二十几辆，浩浩荡荡地从公路上开过来了。

原先九里洲后小江上只有一座用几根杉木搭成的木桥，幸好前一年刚建成了小石桥，勉强可通汽车。当时，梅蓉大队的大队部就设在村里的古建筑“罗家大屋”里。参观的车队缓缓地开过小桥，经过弯弯曲曲的土路，大队书记吴长明和县、公社领导激动地把李先念和外宾迎进大队部。20多辆小骄车依次停在村后的桃园内。

参观团的全体人员依次在大队部的土桌前就座，桌上摆放的是花生、冻米糖等农家土货。李先念和阿尔巴尼亚人民共和国部长会议主席谢胡同志坐在主宾席上，兴致勃勃地听取了大队党支部书记吴长明的工作汇报。

面对中央和省市领导及外宾，吴长明内心的紧张、兴奋、激动是可以想象的，但一说到村里的工作，他语气便顺畅了，如数家珍般地介绍梅蓉大队解放前后的变化：“我们这里原是一个沙洲，解放前，在近2000亩土地中，只有20多亩水田，粮食产量很低，村里一直无法实现粮食自给。解放后，我们的村民以自力更生的精神，同大自然顽强斗争，改变了面貌，现在沙洲上已建起14个电动抽水机埠，大小21条渠道，总长达19华里，把旱地变成水田，粮食亩产大大提高了。”

听了吴长明的汇报，李先念总理笑得很开心，谢胡更是微笑着频频点

1966年5月8日，李先念、江华陪同阿尔巴尼亚部长会议主席谢胡同志(图片源于《人民日报》第6513号)参观梅蓉大队

头，参观团的全体人员掌声齐鸣，会议现场的气氛很是热烈。

接下来，在大队书记吴长明、大队长陈阿水的带领下，李先念和谢胡走在前面，参观团的成员们饶有兴致地到实地参观。他们来到的第一个参观点，便是罗家自然村下面的一片麦田。这片麦地面积足有30余亩，田里的麦子长势非常好，绿油油的一大片，一眼看去赏心悦目。谢胡同志摘下一个即将成熟的麦穗，用双手捏去麦壳，品尝了饱含浆汁的麦粒后，他笑着不住点头。

当贵宾们走过一片水田时，正在田间拔秧、插秧的男女社员热情地向贵宾们鼓掌，挥手致意。

我负责的参观点是粮食加工厂，距离这片麦地很近，因此参观团的“大队人马”很快就朝这边走来了。我们早就做好了准备工作，整个加工厂收拾得窗明几净，机器擦得铮亮，等待加工的稻谷金灿灿的颗料饱满，正装成一筐一筐地排着队等待加工，机器声隆隆响着，一切都是井然有序……

在机器的欢叫声中，参观团的人员笑着听吴长明作介绍。不过那天吴长明到底介绍了点什么，参观团的人又讲了些什么，我都听不见了，我的注意力都在两位“重量级”的人物身上：我看见的是，李先念副总理神情是那么和蔼，阿尔巴尼亚人民共和国部长会议主席谢胡同志身材是那么高大。最令我终身难忘的是，李先念副总理还与我紧紧握手，嘱咐我要好好工作。

离开了粮食加工场，李先念和谢胡一行又朝徐家机埠走去。

徐家机埠于1957年建成，是当时全桐庐县的第一个机埠。有了它，梅蓉人开始实现“让富春江水向高处流”的梦想，这个机埠也成为梅蓉大队“战天斗地”精神的象征。吴长明关于梅蓉人开渠引水的事迹汇报，获得了李先念总副理及参观团领导们的高度评价。

那天，李先念一行还到梅蓉村民龚根香家中参观。谢胡还与龚根香亲切交谈，当他听说龚家大小6口人，去年共分进3000多斤粮食，吃了还有多余，就储备起来，谢胡很高兴。同行的贵宾凯莱齐还向大队干部说：“你们已经把毛泽东思想用到实际中去了，把荒凉的沙滩变成了富饶的地方，给国家和人民增加了财富。”他还以代表团和阿尔巴尼亚全体集体农民的名义，向梅蓉大队赠送了一面锦旗，上写：“中阿两国的友谊万岁！”凯莱齐则代表阿尔巴尼亚访问团向梅蓉大队赠送了阿尔巴尼亚国旗和“阿尔一号”麦种。他还同大队党支部书记吴长明拥抱拍照留念，那照片，至今还保存在梅蓉村里呢。

为了永远留存这个珍遗的历史记忆，20世纪90年代，梅蓉村正式把村口的那座小石桥命名为“先念桥”。

现在的“先念桥”

令人难忘的“友谊麦”

一粒小小的麦种，传递着一个国家与一个村落的特殊情缘。

“友谊麦”的故事发生在20世纪60年代的梅蓉村。1966年5月8日，时任国务院副总理李先念和原浙江省委书记江华，陪同阿尔巴尼亚人民共和国部长会议主席谢胡前来梅蓉大队参观访问。阿尔巴尼亚访问团临走的时候，赠送给梅蓉大队一袋麦种。此后，围绕着这袋麦种，发生了一系列“友谊麦”传播友谊的感人故事，阿尔巴尼亚与梅蓉村之间的联系持续了很多年。虽然时间已久远，往事如烟，世事变幻，但这一段珍贵的历史却永远地留存了下来。

[讲述人小档案] 吴土英，1950年出生，梅蓉村舒坑自然村人。于1968年起在梅蓉大队当出纳，1970年入党。1974年起担任原梅蓉大队党支部副书记数年。1979年后聘用在原桐君公社工作，分管植保等农技工作。

口述人：吴土英

我是土生土长的梅蓉人，从出生到现在没有离开过家乡。这辈子让我感到最自豪的是：我不仅亲眼目睹了发生在家乡翻天覆地的变化，而且还亲身参与了梅蓉人自力更生、艰苦奋斗“改天换地”的难忘历程。我经历了梅蓉村多个历史瞬间，不过最难忘的还是阿尔巴尼亚送来“友谊麦种”的事。

那是1966年5月8日，时任国务院副总理李先念和原浙江省委书记江华，陪同阿尔巴尼亚人民共和国部长会议主席谢胡前来梅蓉大队参观访问。李先念是首位来到梅蓉村的国家领导人，而谢胡是当时我国“同志加兄弟”友好国家的部长会议主席，这次接待活动的重要性不言而喻。此前，村里人已经高高兴兴地做好了各项迎接贵宾的准备工作，全村上下都洋溢着喜气。

5月8日那天，在省市县领导的陪同下，李先念一行参观了我们梅蓉大队的水果队、加工厂、畜牧场、徐家机埠等，每到一地都认真听取梅蓉大队干部的情况汇报。谢胡同志对梅蓉人艰苦奋斗，改造自然，用双手创造美好生活的精神给予了高度赞赏。临别时，一位叫凯莱齐的访问团成员，则代表阿尔巴尼亚访问团向梅蓉大队赠送了阿尔巴尼亚国旗和“阿尔一号”麦种。

李先念一行与梅蓉人微笑着挥手道别，这次参观访问活动圆满结束了。

虽然只有短短数小时，但给我们梅蓉人带来了极大的鼓舞。记得当时有一首红遍全国的《中阿友谊之歌》，那是一首旋律非常优美的歌曲，歌词中有这么几句："海内存知己，天涯若比邻，中阿两国远隔千山万水，我们的心是连在一起的……"记得那段时间，我们村里哼唱这首歌的年轻人特别多。

那年我16岁，离开农技学校后在大队里当出纳。阿尔巴尼亚访问团走后，梅蓉村重新恢复平静，而我却围着访问团留下的那袋麦种开始忙碌。

有"山鹰之国"之称的阿尔巴尼亚，当时的农业种植技术取得了令人瞩目的成果。访问团留给梅蓉村的不仅是优质的粮食种子，更是友谊的种子。大队干部把这袋麦种交到了我手中，让我分别给三个生产队去试种。

我像战士接受任务一样，郑重地接过了那袋麦种，然后仔细地分成了三份，生怕掉落一颗麦种。根据大队领导的吩咐，我先后把三袋麦种分别交到了孙家第三生产队队长孙庆福、陈家生产队队长陈来林和徐家生产队队长徐家其手中。

冬种开始了，三位生产队长取出了精心保管的"友谊麦种"，各自在生产队里选出了最好的试验田进行播种。就这样，来自阿尔巴尼亚的麦种开始在梅蓉的土地上生根、发芽。也许是梅蓉的土壤和气候特别适合"阿尔一号"麦种的缘故吧，总之，这三个生产队的试验田里，麦子长势都特别好，绿油油的，又粗又壮，与旁边的麦田麦子长势形成了鲜明对比。

消息传出后，当时的"友谊麦"试验田如同我们现在的"网红田"一样，一下子受到了强烈关注，本县和外地前来

参观的人越来越多，连外省市都有人来参观，三个生产队试验田的田埂都快被踩平了。参观者中有分管农业的干部，有农业技术人员，最多的还是各地的生产队干部。看过试验田的人都说这麦子长势太好了，听过介绍的人都说，“友谊麦”背后的故事太感人了。

“友谊麦”虽然出名了，可最后的悬念还没解开：这麦子长势这样好，产量高不高呢？三个生产队长私底下也议论说：现在我们的试验田“名气”弄得这样大，如果最后产量不高，那可真有点尴尬了……

揭开“谜底”的一刻终于到了：第二年麦子收割时节，三块试验田金黄色的麦穗，沉甸甸得惹人喜爱，亩产达到500至600斤，最高的有700斤以上。要知道，当时本地小麦亩产只有三四百斤，“阿尔一号”麦子产量这样高，确实令人大喜过望。这一下，三个生产队长真开心啊，他们脸上的笑容是一个比一个灿烂。

“友谊麦”获大丰收的消息，传得比风还要快。

接下来，来自省市各地农村的电报像雪花一样飞向梅蓉村。电报内容都一样，全部都是来讨要麦种的。有人说：“我们也知道你们手里的麦种数量是有限的，但我们实在想要，哪怕给我们半斤也好啊！”梅蓉大队干部们专门为此召开会议商量，最后决定除了留下本地要用的麦种，其余的“阿尔一号”麦种全部免费赠送给各地农村前来讨要麦子的人，让“友谊麦”传递友谊。

大队领导把寄麦种的任务交到我的手上，那段时间，我每天都为麦种的事奔忙。我制作了一批袋子，把“阿尔一号”麦种装成一小袋一小袋，然后按照电报上的地址寄往省内外各地。那段时间，我天天跑邮局寄麦种。从梅蓉到县城邮局全

部靠骑自行车，那时候路也不太好，不知摔了多少跤，有一次摔得走路都一瘸一拐的。但当我读到各地的感谢信时，也不感觉痛了。

为了传递麦子丰收的捷报，更为了表达感谢之情，1968年7月30日，我们梅蓉大队专门写了一封感谢信给阿尔巴尼亚种子局，汇报“阿尔一号”麦种试验已获得平均亩产276公斤的好成绩，并表示衷心的感谢。不久，阿尔巴尼亚种子局给了梅蓉大队一封热情洋溢的回信。

令人感动的是，“友谊麦”的感人故事仍旧在延续。

1969年，富春江特大洪水，梅蓉村600亩早稻被淹，其中160亩颗粒无收。得知消息后，8月15日，阿尔巴尼亚种子局又寄来“姆泽契亚”和“苏克希”两个品种的小麦种子1000斤。友好国家的这一份情义令人感动！记得当时县里相关部门专门在梅蓉大队开了一个会，把这一批优良麦子转送到县农科所、南堡、俞家、凤龙等单位试种。1970年，这两个小麦品种试种，取得了平均亩产430斤的丰产，1971年又取得了亩产520斤大面积丰收。

这一来，“友谊麦”在桐庐全县播撒开了。

此后几年，阿尔巴尼亚与梅蓉大队的友好交往活动不断。1972年12月22日，解放军副总参谋长张才千与浙江省委书记谭启龙一起，陪同以巴卢库为团长的阿尔巴尼亚军事友好代表团来梅蓉大队参观。当大队党支部书记吴长明汇报阿尔巴尼亚寄来的“友谊”麦种连年获得丰收时，巴卢库团长十分喜悦，他还说：“好麦种，要好农民培养才能茁壮成长。”听到这话，梅蓉人都很开心。到了1973年，以克罗希为团长的阿尔巴尼亚友好代表团来梅蓉参观访问。当他看到本国种子在梅蓉长势良好时，他在麦田边上与党支部书记吴长明拥抱合影……

时间一晃几十年过去了，往事如烟，世界上的事更是风云变幻。但承载着往事的历史不会变的，就像发黄的老照片一样，清晰地定格了当年的情景。此后几十年，每当我看到麦地时，总会情不自禁地想起当年的“友谊麦”。

国际粮农组织来梅蓉

在梅蓉村的“小农场”，原先有100亩杂交水稻制种基地。当年这个基地不但在县里有名气，而且在国际上也曾“崭露头角”：1984年8月，联合国国际粮农组织专家来到该基地进行水稻试验；1984年10月，总部设于菲律宾的国际水稻研究所育种系高级专家来到梅蓉村，对制种基地的杂交水稻的“水稻株系繁育和晚粳组水稻田间抗性”进行考察鉴定。专家对鉴定结果表示满意。梅蓉村制种基地的这一科研成果，此后存入联合国粮农组档案馆。

[讲述人小档案]柯毛富，1936年出生，梅蓉村王家自然村人。早年务农时担任生产队会计，1978年至2007年任梅蓉村会计，现在家务农。

口述人：柯毛富

我们梅蓉村景色有名，水果有名，六七十年代那段“战天斗地”的历史更有名，可也许很少有人知道，梅蓉村的杂交水稻一度也很有名。当年联合国国际粮农组织，还有位于菲律宾的国际水稻研究所都曾与梅蓉“牵手”。

海南岛，是梅蓉杂交水稻的“发源地”。1976年，梅蓉村的周炳林参加了桐庐县农业局组织的赴海南科技团队，他们的任务是繁育杂交水稻品种，当时整个桐君乡就去了周炳林一个人。经历了无数的艰难困苦，这批人带着掌握的杂交稻制种技术和亲自繁育成功的杂交稻种子，自信满满地回到了桐庐。

周炳林从海南回来后，第二年就开始试种杂交水稻，当年单产就达到1000斤以上。杂交稻试种可谓“一炮打响”！为了更好地推广杂交水稻，农科队组成了18人的科技团队，建立了基地，开始自己繁育杂交水稻的种子。1978年，村里任命周炳林为梅蓉村农科队队长，主要任务就是推广杂交水稻。

此项工作成绩喜人，梅蓉村的杂交水稻面积很快占到了总面积的60%。基地繁育的杂交稻种子不仅完全能满足本村需要，多余部分还可以出售县种子公司。随着梅蓉杂交稻生产声名鹊起，村里的杂交水稻育种基地面积也从几十亩扩大到100亩。那时候周炳林很忙，周边村甚至周边县市经常有人赶来，向他讨教技术。那时候我们大家都戏称他是“梅蓉大队的袁隆平”。

不过我们没想到，梅蓉的杂交水稻会引起国际粮农组织的关注。

那是1984年8月的一天，县农业部门领导陪同联合国国际粮农组织的一位专家来到梅蓉进行水稻试验。国际粮农组织是联合国专门机构之一，是各成员国间讨论粮食和农业问题的国际组织，专门致力于收集、分析、解释、传播与营养、粮食和农业有关的信息。那天，一行人下车后，连水也顾不得喝一口，就陪同国际粮农组织专家，直奔位于梅蓉村“小农场”的杂交水稻繁育基地。

8月份正是水稻生产的关键时期，梅蓉村的杂交水稻育种基地的水稻长势十分喜人。国际粮农组织的专家通过翻译，就本地的土壤、气候以及杂交水稻育种过程中的一些环节，与现场的村干部进行热烈交流。接着，专家等一行人又来到罗家大屋，与村干部及负责制种的村民亲切交流。专家对梅蓉村在杂交水稻育种方面取得的成绩，给予很高的评价，并且给予了一些科学建议和指导。

座谈会结束的时候，联合国国际粮农组织的专家还在罗家大屋门口与大家合了影。这张发黄的老照片，至今还保存在梅蓉村的村委。

1984年8月，国际粮农组织专家来梅蓉进行水稻试验

根据专家的要求，之后约有四五年的时间，梅蓉村水稻制种基地每年都要向联合国国际粮农组织提供杂交水稻制种过程中的相关数据。

梅蓉村的杂交水稻，就这样在国际上“崭露头角”了。

1984年10月，又一批国际友人来到梅蓉村的杂交水稻制种基地，他们是国际水稻研究所育种系高级专家。总部设于菲律宾的国际水稻研究所，一直

在世界水稻的科研与生产上起着重要作用，分别在11个国家设有办事处或分支机构，与我国联合承担国际合作项目，在水稻科学的多个领域开展合作，并联合举办学术交流活动，扩大了中国水稻科学界的国际影响。这一次该研究所的专家专程前来梅蓉村，考察鉴定“水稻株系繁育和晚粳组水稻田间抗性”。专家鉴定后表示满意。这一科研成果已存入联合国粮农组档案馆。

时间一晃到1991年10月，这天梅蓉村又迎来了一批外国友人，他们是澳大利亚国际粮农协作组专家，此次来梅蓉是专门搞油菜试验的。显然，梅蓉村不仅是杂交稻制种名声在外，油菜生产也引起了国际粮农组织的关注。

历史上，梅蓉村种植的一直是“土油菜”，这种油菜产量低，病虫害多。1955年村里开始推广种植新品种“胜利油菜”，到1957年全村80%以上都种植胜利油菜。1972年以后又引进“九二—13”系油菜良种，在栽培技术上，学习上海萧山等地的经验，每亩移栽5000株左右。并总结推广“四个一”移植法：一条绳子定行距、一个孔穴定株距、每个孔穴一株苗、一把泥灰保全苗。

新品种，新技术，让梅蓉村油菜亩产日益增高。油菜单产从原先的每亩70来斤提高到352斤，最高田块达到450斤，这是一个十分喜人的数字。正因如此，1991年10月，澳大利亚专家、国际粮农协作组的专家们前来进行“油菜试验”时，对梅蓉村油菜在种植、管理、防病治虫方面给予了很高的评价。

梅蓉“小农场”100亩杂交水稻制种基地，后来随着时代的变迁渐渐萎缩，在发展多种经营过程中，改成桑叶基地。但杂交水稻在梅蓉村当年的粮食生产中“一枝独秀”的历程，却永远地留存在了梅蓉村人的记忆中。

难忘大雨中看《奇袭》

20世纪60年代开始，梅蓉巨变引起了世人瞩目。从1963年至1991年，梅蓉村接待过60多个国家、48批次、482名国际友人。国内各地来梅蓉参观、考察、学习、慰问的团体，更是不计其数。可对许多梅蓉人来说，山东京剧团《奇袭白虎团》剧组来梅蓉村冒雨慰问演出的情景，记忆特别深刻，因为那张照片从另一个角度“定格”了梅蓉巨变引起世人瞩目的珍贵瞬间。

[讲述人小档案]孙升祥，1942年出生，梅蓉村孙家自然村人。17岁考上江西共产主义劳动大学，两年后为照顾母亲辍学回梅蓉务农。他于1983年后开始外出经商，是村里第一个“万元户”，后在村里办起蜜饯厂。2006年始，他任孙家自然村老年协会会长共6年，是梅蓉村里第一个老年协会会长。

口述人：孙升祥

在我们梅蓉村村委，一直挂着一张山东京剧团《奇袭白虎团》剧组为梅蓉村民冒雨演出的老照片，记录下的是一段感人的岁月插曲。

那是1973年6月28日，接县里通知，说山东京剧团《奇袭白虎团》剧组要来我们村慰问演出。听到这个消息，大家都很高兴。当时正是革命样板戏大放异彩的时期，广播里天天播《红灯记》《沙家浜》《智取威虎山》等样板戏，村里男女老少都会哼唱几句。后来这些戏大多数拍成了电影，影响就更深入人心了，尤其是反映抗美援朝题材的现代京剧《奇袭白虎团》名气更大，电影里男一号“严伟才”，形象威武英俊，深受广大观众的喜爱。

山东京剧团《奇袭白虎团》剧组要到梅蓉村慰问演出的消息很快传开了，不但周边村子的人都赶来看戏，甚至县城和周边乡镇都有人赶来。这一下把梅蓉大队的计划打乱了：原来是安排剧组在郭候王庙演出的，由于来看戏的人越来越多，庙里太挤，不得不临时改为在洲上一方较大的空地上露天演出。当时我也早早地来到演出现场，兴致勃勃地等待观看名剧和名演员。我想，我们那时的心情也不亚于现在“追星”的年轻人吧。

在人们的翘首期盼中，一辆大巴车载着山东京剧团的演员们到了。演员们都化过妆的，一个个精神抖擞，英姿飒爽，和电影里看到的一样。在热烈掌声中，他们笑容满面地向现场观众挥手致意。戏还没开演，场上场下已是一片火热。

演出前，剧团领导先为大家作了介绍，大致意思是《奇袭白虎团》是根据志愿军特等功臣、一级英雄、朝鲜民主主义人民共和国一级国旗勋章获得者杨育才同志的事迹创作的。讲述的是中国人民志愿军侦察兵副排长严伟才在金城战役中，率领侦察班，在朝鲜人民军联络员韩大年和当地群众的协助下，化装成敌军，策应主力队摧毁“白虎团”团部，生擒“白虎团”团长和美国顾问的故事。这个剧也是山东京剧团的“当家戏”，今天剧团本着“为工农兵服务、为社会主义服务”的宗旨，送戏到梅蓉村进行慰问演出，既是为了弘扬革命英雄主义精神，也是为了学习梅蓉村“改天换地”的干劲……

本次演出是以折子戏的形式，展示《奇袭白虎团》全剧精髓。演员们精彩的表演，不时赢得一阵阵喝彩声。当该剧男一号——饰演严伟才的名演员宋玉庆上场时，现场的热烈氛围更是到达了高潮。

“同志们一番辩论心明亮，识破敌人鬼心肠。美帝野心实狂妄，梦想世界逞霸强。失败时它笑里藏刀把和平讲，一旦间，缓过劲来张牙舞爪又发疯狂。任凭它，假谈真打施伎俩，狼披羊皮总是狼。对敌从不抱幻想，我们还要更警惕，紧握枪，打败美帝野心狼！”宋卫庆的唱腔字正腔圆，表演炉火纯青，举手投足、一招一式都透着一股子“英雄气”，把现场观众的情绪全都调动起来了，许多人情不自禁地跟着哼唱起来：“我们还要更警惕，紧握枪，打败美帝野心狼！”

演出正在火热进行中，想不到老天爷来捣蛋了。

当时正是梅雨季节，天气说变就变，戏正演到精彩处，天上瞬间乌云密布，雨点大颗落下，接着雨点越下越大，演出现场水汪汪一片。虽然天公不作美，可演出并未停止，演员们仿佛没有感觉到大雨湿透衣裳，依然热情饱满地在演出，现场观众一个也不走，全部都兴致勃勃地冒雨观看演出。

此时此刻，演出现场已不是“演戏”和“看戏”那么简单了：京剧艺术家们展示的是为工农兵服务的真心，而现场观众表达的是对演员的敬意。观众们都为这场风雨无阻的演出叫好，掌声比任何时候都热烈。我身上也全部淋湿了，但心里却感到很爽快，内心有一种激情在涌动。虽然这次慰问演出让演员和观众都成了“落汤鸡”，却生动地展现了艺术家与老百姓心连心的动人情景。

演出结束后，雨也渐渐停了。老天爷“恶作剧”结束了，山东京剧团送来的一台好戏也散场了，但现场所有观众都是意犹未尽。演出结束后，山东京剧团向梅蓉大队赠送了“奇袭白虎团”剧照两张。梅蓉村干部们向京剧艺术家们表达了由衷的敬意。这次演出给我留下了非常深刻的记忆。

那天，现场的工作人员拍摄下了山东京剧团《奇袭白虎团》在梅蓉村冒雨演出的照片，那张照片至今还挂在梅蓉村的村委里。每次我到村委里看到这张照片时，就会回想起当时的难忘情景，并且回想起当年梅蓉巨变给村民们带来的骄傲，更回想起亲身经历过的那些用亲手改变村庄落后面貌的峥嵘岁月。

发展脚步

口述梅蓉

紧跟历史发展的步伐，梅蓉村人一步步往前闯。五业兴旺，让活力四射的梅蓉村，站起了一大批能工巧匠。一个个庄稼汉穿上皮鞋，成为令人刮目相看的经理和厂长，他们勇闯大都市，让城里人闻着了九里洲的果香。

第一个蜜饯厂诞生记

梅蓉的水果产量高，梅蓉的水果质量好，尤其是杨梅和白梨，更是优质水果的“品牌担当”。可是，好东西不一定能卖出好价，丰产不一定丰收。杨梅怕雨淋，雨后的“落地杨梅”即便贱卖也无人问津。明明丰收在望，一场大雨便让农民的满心希望全“泡汤”。为了突破水果销售“困局”，当年梅蓉人敢想敢干，克服重重困难，从外地请来技术人员，自力更生，土法上马，在村里创办起了蜜饯厂，从此走出了一条水果深加工的新路子。这一创新举措，不但让杨梅等水果深加工产品“走”进了杭州、上海等大城市，更重要的是，随着第一个蜜饯厂的诞生，掀开了梅蓉村一页“泥腿子”办厂的新历史。

[讲述人小档案] 陈健康，1958年出生，梅蓉村店坞自然村人，中共党员。于1976年高中毕业后参加五七大学师资培训，结业后曾在原梅蓉中学任教一年；1978年入伍服役4年。1984年被选举为梅蓉村委会主任，任职其间参与筹建梅蓉蜜饯厂。1995年创办了桐庐健康蜜饯厂。

口述人：陈健康

雨后杨梅落满地

20世纪80年代，我们梅蓉村建起了第一个蜜饯厂，祖祖辈辈与土地打交道的梅蓉人，从此有了自己的工厂，有了自己的产品。瓜果经过深加工，变成风味独特的蜜饯、水果罐头、水果汽水等销往大城市。梅蓉的瓜果再也不怕烂，再也不愁卖了……这是属于梅蓉人独特的“甜蜜记忆”。

1956年，当年的新蓉高级社建立了一支12人组成的水果专业队。从那时开始，我们梅蓉村开始大力发展水果种植，洲上春天越来越美，桃花红，梨花白，一片姹紫嫣红。到了夏季，洲上又是一片硕果累累、瓜果飘香的景象。

也许是水土的缘故吧。我们梅蓉村的水果特别甜，咬一口，满嘴香，尤其是青梅、杨梅、白梨，更是水果中的佼佼者，可谓名声在外。

梅蓉人种水果是“高手”，可卖水果却不占优势。每年瓜果快成熟的时候，村干部就开始愁销了，常常愁得夜里睡不着觉。这是因为瓜果保鲜难，不经放，几天一过就会变质，变质的水果不要说卖，就是白送也没人要。尤其是杨梅最怕落雨，可偏偏杨梅红的时候是一年当中雨水最多的时候。天落雨，大量新鲜杨梅无法采摘，采摘了也无地销售，只能眼睁睁地看它们烂在山上。更有大量的杨梅从树上落下，“落地杨梅”贱卖也少有人问津。“梅时雨”带来的损失算也算不清，总之杨梅与雨一“相逢”，农民就注定要空欢喜一场了。

最让梅蓉人刻骨铭心的是1973年6月18日至24日的大雨。

那年是杨梅的“大年”，满山的杨梅成熟了，红艳艳得实在喜人。可正当杨梅“丰收在望”之时，梅雨季一场连着一场的大雨不期而至。屋外头大雨如注，屋里头村民唉声叹气。6月24日大雨终于停了，村民奔到山上，只见原本挂满红艳艳果子的杨梅树，基本变得“碧碧绿”，而杨梅树下却像铺了“红地毯”。面对惨状，村民们口里发出“啧啧啧”的声音，心痛得说不出话来。

1973年梅雨季大雨，给梅蓉人造成了相当惨重的损失：当年原本估计可采收40万斤杨梅，最终只收获了24万斤。每公斤市场价不到2毛钱，总收入仅22417元。梅蓉人不缺乏“战天斗地”的精神，可面对专门在杨梅丰收的季节来“捣鬼”的老天爷，面对一场又一场的大雨，梅蓉人一筹莫展，只剩一声叹息。杨梅“丰产不丰收，增产不增收”的情景，年复一年地发生。

转眼到了1984年，那时我已经从部队复员回村工作。当时村书记是陈来春。那年杨梅又遭遇“梅雨”袭击，面对大量烂在地里的杨梅，村干部的心情格外沉重。这时候不知谁说了一句：“要是我们有做杨梅干的技术就好了，那样的话，落地杨梅全部都可以利用起来，天落雨也不怕了。”

言者无心，听者有意。村干部心头一震，眼前一亮。很快，村支部就召开会议专门讨论做“杨梅干”的事。那时候，我们还没有听说过“蜜饯”两个字，但是对办厂的事意见高度统一。书记陈来春态度更坚决，他说：“水果产业是梅蓉的重要产业，我们绝对不能再‘靠天吃饭’了，一定凭借优势资源在水果加工上动动脑筋，唯有这样做才能确保丰产丰收。再说，这些年我们村生产力提高了，如果办厂的话，解放出来的劳动力就有了新出路……”

思路一变天地宽

1984年4月，村党支部决定筹办蜜饯厂。作为村委主任的我，马上与其他村干部们一起，风风火火地行动起来，选址、筹划、造厂房……我们利用村里小农场一块空地，挖池盖房，因陋就简创办蜜饯厂。这是梅蓉村创办的第一个蜜饯厂，村干部们个个精神振奋，充满了必胜的信心。

要把蜜饯厂办成功，技术是关键。经人介绍，我们从上海请来制作蜜饯的老师傅，又选派了一名肯吃苦又机灵的村民给他当助手。当然，这名助手真正的任务是学技术，就是老人们常说的“偷拳头”。我们大家都清楚，要真正发展壮大水果加工业，我们梅蓉人今后必须得有自己的技术人员。

厂长厂长，一厂之长，蜜饯厂由谁来当厂长呢?

经过集体讨论，村里决定请村民俞先贤来任梅蓉蜜饯厂厂长。我们推选他是有理由的，他开过船，搞过水运，为养蜂场跑过场地，是一个有文化、有见识、有干劲的人。俞先贤挑起了这副重担后，一板一眼地干起来。那时做蜜饯没有机械设备，每一道程序都靠人工完成，每一颗蜜饯都要在太阳底下晒干。蜜饯厂全年无休，天越热，太阳越大，蜜饯厂的工人越忙，越辛苦。

蜜饯厂招收的第一批工人，全部是村里的退伍军人。这些年轻人走出绿色军营，在家门口当上了“工人”，他们为家乡感到骄傲。这些当过兵的人身上仍然保持着部队的作风，他们不怕累，不怕苦，干起活来像打冲锋一样。

厂刚刚办好，杨梅成熟期也到了，照样是一场又一场的瓢泼大雨轮番来袭。不过，这回村民胆大了，因为我们有了蜜饯厂，再也不怕老天爷“发威”了。当年蜜饯厂把全村的“落地杨梅”和卖不出去共30余万斤杨梅统统收购，在上海师傅的指导下，经过细致加工，最后全部“变”成了味美的蜜饯。

一包包散发着田野气息和泥土芬芳的蜜饯，源源不断地销往上海等大城市。这种“原始风味”浓郁的梅蓉蜜饯，一上市便受到了城里人的喜爱。梅蓉蜜饯厂因此实现了当年办厂，当年投产，当年出效益的目标。

有了蜜饯厂，瓜果地里像挖出了“金元宝”，村民发展瓜果产业积极性大涨。多种瓜果既可解决工厂原料，又可增加农民收入。村里一号召，农民纷纷加盟，边角地全部利用起来了。办厂次年，梅蓉蜜饯厂不但收本地冬瓜，而且到外地收购，仅冬瓜一项，就购了60多万斤，增加农民收入40多万元。

1986年，梅蓉蜜饯厂的产值达到120万元，当年净利润13.60万元；1988年产值达到206万元，上交国家税金11.57万元，实现净利润6.57万元。据统计，梅蓉蜜饯厂从1984年创办到1994年转制，共向国家交纳税金60多万元；实现净利润38.5万元，积累达到65.6万元。

记得那年，县委书记方仁祥亲自送来了奖状，并鼓励梅蓉蜜饯厂在农副产品加工中再闯新路子。这给梅蓉干部群众带来了巨大的鼓舞。

梅蓉蜜饯厂不仅带来财富，还“孵化”出了多家新厂。

桐庐县委书记方仁祥（后排右三）为梅蓉蜜饯厂送奖状

1989年，梅蓉蜜饯厂扩大规模，新建立厂房，增加了一个车间；1990年2月，这个新增的车间从梅蓉蜜饯厂分离，建立春江蜜饯厂。新厂发展势头更猛：1992年，春江蜜饯厂投资35万元，新建厂房700平方米，是年实现销售收入105.7万元，完成税利11.5万元。

从梅蓉蜜饯厂“脱胎”出去的还有梅蓉罐头果品厂。1988年，梅蓉蜜饯厂饮料车间从母厂分离出去，建立了梅蓉罐头果品厂，凭借本村的优势资源生产碳质汽水和可乐。随着发展的步伐越来越快，1988年该厂上马水煮笋生产线，生产罐头笋出口日本，当年创汇80余万元。获桐庐县第一批“出口创汇企业”光荣称号。

就这样，自从兴办蜜饯厂，梅蓉的水果种植和水果深加工形成了新优势，村民的劳动分工也越来越细：有人种水果，有人做蜜饯，有人跑供销，有人搞包装……在发展生产的过程中，村民的视野也越来越开阔了。

梅蓉村当年这一场水果产业的“转型升级”，我是真正的亲历者。

1986年，我从村委主任位置退下后，到村蜜饯厂当供销员，一干近10年。1994年梅蓉蜜饯厂转制，1995年我自己创办“健康蜜饯厂”。我们厂有十几亩地的规模，腌制瓜果的池子有30多个，晒蜜饯的场地达到4000多平米。最多那一年，我们厂杨梅收8万斤，李子收几十万斤，梅子几十万斤……和我一样，乘改革开放的春风，很多村民都投资办起了蜜饯厂，最多的时候，我们全村有七八家蜜饯厂。蜜饯生产旺季，梅蓉村的空气中都散发出香甜的味道。那一段办蜜饯厂的历史中，有我们梅蓉人珍贵的“甜蜜的记忆”。

书写五业兴旺新传奇

1959年下半年开始，梅蓉村改变单一粮食生产的模式，积极发展多种经营。随着集体经济迅速壮大，村里粮食生产上了新台阶。过去梅蓉村灌溉靠的是三台木炭机，1961年后逐渐换上了电动机。村集体“腰包”有钱后，“腰板”也硬了：1962年底，把全村11个机埠都换上了电动机。这一年，全村90%的耕地实现了机电灌溉，水田面积一下子扩大到983亩，而且全部都成为亩产超千斤的“旱涝保收田”。灌溉能力提升后，梅蓉村提前6年实现粮食亩产超《纲要》。到1963年，梅蓉村多种经营收入达到12.5万元，占全大队农业总收入的38%。

[讲述人小档案] 陈健康，1958年出生，梅蓉村店坞自然村人，中共党员。于1976年高中毕业后参加五七大学师资培训，结业后曾在原梅蓉中学任教一年；1978年入伍服役4年。1984年被选举为梅蓉村委会主任，任职其间参与筹建梅蓉蜜饯厂。1995年创办了桐庐健康蜜饯厂。

口述人：陈健康

根据村志记载，我们梅蓉村是从1959年下半年开始发展多种经营的。那时候国家提出了“以粮为纲，多种经营，全面发展”的战略方针，这非常符合当时农村发展实际：粮食生产发展了，可以带动多种经营的发展；多种经营发展了，又可以为农业生产积累资金，更好地促进粮食生产的发展。

在这样的大背景下，我们梅蓉村也从实际出发，在狠抓粮食生产的同时，积极发展多种经营。大队开始创办起了奶牛场、养猪场、农副产品加工场。各生产队也因地制宜，发展畜业、渔业、短途运输、草纸生产，等等。梅蓉村出现了农、林、牧、副相互依存、相互促进的新局面。

“以粮为纲，多种经营，全面发展”的方针，受到了群众的积极拥护。

许多人都说：“这下好了，可以堂堂正正搞副业了！”

那时农民管多种经营叫“搞副业”。一直以来，农民“搞副业”是受限制的。在农闲季节，有手艺的社员想外出搞副业，有想法的社员想外出打工，不能够说走就走，必须先向生产队写申请，得到批准才可以外出，然后每年要向生产队缴纳一定的“管理费”。这笔管理费可以被算作工分，民间也叫“买工分”，到秋收时，可以分得相应数量的口粮。正因为如此，村民搞副业总有点“遮遮掩掩”，在外面赚了钱也不太敢声张，生怕被人说是

“搞资本主义”。

政府允许多种经营后，梅蓉村社员的生产积极性高涨。

村民如“八仙过海，各显神通”，纷纷从事起自己擅长的活儿，如做船工、砍茅柴、短途运输、筛沙、养蚕、养鱼、养猪、种西瓜、做木工、做篾工等，真可谓是人尽其才，一个个干劲冲天。用社员自己的话来说，就是“生活有得做，钞票有得用”。这时候的梅蓉村，出现了百业兴旺的景象。

有了“源头活水”，集体经济得以快速壮大。1962年，全大队副业收入达到30200元，这在当时是一笔真正的巨款啊。社队想办事业有心无力、集体经济“捉襟见肘”的窘态改变后，村干部肩上的压力大大减轻了。

集体经济的巩固，为粮食生产提供了强大的支撑。1961年之前，梅蓉村灌溉靠的是三台木炭机，到1962年底，村集体“腰包”里有了钱，“腰板”也硬了，马上把全村11个机埠都换上了电动机，这真叫“鸟枪换炮”。

这一年，全村90%的耕地实现了机电灌溉，水田面积一下子扩大到983

手工捞草纸

亩，而且全部都成为亩产超千斤的“旱涝保收田”。就在这一年，梅蓉村提前6年实现粮食亩产超《纲要》。到了1963年，梅蓉村集体和个人养殖的生猪达到1505头，户均3.6头；水果产量达到356000斤，全大队多种经营收入达到12.5万元，占全大队农业总收入的38%。

梅蓉村实现了“以农为主，以副养农”，打开了一扇新的发展大门。

多种经营取得了喜人的成果，但梅蓉人不满足于“小打小闹”，他们继续发挥“敢想敢干，敢为人先”的精神，进一步放开手脚把事业做大。这时候，村里出现了畜牧业、副业、渔业、农副产品加工业齐头并进的态势，其中的造船业、养蜂业和蚕桑业更是异军突起，成为其中的“明星产业”。

养猪场

渔业

1967年，在桐君蜂场的支持下，大队成立了梅蓉蜂场。这是梅蓉村的新产业，当时规模也不大，总共只有3个组180群蜂。养蜂人很苦，一年四季在外奔波，风餐露宿，每年都要在天南地北“追花逐蜜”。可梅蓉人不怕吃苦，他们根据不同的季节、不同的气候来管理蜂群，获得了越来越好的效益：1975年，梅蓉蜂场从

3个组发展到了9个组，人员也增加到了32人。养蜂场的蜂群，也由刚开始的180群发展到600多群，是年梅蓉蜂场总收入达到27万元。

此后，我们梅蓉村的养蜂业发展的步子更快。1979年4月，梅蓉蜂场与洋洲、桐君七大蜂场联合出资，组建了桐庐蜂业联合公司。1985年后，联合公司以蜂王浆、蜂蜜为原料的营养滋补品，开始在市场上畅销起来。

与养蜂业一样，蚕桑业的发展也是势头强劲。

解放前，梅蓉村也有人养蚕，但只有零星的几户，桑树的规模更小得可怜。

农户养蚕，也不产生经济效益，只是为了获得茧子做丝棉自己用。那时谁也没有想过，蚕宝宝今后会成"宠儿"，蚕桑叶会成为村里的优质产业。

1968年，县农业局专门派技术人员来到梅蓉，指导大队办起了蚕桑专业组，辅导村民技术。那时侯，17个生产队都开发可利用土地进行种桑养蚕。全大队发展桑园198亩，当年养蚕（三熟）241张。

养蜂业

此后，随着桑树渐渐长大，梅蓉村养蚕量慢慢增多。到1981年，梅蓉蚕桑队人员增加到100人，当年养蚕110张，产茧115担，达到每张产百斤茧的好成绩。到1985年，我们梅蓉全大队共产茧500担，位全县之首。当然，蚕桑丰收的背后，是养蚕人日日夜夜的辛勤劳作。

这时候的梅蓉村，出现了各式各样的"能工巧匠"，其中就有养蜂能人、养蚕高手、养猪状元等，村民的生活水平不断提高。尤其到了改革开放

养蚕业

后，村民勤劳致富的感人故事，更如雨后春笋，层出不穷。如村民孙阿传，过去家里生活很困难，但他有一手做豆腐、香干、臭豆腐的好技术。村里发展多种经营开始，他就操持起了老本行，全家起早落夜，不辞辛劳地做豆腐，手艺越来越精，豆制品产品越做越好，生意越做越大，成为村里最早富起来的人之一。如今孙阿传老人80多岁了，他的儿子继承了他的手艺，他家的豆腐店越开越红火。

村民王越强，凭着一手杀猪的技术，走上致富道路。而他的兄长则承包了一条机帆船搞水上运输，很快过上了好日子……

在梅蓉村，这样的例子不胜枚举，数不胜数，三天三夜也讲不完。事实上，从当年生产队搞副业的历史中，可以清晰地感受到我们梅蓉村民几十年来一直不停奔小康的身影。

古村落里的“杨梅世家”

梅熟六月红，醉美九里洲。梅蓉是桐庐优质杨梅的主产地，而梅蓉杨梅则是桐庐农产品的一张“金名片”。据史料记载，清乾隆十五年(1750)后，“梅蓉于平地遍种青梅，山上多种杨梅”，至今已有500余年历史。数百年的风风雨雨，也曾让梅蓉杨梅几度“枝叶飘零”，所幸的是，沐浴着改革开放的春风，梅蓉杨梅又红了。如今该村杨梅总面积达2000余亩，年产优质杨梅可达30万至50万斤。杨梅颗颗如红玛瑙般鲜艳欲滴，红红的杨梅酒“醉”四方。要问梅蓉杨梅为何这样鲜甜？那是因为这儿有一方好水土，还有历史风霜的浸染。

[讲述人小档案] 陈银生，今年87岁，家住梅蓉村店坞自然村。于1955年入党，1956年任原梅蓉乡互助合作社专职干部，1958年当选桐庐县第一届人大代表。年轻时，与村民一起投身九里洲“荒滩变绿洲”战斗，为村集体发展杨梅生产辛劳奔波；如今他的儿子陈卫芳不仅是村里杨梅种植大户，而且是远近闻名的培育杨梅树苗的“土专家”。

口述人：陈银生

一

我家祖祖辈辈都是梅蓉农民，与杨梅结下了不解之缘。

小时候常听大人说，我们梅蓉杨梅早在清朝乾隆年间就已名声大噪。在童年记忆里，我家有13棵杨梅树，最大的几棵有150年以上的树龄，那树身足有合抱粗。虽然是“高龄”老树，但依旧枝繁叶茂，浓荫蔽日。“大年”时，这几棵老树红红的杨梅压弯枝头，一棵树可采摘六七百斤杨梅。因为树太高，所以我家采杨梅时要用上18档的竹梯子。记得每回我上树采杨梅时，我娘总是在树下仰着头大声叮嘱我：“当心！要当心哦！”那时候，我们梅蓉山上像这样的百年老杨梅树随处可见，那是老祖宗留给后人一笔丰厚的遗产。

梅蓉杨梅虽甜，但受严酷的自然环境制约，九里洲人日子过得很苦。

我的父亲是个箍桶匠，一年到头披星戴月地在外揽活，家里的日子仍过得紧巴巴的。那13棵杨梅树，就成了我们家一个重要的“钱袋子”。村里其他人家的情况也差不多，家家户户要想办点事，都巴望着杨梅卖掉能换几个钱，用我们桐庐人常说的一句话来形容倒是很恰当——“就望这株杨梅红了”。

吃过我们梅蓉杨梅的人，都对那甜中带酸、酸中带鲜的味道忘不了。梅蓉的杨梅为什么这样鲜甜？说到底还是“水土”的关系。梅蓉杨梅大部分种植在位于梅蓉村北部的九里洲山上，这里是沙质黄土，土层深厚，有着得天独厚的地质环境和气候特点，非常适宜杨梅生长。可惜的是，由于历史上战争、自然灾害等种种因素，梅蓉山上的杨梅树荒的荒，砍的砍，渐渐地淡出了人们的视野。到后来，梅蓉杨梅留给人们的，也只有“舌尖上的记忆”了。

新中国成立后，梅蓉村人战天斗地，治沙改田，把沙滩变成了一片绿洲。同时，又广种水果，把荒滩变成了“花果园”，山上又种植下了大片的杨梅树。我所在的店坞村的一片荒山，又变成了生机勃勃的“杨梅园”。

渐渐地，梅蓉杨梅又“红”了。

20世纪六七十年代，村集体种的杨梅到了盛产期。每年6月份，“卖杨梅”便成了村集体的头等大事。梅蓉杨梅除了在本地销售，还派专人在杭州、富阳、新登设点销售。从1963年到1966年，每到杨梅成熟期，我天天与村党支部副书记汤阿龙到南星桥果品公司批发部销售杨梅。那时运输走水路，我们起早落夜，不辞辛劳，每天都要用机帆船“突突突”地装一船新采摘的杨梅到杭州卖。每船平均要装100多筐杨梅，每筐约20多公斤。那时候，50公斤杨梅可在杭州果品市场卖13.8元人民币，这在当时已经算是卖上好价了。

百年古树

当年在杭州果品市场，梅蓉杨梅有强大的“竞争对手”，那就是萧山杨梅。

萧山杨梅不仅外观漂亮，包装也比我们考究多了，价格卖得比我们高。可梅蓉杨梅并没有因为包装“寒酸”在市场上“败北”，在杭州反而名气越来越大，后来甚至有杭州客商自己上门来收购。究其原因，就是我们的杨梅品质好。杭州市民说得好：“桐庐杨梅有一种特别的鲜味，杨梅一个是一个。”

听到这样的评价，我们感到很骄傲。我们销售到市场上的杨梅，确实是梅蓉人“一个是一个”精心采摘的，落到地上的杨梅，或次一等的杨梅，是绝不会装进筐里拿出去卖的。梅蓉人向来把集体荣誉看得高于一切，“以次充好”“短斤缺两”等损害集体荣誉的行为，是村民绝对不允许的。

梅蓉杨梅“红”进了杭城，增强了梅蓉村集体经济，村民们也品尝到了自己的劳动成果。那时候梅蓉村每个人可以买5斤杨梅，大家将买来的杨梅拎回家后，除了自己吃还送亲朋好友，让大家都尝尝鲜，说不出有多开心。

二

可是，梅蓉杨梅的命运依旧是“起起落落”。

1994年，随着家庭联产承包责任制的实行，杨梅树也承包到户，由农户自主管理经营。我家也分到了30多棵杨梅树。农户们像得到了“摇钱树”一样开心，但很快大家便开心不起来了。村民首先遭遇的是销售难：村民们单打独斗，卖杨梅只能到本地或周边县市“沿途叫卖”。新鲜杨梅上市季节只有20来天，从山上采摘回来后，一日味变，二日色变，三日腐烂，若不及时卖出，杨梅也只能让它烂掉；其次是大、小年的问题难以解决，每逢大年，梅蓉全村的杨梅产量超过25万公斤，到了小年满打满算只能采摘15万公斤左右。大年杨梅“扎堆”上市卖不起价，小年杨梅价高，杨梅产量很低同样赚不到钱。

更难办的是，杨梅怕雨，杨梅着了雨，就会破皮出水，腐烂变质。因此，每到山上的杨梅转红时，村民的心就会“拎”起来，怕就怕下雨，可是老天爷偏偏喜欢捉弄人，常常在杨梅采摘期猛地来几场大雨。三天雨一下，满山的杨梅树变得“绿油油”，树下却铺上了“红地毯”，密密麻麻都是树上掉落的杨梅。见此情景，村民个个哀声叹气。要知道，掉到地上的都是钱哪！就拿近年价格打比个比方吧：新鲜杨梅收购价40多元1公斤，掉到地上的杨梅只能卖6元1公斤，经济效益白白地在雨水中流走了，那是真正的“掉价”呀！

就这样，20世纪90年代，由于村民缺乏果树栽培技术，更不懂经营管理，导致梅蓉村杨梅生产无论是产量还是品质，都在逐年衰退。再加改革开放后社会发展了，赚钱的门路多了，梅蓉人也不太愿意把太多精力放在杨梅树上，我家的30多棵杨梅也一样，疏于管理，任其“自生自灭”在山上。

可是，梅蓉人终究放不下世代相伴的杨梅。

这里我要说一下我的儿子陈卫芳，他是个退伍军人。那年还是集体化的时候，许多战友一起来看望他。那时正是杨梅熟了的时候，战友们说：“你在部队成天吹嘘说梅蓉杨梅如何甜，今天我们就是到你家吃杨梅来了。”

我儿子感到很尴尬：“我家没有杨梅树，但我可以让大家吃到杨梅。”那次他到生产队买了几斤杨梅招待战友。虽然战友们吃得赞不绝口，但我儿子还是很遗憾，他和我说：“爸爸，我有个梦想，有一天我要自己建一个杨梅园，那时可以请战友们都来品尝我种的杨梅，边摘边吃，大饱口福。”

梦想的种子，就在我儿子陈卫芳的心里种下了。

那时，他在桐庐县第二水泥厂上班，他在老技术员濮建新的指导下，利用业余时间学习培育杨梅树苗，想不到居然成功了，首批2000棵苗有60%的成活率，每株苗可卖10元钱，这给了他

极大的信心。1996年，他又到黄岩进了7000株杨梅幼苗进行精心培育。这批幼苗很快被培养成了健壮的嫁接苗，外地人纷纷前来采购。梅蓉村民的心也热了，也纷纷到我家采苗种杨梅，你买我也买，你种我也种，发展杨梅生产的积极性被极大地激发出来。

2004年，桐庐县第二水泥厂倒闭了，儿子成了下岗工人，他干脆在杨梅地里“上了岗”。在专心从事杨梅苗培育的同时，还在山上种杨梅。我的其他几个儿子也一样，放开手脚发展杨梅生产，干得有声有色。如今，我们村2000多亩杨梅，大多数都是我家供的苗，无形之中，我儿子成了杨梅生产的“领头人”。

儿子陈卫芳的梦想实现了。战友们品尝了他亲手种植的杨梅，人人都说好。更喜人的是，通过战友的介绍，我家的鲜杨梅销到各地，记得有次一张订单就要3000斤鲜杨梅。他不但卖光了自己家杨梅，还收购村民的杨梅呢。

三

1999年，梅蓉杨梅又迎来发展新契机：村里成立了民办、民管、民享的农民民间组织——九里洲杨梅专业合作社，果农“提篮小卖”、靠天吃饭的现状得到了彻底改变，至此，果农们从“一盘散沙”拧成了“一股绳”。

合作社从县里和街道请来了农技专家，向果农传授杨梅的科学管理知识，并现场指导社员喷施有机肥，提供整枝修剪、疏花疏果、树种矮化等新技术培训和服务，并手把手传授杨梅管理技术，用科学的手段有效均衡了杨梅“大小年”现象，果实品质明显改善，产出的杨梅质量和数量也都有大幅提高。

在桐君街道的关心下，近年来，我们梅蓉村又依托秀美的自然山水和丰富的人文资源，大力发展特色乡村旅游产业，而“杨梅采摘游”更成为周边市民初夏时节游玩观光的首选。从2012年至今，我们梅蓉村的“杨梅节”已连续举办了4届。最难忘的是2018年的是第七届中国桐庐休闲乡村旅游季暨第四届杨梅节上的杨梅初坛酒封藏仪式，那红火热闹的场面，实在令人难忘。

第七届中国桐庐休闲乡村旅游季暨第四届杨梅节

而今“九里洲杨梅”早已名声远杨，梅蓉杨梅酒系列产品也远销各大城市。上佳的杨梅原料，独特工艺酿制的高粱酒，以1∶1的比例浸泡，既保留了丰富的营养价值，又保证了鲜甜醇厚的口感，汤色澄澈，又红又亮，果香四溢。新换的产品包装也十分精美雅致，二维码扫一扫，或打包带走，或代为邮寄，十分方便。

村民的好日子，像杨梅一样红红火火。就拿我家来说吧，全家每年杨梅收入不下10万元，我的几个儿子都造了新屋，他们全成了杨梅生产的“土专家”。

更喜人的是，由中国人民财产保险股份有限公司提供的浙江地方财政补贴型杨梅采摘期降雨气象指数保险，村里农户只要交60元，就可获得杨梅采摘期一个月的“气象指数”保险。在保险期限内，农民的杨梅因为天下大雨造成不同程度的损失，保险公司就按相关条款进行理赔。这一份保单，也是政府给种杨梅农民的一颗“定心丸”。

好消息还不止一个。市农科院专家也来到我们梅蓉村，帮助杨梅种植基地解决杨梅逢雨落果的技术难题，还与我们签订了合作协议。听到这个消息，大家都很高兴。

梅蓉杨梅，浓缩着一个村的发展史。我今年87岁，看着梅蓉杨梅越来越红，村民的日子越过越好，我也是越来越开心。

梅蓉“杨梅王”评比暨杨梅初坛酒开坛仪式

探究科学种田的“密码”

靠两只肩膀一双手，梅蓉人成功地实现了让沙地“变”水田、把“白土改黑土”的梦想，彻底颠覆了九里洲只能种杂粮的历史。不过梅蓉人明白：要彻底改变梅蓉贫困落后的面貌，不但要靠自力更生、艰苦奋斗的精神，更要学科学、用科学，向科技要效益。为了争取多打粮，梅蓉干群拿出了“开渠引水”的吃苦精神，不断学习，不断实践，深入探究科学种田“密码”，最后成功地将原本的“两熟制”改为“三熟制”，将种单季稻改为种双季稻。引进杂交水稻后，梅蓉村水稻实现单产1000斤以上，1982年实现亩产一吨粮，再次被评为浙江省农业先进集体。在粮食丰收的同时，梅蓉村还培养了一批“田秀才”。

[讲述人小档案]周炳林，1952年出生，梅蓉徐家自然村人。小学毕业开始务农，20岁担任生产队长。1976年11月被抽调到海南，参加桐庐农业部门在那里开展的杂交稻育种工作。1977年在九里洲上推广杂交水稻，当年实现水稻单产1000斤以上。他还带领村民开展杂交稻制种工作并获得成功，为该村粮食丰产做出重要贡献。

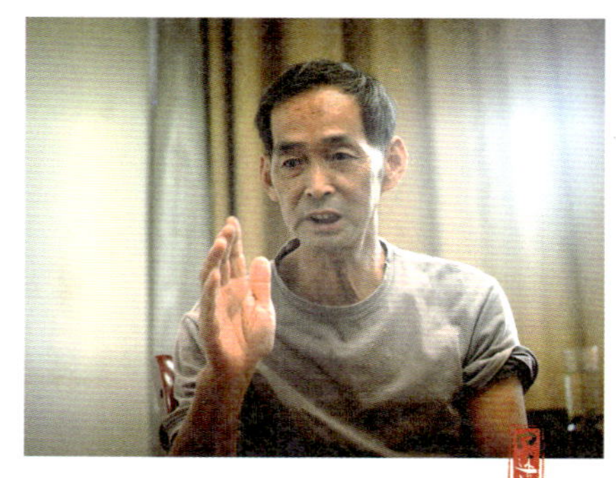

口述人：周炳林

在洲上推行“三熟制”

每个人都有生命中最重要的经历，而我最宝贵的一段人生经历，与杂交水稻一起“写”进了梅蓉村的记忆里；每个人都有自己心目中最崇敬的人，而我内心最崇拜的那个人，就是中国“杂交水稻之父”袁隆平。

提到科学种田，还得从种水稻说起。20世纪50年代，通过开渠引水，改良土壤，大力兴建农田基础水利设施，我们梅蓉村人将大片的沙地改成了水田，一举实现了“粮食自给”，彻底改写了洲上只能种杂粮的历史。

不过，新的问题又摆在梅蓉人面前：由于我们村种植的是单季稻，采用的是“大株稀植”的老技术、老办法，因此亩产始终停留在四五百斤的水平。这情景让村干部很着急，他们于是把目光瞄准了“连作稻”。

所谓的连作稻，就是在前季早稻收获后，接着再种一季晚稻的栽培方式。这确实是能充分利用自然资源，提高光能利用率，达到增产粮食的有效途径。我们梅蓉村能不能也实施“三熟制”，把单季稻改为双季稻呢?

怀抱着粮食增产的梦想，当时新蓉社社长陈阿水和其他干部一起，在县农技员的辅导下，试种了二亩一分地的连作稻。连续试验了三年，实现当年亩产830斤。在这块小小的粮田里，村干部们看到了粮食增产的大希望。

梅蓉村科学种田实验继续进行。1958年以后，大队专门划出15亩地，试种三熟制稻。结果发现，梅蓉土地完全适宜种春粮、早稻、连作稻“三熟制”作物。这一“发现”等于推开了粮食丰产的一扇门。从此，“三熟制”开始在全大队推广，同时推广的还有新技术——将水稻“大株稀植”改为合理密植。

常言道“生儿要好娘，种田要好秧”，实行水稻连作制后，我们梅蓉村又在推广水稻优良品种、选定水稻当家品种上下大力气。

我们梅蓉村原先种植的是“高杆水稻”。这种水稻不仅产量较低，而且容易发生“倒伏”现象：在水稻成熟期，一场大风大雨过后，原本直立的水稻成片歪斜，甚至成片匍倒在田里。这不仅给农民收割带来困难，还使水稻的产量和质量降低。为此，梅蓉村下决心淘汰高杆水稻，引进优良品种。

1961年，梅蓉村第一次引进早稻矮杆良种：矮脚南稻。通过试种，矮脚南稻在梅蓉适应性很好，亩产达到950斤左右，对比我们村原先种植的的高杆水稻503品种，亩产足足增加了200斤。这种既高产又抗倒伏的矮脚南稻，很快就在洲上推广开来，全村粮食总产量因此获得了显著提高。此后，我们村又陆续引进多个水稻矮字号品种，并经多年试种后，留优汰劣，选育出了一批适宜我们梅蓉村种植的，高产优质、抗病虫害强的水稻优良品种。

科技的巨大魅力，深深地吸引了梅蓉人，干部群众对“科学种田”形成共识。那时候，梅蓉大队专门成立了由干部、技术员、老农、青年“四结合”的农业技术小组，全大队共有120人参加科学种田实验。

经过多年实验，梅蓉村找到了增产规律，通过科技示范，进行全面推广。从此沙田逐年肥沃，粮食产量一年比一年高，到1962年，全村粮食总产量已达到1513000斤，平均亩产1000斤；1963年以后，我们梅蓉村“三熟制”占水田面积的96%，单季稻改双季稻的面积比原先增加3倍。

尝到了甜头后，我们梅蓉人科学种田的劲头更足了。为争取粮食稳产高产，梅蓉大队于1975年组建了一支18人的农科队，主要任务是培育好粮食作物的优良品种，开展高产粮种对比试验，以及开展田间管理操作、肥水管理

和植保上的病虫害防治工作。就这样，我们梅蓉大队不但设立了水稻种植的“科研机构”，而且有一批负责技术攻关的“泥腿子科技人员”。

让杂交水稻来“落户”

不过，我没想到自己会成为农科队的“当家人”。

那是1976年，桐庐县农业局组成一个36人的团队，到海南繁育杂交水稻品种，我就是这批参与育种的人员之一，我们桐君乡就去了我一个人。

当时的大背景是这样的：1973年，我国成功实现籼稻、杂交水稻三系配套；1976年，籼型杂交稻开始在全国大面积推广，成为世界上第一个成功进行水稻杂种优势商品化利用的国家。当时的海南，凭借得天独厚的自然环境，成为全国繁育杂交稻种子的基地，那里几乎聚集了全国的水稻育种专家。

桐庐县农业局在海南租了四五十亩地繁育杂交水稻，经常请国家、省、市县育种专家给我们上课。在那里，我们一边学习杂交水稻制种的知识技术，一边在田间繁育杂交稻种子，真正的“边学边干”，理论实践相结合。

播种、授粉、管理……水稻制种工作很辛苦。我们虽然干得是熟悉的“老行当”，每天一样地起早落夜在田间流汗，可我内心感觉很充实，很振奋，很新鲜，因为每天都能学到杂交稻制种的新知识。更令人难忘的是，那段经历让我有了自己的偶像，他就是被世人誉为“杂交水稻之父”的袁隆平。

在海南，我听过很多关于袁隆平的故事。1970年，袁隆平在海南的一片沼泽地里，发现了一株长相异常的野生稻。袁隆平给它取名为“野败”。他与他的技术团队，用这株野生稻成功培育出三系杂交水稻，从此改写了世界水稻育种史。袁隆平培育的杂交稻品种，养活了世界上无数人。

袁隆平成为了我心目中的“大英雄”。与此同时，我也深深地爱上了杂交稻育种事业。在海南，心里想的就是一件事：我一定要学好杂交稻制种技术，让我们梅蓉村的土地多种杂交稻，让粮食实现稳产高产。

7个月后，我们36人带着掌握的杂交稻制种技术，带着自己亲自繁育成功的杂交稻种子，挥手告别海南，信心满满地回到了桐庐。

1977年，我们梅蓉村开始试种杂交水稻。看着自己亲自参与繁育成功的杂交稻种子，一颗颗撒入家乡的土里，我心里有一种自豪感。那时候，我全身心扑在试验田里，恨不得晚上也住到稻田边。杂交水稻长势喜人，品种优势显著，我们的杂交稻试验田，当年单产达到1000斤以上。杂交稻试种成功了！

1978年，我担任梅蓉村农科队队长，主要任务就是推广杂交水稻。是年，梅蓉村的杂交水稻种植面积占晚稻品种总面积的60%以上，粮食生产实现大面积增产。鲜活的事实，让农民认识了“科技是第一生产力”深刻内涵。

为了更好地推广杂交水稻，我们农科队开始自己繁育杂交水稻种子。每个生产队都抽调了一个技术骨干进农科队，总共有17个人参加制种知识培训。与此同时，梅蓉大队还在滩上生产组划了十几亩地，给农科队作为制种基地。

这十几亩地，成为我们农科队“希望的田野”。为了繁育出优良的杂交稻种子，我们队的人每天不是在制种基地里，就是在去制种基地的路上，大家都是全身心投入水稻制种工作。水稻扬花的日子，也是水稻制种的关键时期，我们农科队十几个人整天忙在田里，采取用绳子轻轻拉，用竹杆轻轻拨等方式，对正在扬花的公系稻和母系稻，不辞辛劳地进行人工授粉。我们的艰苦探索获得了成功，农科队制种第一年，就获得亩产60多斤种子的好成绩。

就这样，梅蓉农科队有了杂交水稻制种基地，又培育了自己的本土农技人员，更有上级部门的大力支持，杂交水稻制种工作取得了成功。我们繁育的优制杂交稻种子，不仅完全满足本村需要，还能支援别的村子呢。

在此过程中，发生了一件难忘的小事。

有一天，外村一个搞制种的农民找到我，说他们的制种基地的杂交水稻好像“出问题了”，让我赶快帮他们去看看。我赶到田头，凭借自己掌握的知识技术和实践经验，经过一阵观察分析后，很快就发现了问题：由于水稻花粉管发育不良，落后于生育期时间段等原因，致使这里的公稻扬花时间将比母稻扬花时间整整迟一个星期，这是典型的水稻“花期不育”。如果情况得不到改变，将造成颗粒无收的后果，那么这里的制种工作将白忙活一场。

我马上指导这位农民采取补救措施：把母稻主径剪去三分之一，促使分蘖开花，人为地推迟母稻的扬花时间，让公稻母稻扬花时间保持一致……事实证明，这些补救措施还是比较及时的，当年这里的杂交水稻制种依然获得了每亩收获种子50多斤的好成绩。得知这消息，我别提多高兴了。

一分耕耘一分收获。1982年，我们梅蓉村实现亩产一吨粮，再次被评为浙江省农业先进集体；1984年，我们梅蓉村达到了多年前提出的“晚稻超早稻”的目标，那一片风吹稻浪的喜人景象，永远留在了我的记忆中。

前不久，我了解到这样一个事实：截至2017年，杂交水稻在我国已累计推广超90亿亩，共增产稻谷6000多亿公斤。被人誉为“杂交水稻之父”的袁隆平，多次赴印度、越南、菲律宾等国，传授杂交水稻技术以帮助克服粮食短缺和饥饿问题，为确保我国粮食安全和世界粮食供给做出了卓越贡献。

袁隆平，依旧是我心目中的“大英雄”。

我是一个普通农民，曾经追随过袁隆平的脚步，为杂交水稻的繁育奉献过青春激情，为家乡的粮食稳产高产贡献过力量，这是我今生最大的自豪。

古村落与工业“牵手”

1974年，梅蓉村在闲置的粮食加工厂内创办起了一家小小的针织厂——梅蓉针织厂。虽然当时只不过是一个加工点而已，但那也是这个古村落第一次与工业“牵手”。针织厂从无到有，从小到大，仅用6年时间，便从最初为杭州六和针织厂代加工，发展成为独立经营的国家定点企业。更喜人的是，梅蓉针织厂在自身快速发展壮大的同时，还产生了“孵化”带动作用，如创办于1986年的梅蓉袜厂就“脱胎”自该厂。梅蓉村也因此形成了轻纺工业集群。正由于20世纪八九十年代乡村工业的崛起，为梅蓉村造就了一大批办厂经商的能人，因此，梅蓉村改革开放后民营企业得以蓬勃发展，更为后来的招商引资打下了良好的基础，使“浙江中豪管桩有限公司”等多家大企业落户梅蓉，让梅蓉村的发展底气大增。2003年度，梅蓉村获评桐庐县首批“工业销售产值亿元村”。

[讲述人小档案] 罗永福，1957年出生，中共党员，梅蓉罗家自村村人。初中毕业后在村里务农，1985年任梅蓉针织厂会计；1986年至1988年，先后任梅蓉针织厂副厂长、厂长。在担任厂长期间，梅蓉针织厂机器设备全部为半自动，每月用纱量达到70吨，年产值达到100多万元。

口述人：罗永福

20世纪80年代，我曾担任梅蓉针织厂厂长数年，时间虽然不算长，但却是一段特别珍贵的人生经历。这是因为梅蓉针织厂的创办，是我们这个古村落与轻纺工业的第一次“牵手”，我是“集体办厂”历史的亲历者。

梅蓉针织厂创办于1974年，那年我才17岁。听大人说，这个厂当初是通过滩上村妇女虞金莲“牵线搭桥”创办起来的，主要业务是为杭州六和针织厂加工棉纱袜子。虽说当时的梅蓉针织厂还只是一个代加工点而已，但那也是我们村有史以来出现的第一个工业企业，而且是与杭州企业直接“挂钩”的企业，产品将全部销往大城市。这是一个多么令人震奋的开头呀！

这一年秋天，村里从杭州运来30台手摇袜机和两吨棉线，在已闲置的大队粮食加工厂内，开始为杭州六和针织厂加工棉纱袜子。第一批农民被招进厂，有男有女，经过培训后就正式成了村里的“工人”。当第一批棉纱袜子织出来的时候，村里人都感到特别新鲜，你想想，那一双双粗糙的，原本只会种稻谷、种水果、种番薯的手，如今能驾驭机器织出棉线袜子，这是一件多么了不起的事呀。当然，能进厂当织袜工人，也是许多村民都羡慕的事。

当时，梅蓉针织厂织一双袜子，杭州市六和针织厂给6分钱的加工费。该企业实行的是计件制，多劳多得。农家子弟原本就不怕吃苦，再加上实行计件制，生产积极性更是高涨。一年下来，厂里实现净利润一万多元。连续干了三年，至1977年，厂里员工队伍扩大到60多人，年利润翻番。由于我们这里生产的棉线袜子质量好，深受市场欢迎，因此在1978年，梅蓉针织厂还获得了“杭州市先进社办企业”荣誉称号。

从1977至1979年，梅蓉针织厂三年实现净利润15万元。随着企业规模的扩大，梅蓉针织厂原有的厂房不够用了，于是该厂从原来的地方搬到了小农场。

梅蓉村集体办厂呈现出的好势头，也受到了县委县政府的高度重视。

1980年，在县委书记汪吉民的帮助下，梅蓉针织厂告别了“来料加工”的模式，一举成为独立经营的国家定点企业。厂里生产所需的主要原料——棉纱，列入国家计划，由杭州市棉纺局按计划调拨供应，主要产品纱线袜子由杭州百货供应站列入计划经销。当时我们梅蓉人无不为此欢欣鼓舞。

有了“国家定点企业”这个新身份后，梅蓉针织厂发展跨开了大步。这一个时期，村里共投资了8万元，新添置了袜机、纺线机等配套设备，使生产能力进一步提升。厂里的主要产品纱线袜子，也注册了“瑶琳”牌商标。这时候职工增加到230名，年产值达到82.5万元，实现净利润7.47万元。

梅蓉针织厂在自身不断发展壮大的同时，还产生了“孵化”和带动效应：如1985年秋，在杭州袜厂的支持下，梅蓉针织厂设立了一个机袜车间，1986年为了进一步提升技术力量，杭州袜厂派来三位老师傅。这一年机袜车间从梅蓉针织厂“脱胎而出”，新成立的梅蓉袜厂，成为梅蓉村里第二家袜厂。

新成立的梅蓉袜厂有自动袜机30台，职工45人，当年加工费收入就达到了61555元，实现净利润12000元；1987年总产值达到18.5万元，纯利润3.14万元，可谓设备先进，发展势头强劲。是年被总厂评为优秀加工点。

就这样，梅蓉村的针织业渐渐形成了气候，“集群效应”也日渐显现。

1989年，桐君针织厂应运而生。相比而言，桐君针织厂起点更高：该厂主要生产外贸出口各式袜子，企业有电袜机、蒸汽锅炉、蒸烫设备等先进设备，从原料进厂到成品出厂，形成了一条龙生产。至1992年，桐君针织厂总产值达到了105.33万元，实现税利5.2万元，成为梅蓉村针织业的“后起之秀”。

我与梅蓉厂的“缘分”始于1983年。那时候，我曾在梅蓉针织厂学习维修技术，当过一阵机修工，后来到村里从事调解工作。1987年我担任该厂的副厂长，1987年至1988年我担任梅蓉针织厂厂长。当时该厂生产形势正红火，厂里职工有200多人，袜子有几十个品种，机器全部为半自动，每月用纱量70吨，年产值达到100多万元。

那时，我们厂里实行的是计件工资，职工生产积极性高涨，每天加班也无人喊累。当时我当厂长的月工资是90元，而厂里女工最高工资可达到200多元。单从这个工资数，大家便可以感受到企业当时你追我赶的火热场面了。

1989年我离开了梅蓉针织厂，从事养蜂业，跑遍了全国。但在梅蓉针织厂的数年经历一直难以忘怀。虽然后来由于竞争激烈、市场份额不断减少等种种原因，导致梅蓉针织厂的市场逐渐萎缩并最终停办，但当初正是该厂的崛起，带动了梅蓉蜜饯厂、梅蓉机车配件厂等一批村办厂如雨后春笋似地出现。

20世纪70年代，梅蓉针织厂的“一枝独秀”，催发了梅蓉村集体办厂的“满园春色”。

到1992年年底，梅蓉全村有企业11家，全村工农业总收入1068.74万元，其中工业销售收入613.24万元，占总收入57.4%，农民人均收入1118元，有集体固定资产335.60万元。梅蓉村的集体经济得以不断巩固。

正由于，20世纪八九十年代乡村工业的崛起，为梅蓉村造就了一大批办厂经商的能人，为我们村民营企业的篷勃发展打下了良好的基础。“家有梧桐树，引得凤凰来”，梅蓉村凭借深厚的发展基础以及优质的资源，通过招商引资引进一批企业，尤其是于2003年引进的总投资1.5亿元、征地200亩的“浙江中豪管桩有限公司”，更让梅蓉村发展底气大增。2003年度，梅蓉村获评桐庐县首批“工业销售产值亿元村”。

九里洲上的“末代船匠”

梅蓉村的造船业，起始于清朝年间。凭借“黄金水道”富春江，这里的木船修造业务曾遍及长江流域及浙东沿海地区，梅蓉船匠也因技艺精湛而声名远扬。当时，富春江上60%的木船都系梅蓉船厂制造。解放后，由于各种原因，梅蓉船厂一度沉寂了近10年。1958年，梅蓉村响应政府“以粮为纲，多种经营，全面发展”的方针，重启“船工经济”，一大批船匠重新有了用武之地。此举不仅大大地巩固了集体经济，推动了梅蓉村各项事业的发展，而且有力推动了桐庐本地及长江流域运输业的发展。随着时代的变迁，此后虽然由于水上的木船渐渐被铁壳机器船代替，而火车、汽车、铁船等运输方式的改变，更使水上运输风光不再，梅蓉的造船业因此没落，但梅蓉村的造船历史，以及对浙江水运做过的贡献却被载入桐庐历史，梅蓉的工匠精神更被人们永远铭记。

[讲述人小档案] 袁志良，1952年出生，戚家自然村人。他出生于船匠世家，十八九岁就进了梅蓉集体船厂从事木船的修造工作；通过刻苦自学，24岁那年掌握了全套的木船制造技术。于1998年承包村集体船厂。他自行设计和建造过几十艘各式木船，是解放后梅蓉村造船业兴衰历程的亲历者。

口述人：袁志良

沙洲上的造船厂

我今年69岁，说是梅蓉村的农民，却当了大半辈子的船匠。几十年间，我建造的大大小小木船，少说也有几十艘，维修过的船只不计其数。事实上，在我们梅蓉村上了年纪的人当中，年轻时有很多人都当过船匠呢。

提起我们梅蓉村的造船业，那可真是说来话长了。

据桐庐县志记载，早在清朝时期，我们梅蓉的造船业已名声在外。这与我们村独特的地理位置有关：在以水上运输为主的漫长历史中，富春江是一条真正的“黄金水道”，而我们梅蓉村地处富春江中段，历史上九里洲四面环水，装运货物十分便利，就造船业来说，地理位置可谓得天独厚。梅蓉的造船业因此从无到有，从小到大，在长江流域逐渐形成了“一枝独秀”之势。

梅蓉造船业的兴盛，还得益于有一批技艺超群的船匠。

“梅蓉船匠”，是桐庐历史上一个有名的匠人群体。梅蓉村过去几乎家家户户都有船匠，他们掌握的古法造船技艺，是一代一代传下来的。造船匠人主要有大匠、填匠、扶匠之分：“大匠”即修造船舶的木匠，俗称作头，也是实施造船工程的总负责人；“填匠”专门负责船缝填充油灰麻筋的人，他们的工作与船体质量息息相关；“扶匠”则为干粗活的人，从事揽拉锯、拉牵钻、夯灰及扶料等活，与各位二匠密切配合，哪里需要到哪里，是最辛苦的人。

梅蓉船匠素来以“手艺精”著称。这里的“填匠”名气最大：比如一艘船到了梅蓉船厂维修，无论船板的漏缝有多宽，经我们的填匠用油灰填过后，即刻会变得坚实无比，经久耐用，无论用多少年都不渗水。这技艺也算得上是“炉火纯青”了。不仅如此，罗家、滩上两村的船匠更以“善造大船”著称。据相关史料记载，20世纪30年代，我们梅蓉船匠曾经为船民陈金龙造过一艘重达140吨的四帆大开梢船，这在当时绝对是数一数二的大船。

正因为梅蓉有这么一群好船匠，修建的木船质量好，不漏水，使用年限长，因此深受长江流域和浙东沿海地区客户的青睐。听长辈们说，当时连浙东海上渔民都会舍近求远，千里迢迢地慕名而来到此“下订单”呢。

小小梅蓉村，成为富春江流域最有名气的造船基地。解放前，梅蓉村里还有孙家、戚家、王家、罗家、陈家、滩上6个私人的造船作场。相比之下，当时规模较大的是滩上船厂和孙家船厂，可以营造30吨位的大木船。

1949年实行土地改革之后，由于种种原因，梅蓉村的造船业一度销声匿迹。船匠们也搁置下了祖传手艺，背起锄头下地，成为社员的普通农民。此后，船匠们更是亲身参与了梅蓉村“开渠引水”、改天换地的战斗，为改变家乡贫困面貌日夜苦干。他们没有想到10年后还会与造船业重修“旧缘”。

那年重启“船工经济”

据村志记载，1958年，我们梅蓉大队响应党中央“以粮为纲，全面发展多种经营”的方针，决定重启“船工经济”，走“靠水吃水”的路子。

这是梅蓉造船业一次激动人心的“蜕变与新生”。

当年3月份，梅蓉大队抽调80名船匠，在原有的六个修船作场基础上，筹办集体造船厂，此举真是大得人心。历经10年沉寂，梅蓉船匠又有了用武之地，他们的生产积极性如火山爆发。据村志记载，大队船厂到1961年就造出了4艘100吨位的木驳船，销往江苏，得净利润10万元；到70年代，全村拥有自己建造的20~30吨级的机帆船有19艘，木质捞沙船和渔船共有30多艘。

那时候公路运输尚不发达，水上运输依然在“唱主角”，在这样的形势下，造船业属于“朝阳产业”，船匠们成了“香饽饽”。梅蓉大队的造船厂先后与桐庐运输社、横村运输社、富春江运输社、毕浦运输社、分水运输社、皇甫运输社等运输社结成了“合作伙伴”关系，负责承担运输船的修造业务。

与此同时，来自长江流域、浙东沿海的船只修造业务也越来越多，慢慢地，外地客户的业务达到90%。就这样，梅蓉大队的造船业的兴盛，直接推动了桐庐县水上运输业和长江流域水上运输业的繁荣，而水上运输业的兴旺发达，又有效地促进了梅蓉大队造船厂的发展壮大。到20世纪70年代，梅蓉造船厂职工扩大到355名，富春江上运输船的60%为梅蓉造船厂制造。梅蓉大队造船厂以“技术精致，服务态度好”声名远扬，深受本地和外地客户的好评，钱江航运公司、富春江运输社等单位多次赠送锦旗，写感谢信呢。

当时我们梅蓉村不仅生产木船，还输出造船技术呢。

20世纪60年代梅蓉造船厂一角

早在1958年，我们村就抽调15名技术过硬的船匠，到桐庐木排头办起桐庐造船厂；1964年5月，应杭州钱江航运造船厂邀请，我们村又派出顶尖的技术好手18名，到杭州海月桥钱船造船厂工作，作为那里的技术骨干，一干就是8年，撑起了那里的半壁江山。

1968年，我们村的部分船匠到杭州拱宸桥三里洋造船厂，帮助修建内江航船；1974年，杭州富春运输社专门在梅蓉造船厂设立修建点，全社船只都委托梅蓉造船厂修建。

重启“船工经济”，大大地巩固了集体经济。

从1972年至1980年，集体造船厂的年收入均在8万元以上。这不仅促进了粮食生产，更推动了村里各项事业的发展。其他不说，1979年梅蓉村建造起了总造价达14万元的村委大楼，没有贷一分钱的款，欠一分钱的债。记得造村委大楼时，村里老百姓都像家里办喜事一样开心。村委大楼上梁时，还是我们七八个造船工人用造船工具把庞大的"人字梁"升上去的。

那时，造船是算得上的好职业，船匠也非常受人尊敬。随着造船生意的日益红火，船匠的收入也很不错。举个实际例子，在农村匠人中，木匠的待遇算不错的，每天工钱是1元3角，而船工每日的工资是2元4角，算得上是当时农村的"高工资"。虽说工资的大部分要交到小队里，但自己也可以留一部分，而这在当时是非常令人羡慕的。正因为如此，当时梅蓉有这样一句俗语"农户家中有船匠，油盐酱醋不用慌"。那时村里几乎家家都有船匠，他们守着祖上传下来的古法造船技艺，让家里人的日子也好过多了。

一生最爱是造船

我是20世纪70年代初当上船匠的。

我出生于船匠世家，从小喜欢上了这一行。18岁那年，我进梅蓉船厂干活，先学修船，后学造船。当船匠很辛苦，我们干的是技术活，更是力气活。船在江中走，造船质量丝毫马虎不得。造一艘木船有几十道工序，如选材、刨木、拼接、捻缝、入钉、上油、上漆……船匠们对每一道工序都必须精益求精。造船基本上都在夏天，因为干燥的天气更适合船板吸收油漆。船匠们要起早落夜赶工期，每天顶着烈日酷暑干活，一个个被晒得皮肤黝黑。

当船匠很辛苦，但我却乐在其中，印象最深的是"等潮水"。

船离不开水，就像鱼离不开水一样，因此造船作场都设立在江边，每个作场都有一个长长的斜坡伸向江边，那是到这里维修的船只"进场"和"退场"的必经之路，也是新造船只完工后"入水"的专用通道。不过这条通道并非想用就用，而是必须具备一个特殊的条件才行，那就是——潮水。

稍大一点木船，重量都达数千斤，想靠人力把它们拉上岸或送入江中不太可能，因此只能利用月球对地球的引力，在江中涨潮之时把船顺势引入作场搁起，同样利用退潮，把已经修好或建好的船只，稳稳当当地送入江中。

富春江涨潮的日子亘古不变，那就是农历的初三和十八。

涨潮之时都在天亮之前。船匠及外地船工摸黑在江边做好准备，静静地等候潮水的到来，随着一声：“来了！来了！”只见潮水裹挟着晨雾，由远而近，如千军万马般奔腾而来，潮头白花花地足有一至两米高。

潮头到时，一道道波浪撞击在两岸，发出了天崩地裂的吼声，喷溅着雪白的泡沫，这时候原本静静停在江边斜坡下待修的船只，此刻像雀跃的孩子，在潮水中猛烈地摇摆起来，然后在潮水的托举下顺着斜坡急速向上漂移。此时，船匠们顺时而动，稳稳地把木船“迎”上作场。与此同时，另一些船匠则借助退潮的力量，把维修好的船只和新造的木船顺风顺水地“送”入江中。看着新船披着曙色在江中渐渐走远的那一刻，是船匠们最幸福的时刻。

子承父业，当年我顺其自然地痴迷上了造船这一行。凡是与木船制造有关的知识技术，我都非常感兴趣。在船厂干活时，我不怕吃苦受累，努力做

到样样技术“学透学精”，尤其喜欢钻研各类船只的整体结构……到24岁那年，我已经掌握了全套的手工建造木船的技术。

我在梅蓉船厂一干就是20来年，直到20世纪90年代初，梅蓉集体船厂转制后，我才离开桐庐应邀到富阳造船厂工作。不过，我在新的船厂原先掌握的木船制造技艺却没了用武之地，因为富阳造船厂修造的是铁板船，但好歹造船技术是相通的，因此我不但很快适应了，而且学到了许多新技术。

在富阳造船厂，我学会了电焊、汽焊技术，掌握了全套的铁板船维修改造技术。那些年，我边学边干，有时候把一艘小铁船改成大船，有时则把一艘大铁船改小船，每天围着铁船转个不停，一干就是七八年。

多年后，我离开富阳造船厂回到桐庐，承包了梅蓉村造船厂。我重拾木船制造技艺，干回心爱的老本行。我好像回到年轻时代，浑身有使不完的劲。我维修各类木船，同时设计制造各类捞沙船、捕鱼船、运输船，无论是何种新式的木船，我只要看一眼，便能设计制造出来。一艘新船，我从最初的图纸设计，再到独立用手工制造完成并且下水，只需要20多天时间就够了。

不知不觉，我当船匠已经大半辈子。

随着时代的变迁，水上的木船渐渐被铁壳机器船代替，而火车、汽车、铁船等运输方式的改变，更使水上运输风光不再。如今富春江上的木质船逐渐被淘汰，梅蓉的船匠们都改行了。传承数百年的梅蓉村的木船制造技艺也濒临消失，可我对老祖宗传下来的这份手艺，依然怀有一份深厚的感情。

直到现在，我把那些造船工具收藏得好好的，一件也舍不得丢。家中至今还保存着几十份木船设计的图纸。这些发黄的设计图纸，内容有小型捕鱼船、风帆船，也有较大型的运货船。每一张图纸都记录下了我的岁月风霜，也记录下了梅蓉村造船业发展的脚步。每回看着这些图纸，我都会情不自禁地回想起我们的父辈们——那些技艺精湛、一生兢兢业业的老船匠。

作为梅蓉村的“末代船匠”，我最大的心愿是梅蓉村造船的传统手艺，能作为“非遗”获得更好地保护，梅蓉村的工匠精神能得到更好地弘扬。

梅蓉村推行“联产承包”

党的十一届三中全会以后，梅蓉村也和桐庐全县一样，开始推行以家庭联产承包责任制为中心的农村改革。为了解决“包产到户”后出现的剩余劳力新难题，梅蓉村党支部和村委通过解放思想，转变观念，积极创办集体企业。尔后，随着形势发展，又积极鼓励村民创业，使古村落里的民营企业形成了蓬勃发展之势。此举不但提高了村民生活水平，而且涌现出一批创业能人。

[讲述人小档案] 陈来春　1940年出生。家住梅蓉村陈家自然村。20世纪60年代经当地推荐成为工农兵学员，画作《政治夜校》上过国家级的美术画册。1971年以来，先后任原梅蓉大队会计、大队长、村书记等职。他还主编村史，是《九里洲巨变》一书的主笔。

口述人：陈来春

“阵痛”过后获新生

那一年，我们梅蓉村的发展走到了一个“拐角”。

党的十一届三中全会以后，桐庐县与全国农村一样，推行以家庭联产承包责任制为中心的一系列改革，促进了全县农业经济蓬勃发展。

可是，新中国建立后各项工作一直“走在前列”的梅蓉村，这回却变“落后”了：中共中央[1980]75号文件下达两年后，随着农村经济体制改革的不断深入，桐庐全县农村都把家庭联产承包责任制落实到位了，“包干到户、包产到户”的经济体制已在农村全面开花，可梅蓉大队仍处于“队为基础”的形态。个中的原因是，当时无论是干部还是村民，对集体都有着很深的感情，要把这个“大家庭”拆掉让村民各自搞生产，大家在思想上一时还拐不过弯来。

为了应对“包产到户”新浪潮，全大队给每人增划了4厘自留地，可这“权宜之计”毕竟也起不了多大作用，于是处在“包产到户”风暴眼中的梅蓉村，又搞了一次民意测验以应对上级：方法如同无记名投票，把包干到户、包产到户、联产到组到劳、定工定额几种责任制形式刻印出来，让全大队64名党员、30多名非党干部一人一张划图表态，结果大多数人选择了包工定额一项，因此大队决定继续实行“包工定额”。一番周折后，梅蓉村依然“硬着头皮”维护集体所有制，不过这“逆风行动”力度越来越小了。

国家推行家庭联产承包责任制之后，县社领导多次强调“联产比不联产好，包干到户比到组好”。县委书记汪吉民亲自到梅蓉村来督阵，这让村干部压力倍增，更重要的是，梅蓉人的思想观念也起了变化：越来越多原本不愿离开集体的村民，如今看多了其他村“分田到户”的好处后，也开始要求吃“包字饭”了。

上面叫“分”，下面也叫“分”，大队党支部这时认清了形势，改变了思想观念。根据本地实际，梅蓉大队随后推出了“以户为单位，连片划地，按产承包，一定五年，动粮不动田”的联产承包模式，并与各家各户以合同的形式定了下来。村里价值74万元的集体固定资产随之折价归户。村民对这个办法拍手叫好：粮食交足国家的（农业税），留够集体的，剩下都是自己的。

粮田分到户之后，我们梅蓉大队的联产承包制随即向林业、工业、副业扩展。这些产业根据不同的情况，采取了不同的承包形式，比如针织厂、造船厂实行的是以厂长为代表的集体承包制，税后的利润由厂与大队按比例分成；锯板厂、农机厂由个人承包，实行利润包干……不过，在这次“联产承包”中，大队有两项集体资产没有分：一是1500亩杨梅树，二是小农场100亩的制种基地。此举算是为集体留一点“家当”，作为日后发展集体经济的“本钱”。

就这样，经过了两年的“阵痛”，梅蓉大队的家庭联产承包制终于落实到位，虽然比桐庐其他地方整整“迟到”了两年，但总算赶上了形势。虽说刚刚“告别集体”时，干部和群众情感上都有很多的不舍，还有一种难以形容的“空落落”的感觉，但家庭联产承包责任制本身具有的“核聚力”，却让村民们看到了一方新天地，他们生产经营的积极性、主动性、创造性的发挥，形成了“火山爆发”之势，与此同时，梅蓉村农民的生活条件也迅速提高了。

“转型”之后天地新

实行家庭联产承包责任制，使梅蓉村农民经历了一次剧烈的生产经营方式的“转型”，而村干部则经历了一次服务的深刻转型。农民对土地有了自主权，种什么、怎么种都由各家自己说了算。与过去“大呼隆”的生产方式不同的是，农民不用整天“窝”在地里干活，可地里的庄稼却一家比一家长得好。

不过，这时候又出现了新的问题——村里剩余劳力越来越多了。显然，这个问题解决不好，要真正实现农民富裕就会变成一句空话。

处在发展的“拐角”上，为了增强村合作经济组织的经济实力，梅蓉村两委班子根据本村的发展实际，作出了新的战略决策：大力发展村办厂。

村两委首先着手抓现有企业的挖潜、改造和扩展工作，将村委会集体积累的8万元投入到了针织厂，变原先的来料加工为独立经营。这8万元钱可谓“四两拨千斤”：企业扩展了，职工由原来的30多名一下子增加到了230多名。其他厂也一样，通过发展业务，职工人数都在不断增加。此举解决了一大批剩余劳力的出路，使农民直接受益，村集体经济实力也增强了。

在积极发展村办企业的同时，梅蓉村委还积极实行“能人办厂”。

我们梅蓉村原先有一个农机厂，过去主要以生产农机具为主，已具备了一定的技术实力。为让这个厂能实现“做强做大”，村委一直在苦苦地寻找“门路”。这时候我们听到了一个消息：富阳有一位名叫王宝新的人，他经历很坎坷，但有信息、有技术，他挂靠新登某村创办了一个小厂，但由于种种原因一直发展不起来，仍然处于小打小闹阶段。得知这件事后，我们找到他，恳切地请他到我们梅蓉村来办厂。有感于我们的诚意，王宝新来到了我们梅蓉村。在他的筹谋下，原先的农机厂很快就焕发出新的生机：该厂与杭州铁路部门挂钩，生产火车上的水箱，这使厂里的利润比过去提高一大截。后来，王宝新又争取到了四川资阳大厂的业务，使梅蓉村在原农机厂的基础上，成立机车配件厂，年销售达到了300万元。此后，该厂又与杭州第二纺织机械厂合作，成立杭州第二纺织机械厂梅蓉分厂，专门制造横机配件，使厂里的规模又上一层楼。

与办机车配件厂一样，梅蓉村在创办集体蜜饯厂的过程中，同样因为启用了村里的能人俞先贤，又请了上海师傅进行专业指导，使得集体蜜饯厂一炮而红，实现当年办厂，当年见效。这真是起用一个能人，激活一项产业。

村办企业的兴盛，使全村剩余劳力有了出路。那时梅蓉村有四五百村民在村级企业上班，每天早上，村民迎着朝阳，一群群地骑着自行车到厂里上班，这成为实行家庭联产承包责任制后，属于梅蓉村的一道独特的风景。

更令人高兴的是，随着改革开放的进一步深化，梅蓉村的村办企业进行了转制。新的生产关系进一步增强了企业活力，经济效益显著提高。

梅蓉村党支部和村委转变职能，积极当好“参谋长”和“服务员”，积极鼓励村民创业。当时村里私营蜜饯厂创办了五六个，产品源源不断地打入上海等大城市。1986年，梅蓉村又与杭州袜厂联营，创办了电机袜厂。到后来，梅蓉村民的创业“触角”延伸到方方面面，当时全村光私营针织企业就有9家，挖沙船7艘，公交车13辆，货车15辆。还有的购进了挖掘机、推土机……全村年收入9000余万元。这不仅为梅蓉村解决农村剩余劳力1000余人，更重要的是，在农村改革进程中，梅蓉村里出现了一大批“创业能人”。

1987年，在全县乡镇工业会议上，县委书记方仁祥充分肯定了梅蓉村的办厂方向，并授于“发展村级经济先进集体”荣誉称号。

山水新貌

激情燃烧的岁月，为梅蓉古村落留下了一片山水新景。水杉大道美得如诗如画，“梅洲十景”有了新的四季风情。新老村歌，浅唱低吟，道不尽江南水乡风韵，这片“醉美”的土地，又老又新，总给人无尽的惊喜。

“刻录”沧桑的水杉大道

到过梅蓉村的人，都会对村口那条总长近500米的水杉大道印象深刻。道路两旁一棵棵水杉直插云天，犹如哨兵列队一般挺拔昂然。这条水杉林荫大道四季皆有不同的风情，美得如诗如画，一如当年九里洲上的梅树，成了梅蓉村的村标之一。外地来此游玩的客人，总要抢着在这里拍照留影。不过人们也许不知道，这条水杉大道不但是一道亮丽的风景，而且“刻录”下了梅蓉村40余年的沧桑巨变，它的背后有许多感人的故事。

[讲述人小档案] 袁春林，1946年出生，中共党员。家住梅蓉村戚家自然村，于1964年入伍，服役五年，退伍后曾在梅蓉蜂场工作；期间曾担任梅蓉武装民兵排长；1970年年底担任梅蓉大队党支部副书记。1974年后在原桐庐镇任林业专管员，2006年4月退休。

口述人：袁春林

我今年75岁了，每次路过村口的水杉大道，我总会仰头看看路两边笔直的水杉树，并情不自禁地回想起当年种植这些水杉树时的情景，还有管理这条水杉大道的老书记，心中不由感概万千。一转眼40余年过去了，当年的种树人如今都上了年纪，有的已不在人世，可这条水杉大道却越来越“年轻”，梅蓉村也越变越美丽。唉！一条路连接着一个村的巨变，也连接着许多梅蓉人的青春记忆，这真是一条又美又有故事的乡间林荫大道啊！

记得那是1972年，梅蓉村治沙改田战斗取得了巨大胜利，梅蓉村的变化日新月异，名气越来越大，天南海北来我村参观的人越来越多。梅蓉村民深受鼓舞，“战天斗地”的决心更大了。是年，梅蓉村里又上了一个土地治理新项目，内容是要把村口七八十亩的沙滩地全部改造成为良田。

这是一个有“亮点”的新项目，那就是将改水渠、改田、改路一起进行。尤其是改路，吸引了全村村民的关注。常言道“人活一张脸，树活一层皮”，村口的道路就是梅蓉村的一张“脸”，每年都有全国各地甚至国外政要来参观，梅蓉村把村口的道路修好，不仅是给本村人，也是给桐庐人“长脸”啊！

这个项目的上马，理所当然地受到全村人重视，大家都争着出力。

经过一番规划建设后，梅蓉村的村口大变样，原本的沙滩地，变成了

“田成方、渠成行、水相连、路相通”的良田，尤其是那总长500米的进村道路，一眼看去笔直、宽敞、大气，整个梅蓉村庄显得更精神了。

不过新的问题来了：路有了，路两旁的绿化得跟上，否则就像漂亮姑娘不打扮，岂不是太不讲究了。可是种什么树好呢？大家一商量，觉得城里街道两边都种泡桐树，我们也种泡桐好了。于是路修好不久，村里就买来了泡桐树的苗木，在新修好的进村道路两边全部种上了泡桐。种泡桐树的时候，大家还说，泡桐树种种嘛好种，长长嘛又快，这条路很快就变成林荫大道了。

可是，事情并没有我们想象得这么简单。也不知什么原因，我们这批泡桐种下后并没有按我们希望的那样抽枝长叶，而是“全军覆没”了，这真是一件令人失望的事。但村道绿化的事不能耽搁，经过商量，我们只好把这批泡桐树苗清理了，在道两旁全部换种上了苦楝树。这种树对土壤要求不高，在酸性土、中性土与石灰岩地区均能生长，在村边路旁种植更为适宜。可想不到的事又发生了，我们当年在道路两边种的苦楝树又全部死光光了。

在村道边种树两次“全军覆没”，村干部们也着急了。大家都说，泡桐、苦楝树都是本地树种，也会在梅蓉村“水土不服”，真是怪事。接下来，我们到底该在村道两边种什么树呢？这时有人说起：我们在杭州等地看见过水杉大道，那水杉笔直笔直的，很漂亮的，要不，我们也种水杉好了。这个提议，让大家眼前一亮。可是该到哪里进水杉苗呢？这时又有人说，这件事不难，虞永良在杭州林科所工作，请他帮我们的忙肯定行。大家一听，这真是一条路子。虞永良是梅蓉村人，他林学院毕业后就留在杭州工作了，平时对家乡很关心，找他商量道路绿化的事，他肯定会帮忙。

虞永良果然对家乡的事很上心。他听村里要建水杉大道，连声称好，并说林科所就有水杉苗。在他的积极争取下，杭州林科所领导答应免费送我们村一批水杉苗，虞永良还细心地传授了种植技术。真让我们感动啊！

这批满含乡贤情义的水杉苗不久运回了村，共有1000多棵，每棵根径有三四公分，高度有一人多高。村里的民兵接受了种树任务，大家定好间距，就开始挖坑，每个坑按规定深度挖好后，又从别处运来肥土填入，再小心翼翼地种好树苗浇上水……这批来自杭州的水杉苗，就在梅蓉村“安家”了。

水杉种下去了，管理就是重中之重。要知道这条进村道路，是孩子上下学的必经之路,小孩“皮”起来要折树枝、拔树苗;当时的农村“耕地靠牛”，全村当时有300 多条牛，每天有许多农民牵着牛在这里经过，难免会有踩踏树苗、啃食树苗的事发生，如果没有人管，那么这批树苗又要白种了。梅蓉村要建设一条“水杉大道”，没有人管可不行，可叫谁来管好呢?

这时候，大家同时想到了一个人，他就是梅蓉村第一任支书陈光荣。这是一个了不起的领头人，他带领村民治沙改田，为梅蓉村的巨变立下了汗马功劳，可是他自己却积劳成疾，落下一身病。老书记重活干不了，可不可以委托他管路？村干部于是上门征求意见，想不到老书记很爽快，一口就答应了。

村道两边的水杉苗，就这样有了“保护神”。

老支书过去为让荒滩变绿洲，可以“豁出命来干”，如今为让梅蓉村有一条漂亮的水杉大道，照样也拿出了一副拼命的劲头。一年四季，无论风霜雨雪，他都带着一领蓑衣，早早就到村道“上班”了。这件蓑衣是个宝，雨天可挡雨，晴天身体感觉累的时候，把蓑衣往树荫下一摆就是一张简易“床”，可以躺下来休息一下。孩子上学、放学时间，老书记往那儿一站，就像一个威风凛凛的哨兵，孩子走路都老实了。牵牛的人经过，老书记都会吩咐一句：“牛绳拉紧，不要踩着水杉苗哦！”牵牛人都连连答应：“放心放心！”

老书记认认真真、勤勤恳恳管路，一管多年，从不懈怠。就在水杉树越长越高的时候，老书记的身体却越来越弱了，1977年他去世了。从此后，梅蓉村走在这条水杉大道上的人总会想起老支书，大家对这条路也更爱护了。

因为这条水杉大道，梅蓉人对水杉树有了“感情”。

连接水杉大道的梅洲路，总长1500米。老书记去世后，村里在这条路两边也全部种上了水杉树。这回推出了新的管理办法：那就是把梅洲路两边的水杉树的管理“承包”到了附近村民的户头上，每棵树每年给2元钱的管理费。因为管理到位，因此这批水杉树也得以茁壮成长。梅蓉人一发不可收拾，在房前屋后和空闲地上，都种了上水杉树。和杨梅树一样，水杉树一度成为我们梅蓉村标志性的树种。后来，因为水杉木质不太好，派不上大用场，再加水杉树型太大，种在房前屋后影响采光，种在田头地角影响庄稼生长，因此大部分都砍伐了。但进村的水杉大道却完整地保留下来了，成为村里的一道独特风景。

一年又一年，水杉大道越来越美，吸引了一些摄影家来采风。连外地新郎新娘结婚的车队，也专程到此拍摄录像。

说到这里，我又想起我女婿讲的他一段有关水杉大道的童年记忆。

那时他还在读小学，有一天老师通知他们十几个小孩：“明天穿得整齐一点，到水杉大道上去，县里有人要来给你们拍照。”一听要照相，小孩子个个欢呼跳跃。第二天纷纷穿着最“体面”的衣服，由老师领着来到水杉大道上。县里的摄影家来了，微笑着给大家打招呼。随着一阵“咔嚓咔嚓”声，孩子幸福的笑容就永远被定格在了水杉大道上了。这张照片，至今还挂在村委里。几十年过去了，当年的孩子如今都四五十岁了，但这段往事都不曾忘记。听我女婿说，他们还想再把当年拍过照片的人，约到水杉大道上重新拍一张照片呢。

“梅洲十景”话今昔

梅蓉村是个总面积仅为6平方公里的古村落，可域内却有10处美丽的风景，这就是有名的“梅洲十景”。从古至今，梅蓉风景吸引了无数文人墨客来此吟诗作画，留下了诸多华美的传世诗文。如今这些诗文与梅蓉景致已经融为一体，成为九里洲一笔丰厚的历史文化遗产。虽说随着岁月的消磨，“梅洲十景”有多处已悄然生变，风光不再，可诸多“梅蓉新景”正被挖掘出来。尤其是在2002年后，梅蓉村凭借建设“美丽乡村”的东风，积极“盘活”山水资源，充分挖掘村庄历史文化底蕴，努力发展“美丽经济”，使梅蓉村成为一个有山、有水、有史、有生态的风水宝地，一个宜居、宜游、宜文、宜留的美丽乡村。

[讲述人小档案] 陈来春，1940年出生。家住梅蓉村陈家自然村。20世纪60年代经当地推荐成为工农兵学员，画作《政治夜校》上过国家级的美术画册。1971年以来，先后任原梅蓉大队会计、大队长、村书记等职。他还主编村史，是《九里洲巨变》一书的主笔。

口述人：陈来春

一

我们梅蓉村是个历史文化底蕴深厚的古村落，2019年6月6日被列入第五批中国传统村落名录；2020年3月，我们村又作为第二批村落单馆入驻中国传统村落数字博物馆。作为梅蓉村人，我听到这个消息感到十分自豪。

从古至今，我们梅蓉村曾几番“名动天下”：历史上文人墨客纷至沓来，是慕“梅蓉美景”而来；新中国成立后，各国政要和外交使节接踵而至，是逐“梅蓉精神”而至。今天我不说别的，单就“梅蓉美景”来聊几句吧。

我们梅蓉村东西长5公里，有“十里洋滩九里洲”之称，全村总面积为6平方公里。村落不算太大，但景致很美，从古至今“梅洲十景”入画入诗，写也写不完，画也画不尽，文人墨客笔下的“梅蓉诗画”从古传到今。20世纪60年代，英国作家格林、挪威电影公司都曾到此拍过梅蓉的风光影片。

“梅洲十景”的景点都以四字命名，分别为“江中独秀”“寒梅破腊”“占魁望月”“中华晓钟”“经堂涤心”“洋滩放牧”“雁落中洲”“前港渔歌”“后山樵唱”“登楼观涨”。10个景点的名字，个个都是诗意盎然。

这些景致分别在梅蓉哪些地段？让我来说一说。

第一景“江中独秀”出自钱维城的文章，指的是梅蓉独特的地形地貌。过去九里洲四面环水，就像江心的一只船。洲上数万株争奇斗艳的梅花映照在富春江水面上，美得犹如世外桃源，故得此名。第二景“寒梅破腊”，指的是洲上最迷人的“梅景”：寒冬腊月梅花朵朵绽放，清香袭人。第三景“占魁望月”，位于孙家村对出的直头埠江边上，这里原先有一座占魁亭，既是观看春江景色的绝佳角度，又是九里洲赏梅的最好地方。这个亭子的传说还与清乾隆十年（1745）的头名状元钱维城有关，在这里就不细述了。

“梅洲十景”中的第四景是“中华晓钟”，指的是郭侯王庙。该庙又称老庙、中华庙，始建年不详，历史上多次重修，每年农历正月半、八月十八是九里洲（梅蓉村）的“社日”，是村人观戏、聚会的地方。第五景为“经堂涤心”，该经堂原名余庆庵，位于前江自然村上面，离富春江约150米，原本是九里洲老太太念经拜佛的地方。第六景为“洋滩放牧”，指的是九里洲西南江口的一大片草地，是洲上的“天然牧场”。第七景为“雁落中洲”，该景致位于外滩，外滩又称放马洲，处于富春江中，面积300余亩，一字形大雁从北向南款款而来，与白鹭一起栖息于此。

“梅洲十景”中的第八景是“前港渔歌”，景点位于前港徐家埠头一带，捕鱼是九里洲乡民的又一生活来源，渔民撒网捕鱼，自得其乐地哼唱，在文人墨客眼中皆富有诗意。第九景为“后山樵唱”，地点是舒坑水库坝上。老山、上银郎坞、下银郎坞柴特别好，到这里砍柴的老农特别多，松涛阵阵，泉水叮咚，老农唱着山歌挑着柴担下山的情景，透着梅蓉农民的乐观。第十景为“登楼观涨”，九里洲历史上经常遭洪灾，这一景指的是梅蓉人“看大水”的情景。

历代文人墨客为“梅洲十景”留下了无数华美诗章，如晚清民间书法家龚树标（梅蓉人）这样形容九里洲的“江中独秀”景致：锦江独秀镇中流，十里洋滩九里洲。花木楼台多近水，消寒宜暑乐春秋。龚树标把洲上梅花争芳斗艳、清芬袭人、九里一色的景色，描绘得淋漓尽致，跃然纸上。

清乾隆年间的名士李高煜这样描述“中华晓钟”之景：庙镇中洲集四邻，晨钟百八响频频；三声乍杂更鸡舞，一夜全输宿鸟驯；韵逼舒湾连濮涨，音余下港彻甘津；敲残玉杵千门晓，惊醒朦胧梦里人。这一首诗有情有景，把洲上庙宇的神韵表达得栩栩如生，给人一种身临其境之感。

梅蓉人自自然然的生活常景，在诗人眼中都是“天然去雕饰”的美丽。如“洋滩放牧”一景，是梅蓉西南江边的一大片草地，面积足有300多亩，一眼望去偌大一片绿油油的草地当中，孤零零地伫立着一两棵虬干曲枝的老树，美得就像一幅油画。那是我们童年时经常放牛的地方。放牧时，牛在惬意地吃草，我们有时骑在牛背上唱歌，有时在草地上横七竖八地躺着睡觉。诗人龚永寅这样描绘“滩畔草色齐，枝头鸟声杂，牧童来何处，信口吹短笛。牛背足稳眠，天机多活泼，归去弄斜晖，呜呜犹未歇”，说的好像就是我们。这几句诗读来声声入耳，句句亲切。又如“前港渔歌”和“后山樵唱”二景，展现的也是梅蓉人为了生存辛苦劳作的场景，在诗人笔下，都成了令人陶醉的景致。

这里仅仅只举了几例。事实上，历代文人墨客为“梅洲十景”留下的诗文众多，那都是生动摇曳的“文字花束”，正在岁月中永不会凋落。如今这些诗文与梅蓉景致已经融为一体，成为九里洲一笔丰厚的历史文化遗产。

二

“梅洲十景”虽美，但对史上饱受水灾、旱灾侵袭，一年到头为生活愁苦的梅蓉百姓来说，感受与诗人是不同的。就拿第十景“登楼观涨”来说吧，面对洪水滚滚而来的场面，诗人龚维仁（梅蓉人）这样写道：“洪水连江不断头，村庄士女尽登楼，池塘汜滥高低树，户外家家荡小舟。”诗人笔下的“士女登楼”观望洪水的情景，字字透着诗意的美。可事实上，由于田园在洪水中悉数尽毁，农妇观洪时感受不到丝毫的“诗意”，内心只有欲哭无泪的感觉。

在岁月的消磨中，“梅洲十景”已悄然生变。

如“经堂涤心”一景，该经堂是清嘉庆年间乡民陈启彬、陈启材两兄弟捐资修建的。现年久失修，已是断墙残瓦，掩没在一片杂草藤蔓之中；又如“前江渔歌”、“后山樵唱”等景致，随着人们生产、生活方式的改变和生活水平的提高，诗人笔下的“澄潭鱼跃处，罾网出层波”，还有“丁丁歌伐木，担荷夕阳西”的情景交融的场景，现在几乎看不到了。另“占魁望月”一景中的“灵魂”占魁亭也在岁月中消失了。除此之外，江边原先有大片的乌桕树，每年经霜后树叶一片火红，其艳胜过红枫，景色非常美丽。由于此

树特别招虫子，又影响三家的种植，因此后来成片地砍掉了，如今这一景色已不复存在。

与此形成强烈对应的是"梅蓉新景"不断被发现：如新景"雾锁焦岭"，位于孙家自然村中央垍老山脚下，这里半山腰有时可见形如玉带的白云缓缓绕进焦岭，让整座山像是沾染上"仙气"一般，显得幽静而空灵。更奇特的是，此云还有"气象预报"功能：每当此云出现时，第二天必定会降下大雨。

正因为如此，"腰山雾露过焦岭"便成了九里洲上的气象谚语。当地砍柴的村民每当看见此云便说："明天要落大雨了。"据说，孙家村有个小伙子不信这种说法，有一天傍晚，山上又现"雾露过焦岭"的景色，村里其他农民都因此取消了第二天上山砍柴的计划，只有他一个人照常上山，结果遭遇大暴雨，柴没有砍回一点，人却变成了"落汤鸡"。另还有新景"雪积舒坑"，此景位于舒坑自然村的山上。这里冬季下雪后，山上的积雪总是久久不化，远远望去，峰顶犹如压着一顶雪白的帽子，晶莹剔透，美丽非凡。

事实上，如今"梅蓉新景"可谓层出不穷。水杉大道、蓉湖公园，龚家古街、先念桥、地下渠、赏梅亭、梅蓉杨梅示范观光园区……2002 年以来，在县里和桐君街道的重视和支持下，梅蓉村借助"美丽乡村"精品村建设东风，积极"盘活"山水资源，充分挖掘村庄历史文化底蕴，努力发展"美丽经济"。

村两委在努力复活"梅洲十景"的同时，还通过改善环境，整理土地，挖掘历史，汇聚人气，打造九里洲上的美丽村庄、美丽田园、美丽茶山、美丽河湖，使梅蓉村成为一个有山、有水、有史、有生态的风水宝地，一个宜居、宜游、宜文、宜智的美丽乡村。这些都是梅蓉的显著成效。

三万树梅花今何在

梅蓉村因“梅”得名。据相关史料记载，从康熙年间以来，洲上梅花盛况至少延续了3个世纪。“九里梅洲”美不胜收，吸引历史上无数文人墨客慕“梅”而来，留下赏梅诗画无数。由于近代战争的炮火硝烟、自然灾害侵袭及人为的破坏，至解放前夕，这里梅树几被毁坏殆尽，昔日“仙乡”成为满目疮痍的穷村。新中国成立后，梅蓉人大兴水利、大搞农田基础设施建设，把梅蓉村数千亩沙地“变”成了水稻田，从而彻底改变了梅蓉村贫困面貌……而今的梅蓉村，不仅变美了，变富了，而且把梅花重新“请”回来了。

[讲述人小档案]陈来春，1940年出生。家住梅蓉村陈家自然村。20世纪60年代经当地推荐成为工农兵学员，画作《政治夜校》上过国家级的美术画册。1971年以来，先后任原梅蓉大队会计、大队长、村书记等职。他还主编村史，是《九里洲巨变》一书的主笔。

口述人：陈来春

一

提到我们梅蓉村，绕不开“梅”，事实上梅蓉村的村名，也是因梅而得。不过这个“梅”字却不干杨梅什么事，单指傲雪凌霜的梅花，是梅花把九里洲这片贫瘠的土地，装点得像陶渊明笔下的桃花源一样美丽，让历代文人墨客慕“梅”而来，流连忘返，在这里留下赏梅诗无数。说到赏梅诗，我就会想到清代浙江巡抚阮元的一首诗，题目是《桐庐九里洲看梅花》，诗中写道：“九里江洲好画图，梅花曾见此间无。花农不记开花数，约略一洲三万株。”

从阮元这首诗中，人们可感受到古代九里洲上的梅花不但美不胜收，而且多得数不胜数。冬季严霜袭来日，正是梅花盛开时，“疏影横斜水清浅，暗香浮动月黄昏”，那时隐在一片“梅花海”中的九里洲，美得恍若仙境。

人们也许要问，梅蓉村是如何与“梅”结缘的？历史上这一片“三万株”规模的“梅花海”又是如何形成的呢？关于这个问题，史料上这样表述：“九里洲上荆棘丛生，并有虎狼出没。晋以前，或因避战乱，洲上有人定居，后渐成村落。但临江之境，屡遭洪水侵扰，庄稼十年九无收。昔人无奈，遍植果木，既保水土，又能有些许收益。其中，尤以梅树为最，清乾隆十五年（1750）后，梅蓉于平地遍种青梅，山上多种杨梅……”另有史料记载：1931年，梅蓉村仅青梅一项就年产出50万公斤，百姓之财用，大半出于梅。

历史上九里洲百姓种梅，完全是因为生存所迫。作为梅蓉人，我对此是有真切感受的。记得小时候，我们梅蓉村里还有好几株合抱粗的老梅树。老梅开花时，苍劲傲然，风韵独特，但老梅不结子，基本只剩观赏价值。梅花冬季迎霜开放，二月结子，到三月份，梅树上的梅子挂满枝。因此，我们梅蓉村有句顺口溜“三月三，梅子尝咸淡”。六七月份，梅子可以采摘了。

梅洲出梅子，除鲜果出售外，大部分用于熏制“乌梅”。采梅节季，洲上烟火熏天，烘灶不下百余只。记得那时我们梅蓉村有一种梅树，结出的梅子一颗颗大如鸭蛋，因此村里人管这种梅子为“鸭蛋梅”，这种梅树也是梅蓉村最好的品种。这样的梅子做成的“乌梅”，既有药用价值，又可当消闲食品，是“乌梅”中的上品。可即便如此，村民的梅子收入也是很有限的。

“九里梅花”虽无法改变村民受穷的命运，却吸引了唐、宋、元、明、清以来的历代文人墨客来此舞文弄墨，吟诗画图。每到早春花发，满洲梅花争芳斗艳，清芬袭人，九里一色，宛如海上蓬莱，赏花人络绎不绝。

元代王冕游梅洲赞梅花：“风雪林中著此身，不同桃李混芳尘。忽然一夜清香发，散作乾坤万里春。”唐方干赞曰“洲上春深九里花”。“凌风却月是梅花，冷蕊疏枝态自嘉。九里沙洲梅不断，残香犹在野人家。”这是清代诗人张芸从富春江畔登梅州赏梅在“望梅亭”小憩时作的《九里洲》诗句。当年民族英雄林则徐广州禁烟归来，船过梅洲时，还上岸赏花住一宵，赞云：“梅洲山水秀丽，乃文墨荟萃之地。”历史上，与梅蓉相关的名人诗作真是不胜枚举。

我们梅蓉村的龚家自然村，过去有过一位本土文化名人，他就是省内书画界有名的“民间书法家”龚树标。他擅长柳体，常常为人书写寿屏及祠堂庙宇楹联，流传甚广。他家的庄园，就位于现如今梅蓉村委的边上。他家有一个很大的梅园，每年到了梅花开放时节，龚家日日高朋满座，本地和外地的文人墨客纷纷应邀而来，大家齐聚一堂，就在他家的梅园里赏梅作诗画。

龚树标出生于1873年，于1954年去世。那时我还小，但对他家的梅园以及他的名士风范记忆却特别深刻。我常常想，按龚树标的家境和名声，他要到城里生活是一件很容易的事，可他始终钟情于故土。说到底，留住他的是乡情乡音，是千树万树的梅花，还有九里洲上风清云淡的四时风景。

二

时光荏苒，世事变迁，梅蓉村的三万株梅花今何在？

关于这个问题，史料上这样解释：历经近代战争的炮火硝烟、自然灾害侵袭及人为的破坏，至解放前夕，梅树几被毁坏殆尽……寥寥数语概括了九里洲梅花数次"度劫"的经过，及九里洲上"梅花海"消失的原因。

伴随着"梅景"的消失，梅蓉村陷入惊人的贫困。原先文人墨客眼中的"仙乡"，却成为满目疮痍的穷村。"白沙尝全洲，觅梅何处有"是诗人的感叹，诗句中满满的都是无奈和惋惜，也真实地反映了解放前梅蓉村的面貌。

新中国成立后，梅蓉人为了彻底改变村庄贫穷落后的面貌，从1957年开始，历时8年，通过兴修水利、大搞农田基础设施建设，把梅蓉村数千亩沙地"变"成了水稻田，从而彻底改变了梅蓉村贫困面貌，创造了"荒滩变绿洲"的奇迹，彻底解决了梅蓉农民的粮食问题。1956年始，梅蓉人又组建了水果队，开始在200多亩荒滩上种植李子、水蜜桃、白梨、杨梅等各种水果，各自然村也在村前村后、山上山下遍种果木。春季里，这里桃花红、梨花白，一片姹紫嫣红的美丽风景，而到各种鲜果采摘季节，这里又是一片硕果累累的喜人景象。

不知不觉间，梅蓉村又是一片美丽的花海。历史上到此赏花的都是文人墨客，而六七十年代到这里参观的多是蓝眼睛的外国人。梅蓉村曾接待过外国贵宾60多个国家44批（次）共482人。每一批贵宾到梅蓉，几乎都要参观水果基地。"鲜花处处开放，瓜果四季飘香"是梅蓉村留给外宾最深刻的印象。到过梅蓉的外国贵宾几乎都这样说："中国农村，真是太美了！"

当时有很多国家、省市领导来梅蓉村参观。记得1981年5月的一天，原省委书记铁瑛同志在县委书记汪吉民、大队支部书记方永见的陪同下视果园时，铁瑛书记连声称赞梅蓉村人灵地美、风景秀丽，说：“实为农村新景也。”他还风趣地对一边的汪吉民说：“你在桃花源中当县令，很幸福啊！”

梅蓉村又变美了，可是有一种遗憾难以改变：梅蓉村“梅景”不在了。

说到这里，我又想起一件办蜜饯厂的往事。1984年，我任村里的书记。为了解决村里水果“卖难”的问题，我们决定依托本地资源，由村集体创办一个蜜饯厂。我们说干就干，推选见多识广的俞先贤为厂长，又从上海请来了老师傅，制作各式蜜饯，并且在上海打开了销路，实现当年生产，当年见效。

梅蓉村发展又开新路，这实在是一件喜事。可我们在创办蜜饯厂的过程中，也同时感到了遗憾：梅蓉蜜饯厂生产的所有产品中，最受城里人欢迎的是“话梅”，价格卖得最高的也是话梅，一斤可卖20多元呢。可我们没有原料，厂里制作话梅的梅子，都是从外地进的。想到历史上曾经是“梅花洲”的梅蓉村，如今既不见梅花景致，也不生产梅子，心里实在不是滋味啊！

2002年，在美丽乡村建设中，梅蓉人下决心“迎回”梅花。村委投资数万元，从建德等地采购来了四五千株梅树苗，除了在龚家自然村种梅5亩，建成了一个现代梅园外，还在村主干道边沿路栽种。此外，全村每户分三株梅

树，让各家栽种在房前屋后……此后村民每年都会种一些梅树。

梅树“回归”梅蓉村，在这片土地上“滋滋”地长，很快就会在寒冬里绽放。梅蓉村的晨雾中，又飘动着醉人的梅花香气。10多年过去，梅蓉村的梅花开得一年比一年旺，梅子一年比一年结得多。大的梅树一棵就可结上百斤。村民们采了梅子后，用祖传的方法浸青梅酒，酸酸甜甜的，品出岁月的滋味。

“梅景”回来了，虽没有重现历史上梅蓉有梅“三万株”的盛况，但属于洲上梅花的那一缕清香，还有傲然雪中的姿态，还与先前的一模一样。《桐庐报》还刊登过我的一首打油诗：“梅蓉梅花开，拍客齐过来，喀嚓喀嚓声，游客满载归。”

古村落里的影剧院

在20世纪七八十年代，露天电影是农村文化生活中一道最亮丽的风景。那时候，哪个村子晚上放电影，周围村子的人都会赶去看。梅蓉村是那个年代的“明星村”，村里不仅有电影队，而且还造起了影剧院，一年放电影60余场。电影不仅极大地丰富了村民的文化生活，而且成为他们感受世界的“灿烂窗口”。虽说后来随着电视机的普及及互联网的兴起，农村电影业慢慢萎缩消失了，但那些年放过的电影与岁月一起，已经永远留在了历史记忆中。

[讲述人档案]孙彩琴，1960年出生，梅蓉村孙家自然村人。从20世纪70年代到90年代，她给梅蓉村民放电影近20年。《地道战》《地雷战》《渡江侦察记》以及《红灯记》等革命样板戏电影，成为她独特的青春记忆。

口述人：孙彩琴

我们村有了电影队

提起我们梅蓉村电影队的往事，真是三天三夜也说不完。

1972年春，梅蓉大队添置了8.75毫米电影放映机一台。当时我们村名声在外，各项工作都受到外界关注，来参观的人络绎不绝。就在当年的年初，《杭州日报》第一版全版发表了《今朝梅蓉更好看》的长篇通讯；当年9月《人民中国导报》第九期又发表《富春江畔新貌》长文，向世界介绍梅蓉大队艰苦奋斗的事迹……大队创办电影队的新举，无疑又是“明星村”的新亮点。

梅蓉村有了电影队，最开心的是村民。当时农村的文化生活比较单调，“看电影”是农民最大的文化享受。哪个村放一场电影，四里八村的人都会赶去看。放电影时，银幕前面坐满了人，银幕后面也坐满了人。许多年轻人甚至疯狂“追剧”：这个村电影放完了，他们会跟着电影队赶到下一个村，又将这部电影再重头看一遍。更有趣的是，放映一场新电影，很快电影中的插曲便会在田间地头流行，老老少少都会唱。我想，那也许是农村电影事业最繁荣的时期吧。

那时候，桐庐农村活跃着多支电影队，但是一个村子有电影队的极少，这也算得上是梅蓉大队政治文化生活中的一件大事。我们梅蓉大队在购进8.75毫米电影放映机后，就在全大队公开招考两名全脱产的电影放映员。这事在大队里引起了热烈反响，当时全村报名参加考试的年轻人就有二三十个。

那会儿我高中刚毕业，有天父亲兴冲冲地回家告诉我：“我给你报名了。”我丈二和尚摸不着头脑：“报什么名？”父亲告诉我原委后，我很高兴也很担心：“要是能当电影放映员，那真是太好了，可这么体面的工作，村里又有那么多的人报名，哪轮得到我的头上呀？”父亲摇摇手说：“不试试，哪知道行不行？你有文化，人又机灵，反正我觉得我女儿当电影放映员挺合适。”

令人大喜过望的是，我居然在这一次招考中成功胜出，与大队另一位女青年徐爱琴一起，成为梅蓉大队电影队的专职电影放映员。放映人员实行全脱产，工资等费用由大队支付。大队里还专门为我们电影队准备了两辆车：一辆双轮车，一辆自行车。双轮车是给我们下村放电影时拉银幕等机器设备用的；自行车是为了方便我们到县城拿片、送片。在大队安排下，我们两人到县城参加了业务培训，不久便开始为大队社员放电影了。

记得第一次到自然村放电影时，我们下午4点钟就吃晚饭了，然后早早地把电影设备放拉到了现场，架起银幕杆子，挂上银幕，拴好音箱，架好了电影放映机。我们把备用的发电机放在了近处人家的院子里，加满汽油，接上备用电缆。准备工作全部做好时，天刚擦黑，看电影的村民也带着凳子陆陆续续进场了。这时候银幕前后都是人，我们的电影放映台设于人群的正中央，就像汪洋里的一个岛，一眼看去下面密密麻麻的都是人。

这时候，我紧张得就像第一次上台表演的演员一个样，神经紧绷地操作着机器，紧张得手都有点抖了。第一个晚上放的是什么电影，我至今都想不起来。只记得一束光投在银幕上，音乐响起来，闹哄哄的现场顿时静下来，现场所有人的眼睛都全神贯注地盯着银幕，被电影剧情牵动着，现场观众一会儿齐声欢笑，一会儿紧张地跺脚……我的心终于安定了，这时感觉背上有点凉嗖嗖的，一摸才知道自己刚才都紧张得流汗了。

从那天之后，梅蓉大队电影队开始正式运作。我们两人利用晚上和农闲时间下自然村为村民放映电影。影片是到县城租来的，每月在11个自然村轮流放映电影20场左右，村民免费观看。放电影的日子，不但全村的人赶来看电影，就连周边村子的人也赶来。那时候我们放映的电影有战争片、反特片、戏曲片、生活片，后来还有了武打片，我们不管放什么影片，观众基本上都是场场爆满，散场时人们都是意犹未尽。

当时的放映机

值得一提的是，那时正片放映前，都要放“加映片”，这些新闻纪录片反映的都是国家大事，因此电影队还起到了宣传教育的作用。村民们通过看电影，不但提高了文化素养，还了解了国家大事，提高了思想觉悟。当然，电影队最大的功能，是极大地丰富了村民的业余文化生活。

印象最深的是放映越剧电影《红楼梦》，全村男女老少竞相观看。那段时间我们一个晚上要跑好几个村子，连后半夜都在放电影。往往在一个村子刚放完，另一个村子帮我们拉电影放映设备的人早就来了。虽然夜已深，但放映电影的晒谷场上人早已挤得满满当当。“来了！来了！”看见我们的到来，全场的人都会兴奋起来，许多人自发地跑来帮忙，帮我们架起机器设备。有趣的是，许多青年人跟着电影队跑，一夜连看好几遍《红楼梦》。

有天晚上，我们正在放映越剧电影《红楼梦》，刚开始没多久，老天爷便下起了雨，雨越下越大，万般无奈我们只得决定停止放映，可场上的观众却不肯走，他们有的从家中拿了伞，有的穿蓑衣带笠帽“坚守”原地，还有几个人主动给我们来打伞，大家强烈要求我们继续放映电影……就这样，电影重新开始放映，“绕绿堤，拂柳丝，穿过花径，听何处，哀怨笛，风送声声……”在潇潇的雨声中，王文娟扮演的林妹妹哀婉的越调分外动人。

村里建起了影剧院

就这样，我们每天在梅蓉大队各自然村放电影，今天孙家，明天戚家，后天龚家……电影放映员成了那时“最受欢迎的人”。那时我们无论走到那个自然村，男女老少都认识我们，看见我们问的是同一句话：“今天晚上放什么电影？”有时候放电影结束，老百姓还会拉我们到家里吃夜点心。最有趣的是，有一个三四岁的小女孩，一定要妈妈留我今后都住她家里，妈妈问为什么，她说：“姐姐住我们家，我们就可以天天看电影了。”

1978年，我们村又传出好消息：村里要建影剧院了。

这个消息确实令人振奋。过去我们农民非常羡慕城里人可以到影剧院看

电影，那时有村民偶尔进城看一场电影，那滋味也够回味好久的，想不到我们村里也要建影剧院了，这事更增加了我们梅蓉人的幸福感。

我们梅蓉影剧院于1978年动工，1979年竣工，坐落在梅蓉村中心的龚家自然村。影剧院建筑面积达1061平方米，内设座位1108个，总投资16.5万元。影剧院建成后的次年，即1980年春，我们梅蓉大队又添置16毫米电影放映机2台，固定在影剧院放映。这时大队里派了一名人员管理电影院，并且开始实行售票制，观众看电影收少量费用，门票每张5分钱。

就这样，梅蓉村民告别了“露天电影”，高高兴兴地“买票看电影”，走进了崭新宽敞的电影院。我们放映人员再也不用东奔西跑，放映电影真正实现了“风雨无阻”，那时我们年均为村民放映电影60多场。

最火热的是过春节的时候，梅蓉影剧院白天也放电影。村民们招待亲戚朋友们吃罢饭后，带着亲友去村影剧院看场电影，那感觉太好了。

梅蓉影剧院“火爆”的场面，一直持续到90年代。这时候电视机开始走进了家家户户，农民们不用走出家门便可以看电影看电视剧，梅蓉剧院由此一天天地冷清下来，后来村影剧院慢慢地就关门了。

随着历史的发展，虽然农村的电影市场风光不再，可那些刻骨铭心的珍贵岁月，那些难忘的电影故事，永远留在了人们的记忆中。

一份珍贵的油印小报

20世纪60年代末，梅蓉村创办过一份《九里洲》油印小报。办报人有小学教师、大队记工员和大队广播员等，编辑室设在学校，全部的“家当”就是一块钢板，一支铁笔，一筒腊纸，一瓶油墨，一块玻璃，一把刷子。虽然条件简陋，但办报人热情高涨。这张小报成为当时的梅蓉大队宣传党的方针政策、弘扬正能量、鞭笞歪风邪气的好平台，受到了老百姓的好评。小报先后有几十篇稿子被县广播站选中，有重点稿还上了《杭州日报》。

[讲述人小档案]龚升樟，1935年出生。中共党员，退休高级教师。1952年在临安师范读书，毕业后一直从事教育事业。1969年响应国家号召回乡任教，是当时梅蓉大队《九里洲》小报的编辑。如今在家安享晚年。

口述人：龚升樟

一

那一天，我到老友陈来春家做客，无意间有了“重大发现”：只见他的画室一角摆放着一只纸板箱，上写着“内藏九里洲小报”几个字。我征得他的同意打开一看，里面整整齐齐摆放着一摞发黄的油印小报，不由得心中一热，脱口而出：“来春啊！这50多年前的东西，你还收着呢？”

他点头笑笑，算是回答。我顺手打开上面几张，透过那些油印墨迹，感觉像是打开了一道岁月之门，当年农村“双夏”的紧张情景，还有我们深夜奋笔疾书写新闻稿的往事，此刻像是放电影似的，一幕幕地在眼前浮现。

1969年，作为人民教师的我，积极响应国家号召回到家乡——梅蓉大队教书。这时候，我不知不觉面临严峻的挑战：自己虽然是土生土长的梅蓉农家子弟，但是由于从小读书，走出校门后教书，长期脱离生产劳动使我变成了一个“手不能提，肩不能扛”的文弱书生，农活基本不会干。当时的梅蓉大队正进入“荒滩变绿洲”的攻坚战，村里的男女老少起早落夜地修渠道、建机埠、挑塘泥、种果树……那种人山人海、你追我赶的火热的场面让我很激动，又令我很惭愧，我多么想参与进去，也为建设家乡出一点力呀。

机会终于来了！那是一年当中最紧张的“双夏”季节，学校也放假了。大队干部专门把我们几个老师叫去开了个会，给我们指派了一个任务，那就是为梅蓉大队创办一份反映“抓革命、促生产”大好形势的“双夏简报”。

这是一个光荣的任务，也是一个能让我们发挥优势的平台，更是一个能服务家乡的机会。我们心情激动，个个摩拳擦掌，向大队干部表示坚决完成任务。参加办简报的一共5个人：我加上陈玉火老师、孙林海老师、大队工地记工员陈来春、广播员虞毛根。“编辑部”设在梅蓉小学校的教室，一块钢板，一支铁笔，一筒腊纸，一瓶油墨，一块玻璃，一把刷子是我们的全部“家当”。

虽说条件简陋，但我们办报的热情高涨。为了更高效地开展工作，我们5个人明确了人员分工：我任编辑，陈来春任审稿，陈玉火刻钢板，孙林海搞印刷，虞毛根除了广播还和其他人一起到田头地角送报纸。接下来，我们热情高涨地干起来，跑遍全大队各生产队采访好人好事，然后深夜加班编稿子、刻钢板、搞印刷，每个人都使出了浑身解数，仿佛浑身有使不完的劲。

经过几天努力，散发着油墨香的《双夏小报》的创刊号，很快就发到了大队和各生产队，这一下产生了轰动效应。社员们竞相传阅：“我们梅蓉大队有报纸了！”“快看，这篇是写我们生产队的！”“你哥哥上报纸了，快看！”

农民办报，这是多么新鲜的事啊。虽说只是一份油印小报，但起的作用可不小，受到表扬的生产队人人喜气洋洋，受到表扬的人犹如得了大奖。大队干部也向我们伸出了大拇指：“报纸办得不错，你们几个值得表扬。”

得到了大队干部和社员的肯定，我们劲头更大，把报纸办好的决心更强。我们几个“土记者”不仅白天到各生产队采访，甚至吃过晚饭还赶到社员评工分的地方“抓材料”，村民们也经常主动为我们提供“报料”。

为了抓到第一手资料，获得更鲜活的素材，更为了与农民紧密结合，我们几位老师下去采访时，也经常积极主动地参加生产队劳动。那时候农业机械化还没有发展起来，干农活主要靠人工。在“双夏”大忙季节，农民收割靠镰刀，稻谷脱粒靠脚踏打稻机。社员每天早上出工前，生产队就进行了劳动分工，哪些人割稻，哪几个人打稻，还有谁谁谁扎稻草，分工明确，责任到人。

“双夏”是农民最辛苦的时候，不过相比之下，最辛苦的还是踏打稻机的人，因为这既是力气活，要用上全身力气，又得聚精会神注意安全，稍有不慎就容易出现劳动安全事故。如此手脑并用，一两个小时下来，全身汗流浃背。这项须全身心投入的重体力活，基本上都由生产队里壮劳力完成。

插秧也是“双夏”生产劳动的核心内容。天还没有亮，生产队长就挨家挨户叫喊：“起床了！拔早秧了！”这时候生产队的姑娘、小伙纷纷搬着秧凳，挑着畚箕奔向田头。到秧田边后，大家首先扎紧裤脚，包好头巾——这样做一是防蚊子攻击，二是防蚂蟥叮咬——社员们做好这些准备工作后，争先恐后地下田动手拔秧。这时天上的月亮还没有“落山”，明晃晃地照在水面上，四周的蛙声此起彼伏，伴着青年社员“刷刷刷”的拔秧声，那真是一曲美妙动人的“劳动交响乐”啊！天亮时，拔秧战斗结束了。看看拔好的秧像列队似地排列在田间，我们劳动得来的成就感油然而生，所有的疲惫都消失了。

拔秧劳动很紧张，插秧劳动更是个考验。七八月的日子，正是一年当中的高温季节。午后太阳光直射，把田水晒热到40多℃。我们几个土记者下田的时候，往往被烫得龇牙咧嘴，脚也烫得通红，但社员们却好像不觉得烫似的，照样有说有笑、你追我赶地在水田里插秧。不过有时也闹笑话，有一次田水太烫了，一个姑娘穿了一双高筒雨靴下田，结果刚走第二步，就抬不起脚，雨靴拔不出泥，一用力，只听“哗啦”一声四脚朝天仰翻在田中央……

我们几个“白秀才”虽然在田间农活干得不是最好，但收获的新闻素材特别多。我们把在生产一线获得的新闻素材，一笔一划写成稿子，连夜一个字一个字地刻写出来，又仔仔细细地一张一张印出来，然后不辞辛劳地跑到田头地角，将油印小报分发到社员手中。为了赶时效，挑灯夜战是常有的事。

这份8开手工油印的小报，虽然不起眼，但内容很丰富。有大队新规定，有各生产队“双抢”动态，有好人好事表扬，等等，还有评论文章呢。这份社员们爱看的油印小报，成了“双夏”战斗中不可或缺的精神食粮。

二

不知不觉，紧张的“双夏”战斗结束了，学校快开学了，我们的“双夏简报小组”也圆满地完成了任务，可我们却主动给自己身上“压担子”。

我们5个人商量决定，继续办油印小报，继续为梅蓉大队发展“摇旗呐喊”，继续为农业生产鼓劲加油。于是我们把“双夏简报”改版为“九里洲”小报，还请浙江美院人物画教授李震坚为“九里洲”小报书写了报头。

从此后，我们几个一边当老师，一边当“土记者”，几乎每个星期天都忙于写稿子；陈来春是工农兵大学生，在浙江美院学过画，因此不仅审稿，他还为小报写稿插画；负责广播的虞毛根是一个残疾人，他肚子里那点“墨水”是通过扫盲班学习和长期坚持自学获得的，他是一个爱学习肯吃苦的人，平时除了完成自己的广播和送报任务，还千方百计抽出时间帮我们打下手。

《九里洲》油印小报内容很丰富，有大队各项生产工作动态新闻，还有县里、公社里各项政策精神等，此外还公布大队年终分配方案、各生产队按投劳比例，年终可得、大队分得现金分红款数等，连全大队各生产队200多万斤储备粮都进行了清清楚楚、明明白白的反映，堪比如今的村务公开。《九里洲》油印小报也因此成为传达党的政策、传递大队计划、宣传好人好事、弘扬正能量、鞭笞歪风邪气的平台，受到了干部和社员的一致好评。

《九里洲》油印小报共出版了几十期。小报上的文稿中有一篇被《杭州日报》采用，而被桐庐县广播站采用的则多

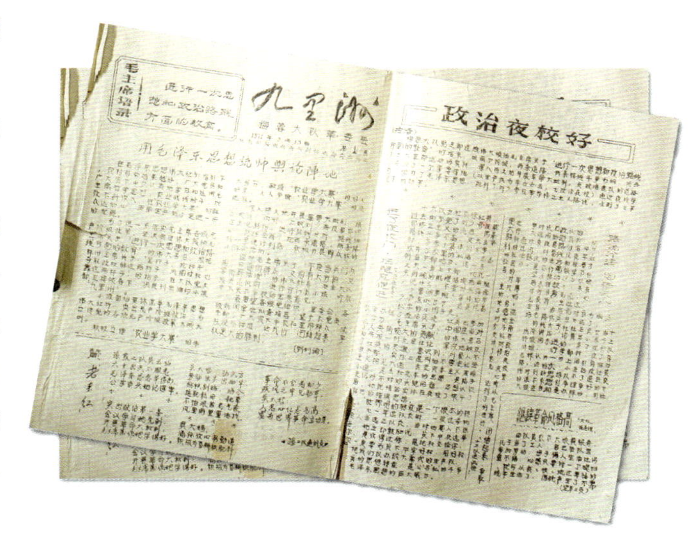
毛主席语录
九里洲
政治夜校好

达几十篇。虽然这张“芋根小报”后来由于各种原因停刊了，但那段特殊的“办报”岁月是我永远不能忘怀的，因为小报上面满满的都是梅蓉老底子的事，老底子的情。

九里洲

学先进 找差距

农业学大寨

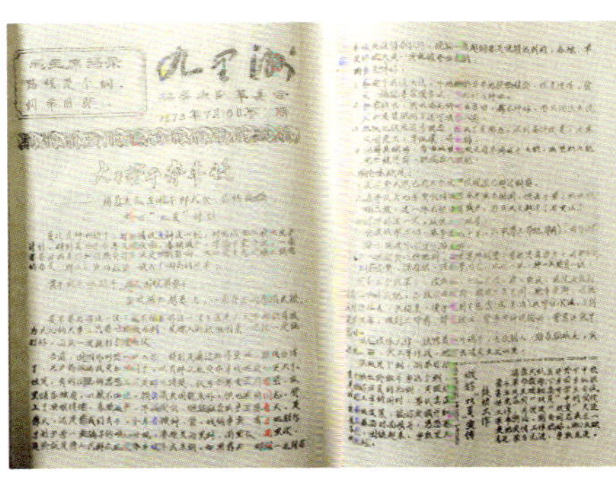

九里洲

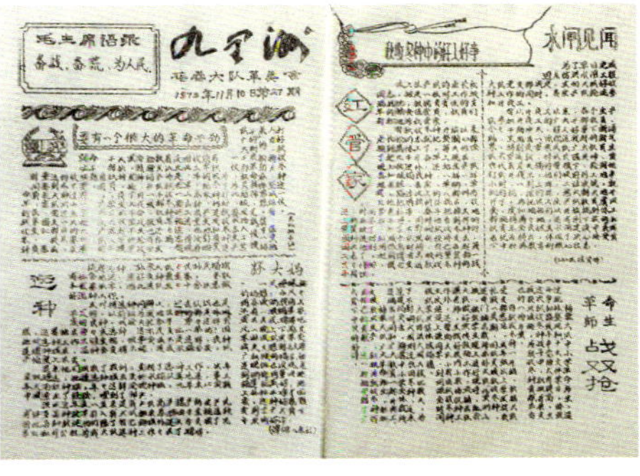

毛主席语录

备战、备荒、为人民。

九里洲

水闸见闻

九里洲上画《沙家浜》

1969年5月，中国美院的前身——浙江美院师生遵循毛泽东主席关于“文艺工作者要同工农兵相结合”的教导，来到梅蓉大队接受贫下中农再教育。在这里，他们不但与梅蓉人结下了深厚的情义，而且在一个生产队的仓库里，创作了当时颇有名气的国画组画《沙家浜》。美院还因此有了一位工农兵大学生。此后半个世纪，美院与九里洲的“缘分”从未间断，一直把梅蓉作为写生、教学的基地，基本上每年春暖花开之时，都有师生来梅蓉村写生作画。

[讲述人小档案] 陈来春　1940年出生。家住梅蓉村陈家自然村。20世纪60年代经当地推荐成为工农兵学员，画作《政治夜校》上了国家级的美术画册。1971年以来，先后任原梅蓉大队会计、大队长、村书记等职。他还主编村史，是《九里洲巨变》一书的主笔。

口述人：陈来春

村里来了一群艺术家

1969年，桐庐县遭遇了百年未遇的特大洪水——“七·五洪水”，当时分水镇南堡村有200多人遇难，400多亩良田变沙石滩。南堡村灾后以“泰山压顶不弯腰”的精神名震全国。在那场特大洪水中，梅蓉村也遭遇重创，全村600亩早稻被淹，其中160亩颗粒无收。我对那次洪灾印象特别深刻，正是因为在那次灾后恢复生产的人群中，除本地社员外，还有一批来自原浙江美院画家的身影，他们中不少人还是当年该院国画组画《沙家浜》的主创人员。

那是1969年5月，梅蓉村来了一群特殊的“客人”，他们是原浙江美院全校师生，此行是遵循毛泽东主席关于“文艺工作者要同工农兵相结合”的教导，来到梅蓉大队接受贫下中农再教育，走“又红又专”的艺术道路。

当时来到我们梅蓉村的浙江美院师生有二三百人，其中有很多都是中国美术界的名家教授，我知道的就有吴昌硕的正传弟子诸乐山、浙派人物画创始人周昌谷、现代中国画人物画奠基人之一李震坚、西泠印社执行社长刘江等。受当时政治大环境的影响，浙江美院曾于1967年一度被迫停办，而这批全国著名的艺术家受到不同程度的冲击，当时日子很不好过。

浙江美院师生来到梅蓉大队后，被分到各家各户，我们陈家自然村就分到了20多位，其中就有西泠印社执行社长、浙江美院教授刘江。这些学富五车的艺术家不怕吃苦，为人也很和气，他们与梅蓉村农民同吃同住同劳动。他们拿画笔的手握起了锄头，在田里干起农活来也是像模像样的。

记得有一次我到田头去，碰到了挑谷担的高培明。50年代，他曾任浙江美院党委书记，当时任美院院长的是现代著名画家潘天寿。他在梅蓉的日子应该是正处在人生的低谷，可他非常乐观。他是北方人，长得人高马大，劳动也是一把好手。那天我看见他挑的谷担分量着实不轻，看他那健步如飞的样子，有谁能想到他是一位大教授、大书画家呢。

浙江美院的学生也是好样的。当时我家里住了一位姓王的美院学生，他白天与我们一起下地劳动，收工回到家就抢着做家务，不是扫地就是烧火，从来不愿闲着。自从他住我家之后，我家的水缸每天都是满满的。

美丽的九里洲，一下子来了一大群书画家，村里也充满了艺术氛围。农闲的日子，这些晒得黝黑的美院师生就会拿起画笔到处写生。他们画山水、画人物、画速写……梅蓉小学教师汪立家里，至今珍藏着当年美院师生给他父亲画的肖像。据说美院师生当年还送给他家一幅毛主席的画像，可惜后来遗失了。在村民眼中，美院师生手中的笔太神奇了，寥寥数笔，一树花儿便在纸上“绽放”，几笔几画，数只鸟儿跃然纸上，仿佛“吱吱喳喳”地在叫。村里的许多人都当过他们的“模特”，画上的神态是活灵活现。

诞生在仓库的《沙家浜》

浙江美院师生来到我们梅蓉大队数月后，接到了一项光荣的“政治任务”：创作国画组画《沙家浜》。周谷昌、李震坚、姚巧云等一批书画家成为主创人员。

当时这些主创人员都上了年纪，周昌谷身体不太好，他们废寝忘食，全身心投入艺术创作。大队给他们安排的创作场地，是徐家村生产队一个闲置的大仓库。仓库上下两层，下层比较潮湿，“画室”安排在仓库空荡荡的楼上。老艺术家们因陋就简，把画板搁在从村民家中借来的几条板凳上作画。

那时我们村已经通电了，创作国画组画《沙家浜》的日子里，仓库的灯光常亮到深夜。

浙江美院创作的是国画版的京剧《沙家浜》。在“文革”期间，其实老百姓对这一类艺术作品并不陌生，就拿我们梅蓉大队来说，谁家不贴着几幅“李铁梅高举红灯”“杨子荣打虎上山”“奇袭白虎团”等彩色剧照呢。就像当年人人会唱样板戏一样，那些戏台上塑造的高大英雄形象早已深入人心。

可浙江美院创作的国画组画《沙家浜》就是不一样。

组画由50幅国画组成，前面3幅分别画剧中主要人物郭建光、阿庆嫂、沙奶奶在剧中经典动作的肖像画，还有人物介绍。从第3幅到第50幅国画署名，分别由剧情和经典唱段中某一句词命名，分别为：接线；共产党就像天上的太阳一样；朝霞映在阳澄湖上；祖国的好山河寸土不让；你待同志亲如一家；等到那云开日出，家家都把红旗挂；布置转移；扶老携幼；群众奋起杀日寇；勾结；我也会打双浆迎接亲人；侦敌；我必须察言观色把他防；等等。画面丰满，人物形象灵动逼真，特别是郭建光、阿庆嫂、沙奶奶等剧中

浙江美院创作的《沙家浜》

的“一号人物”，更是画得栩栩如生，塑造得高大完美，比舞台上呈现的人物还要传神。

后来我了解到，浙江美院创作的这一组国画版京剧《沙家浜》，于1972年以连环画形式由浙江人民出版社出版。当时由浙江省新华书店发行，每本连环画定价5毛钱。我常常想，要是现在能得到这么一本连环画该多好哇！因为它不仅是“生”于我们梅蓉村，而且忠实地记录下了那个众所周知的年代里，中国美院的前身——浙江美院的一段珍贵的历史。

浙江美院的数百师生，于1969年年底左右离开梅蓉村，此时国画组画《沙家浜》已创作完成。1971年，浙江美院迁至桐庐县阳普大队，在农村办学。

一段难忘的书画“情缘”

最为刻骨铭心的是，我自己与浙江美院的一段缘分。

1969年，浙江美院开办起了工农兵大学。我受县里推荐，成为全县唯一的浙江美院工农兵大学生。当时的情形非常有意思：浙江美院的师生“驻扎”在我们梅蓉大队，拿起锄头参加劳动，而我这个贫下中农子弟则赴浙江美院拿起了画笔学习画画。对书画家来说，参加劳动锻练是个极大考验，而对我来说，拿起画笔要在纸上作画，是更加严峻的考验。

浙江美院首批工农兵学员一共有80多个，可美术“零基础”的只有我一个，因此刚开始的时候，我只能给班里的同学当“模特儿”。所幸当时我们班那位女教授对我格外关照，在她的细心启蒙下，我慢慢入门了，学画宣传画、学画水粉画、学画油画。农村娃走进了艺术殿堂，那份惊喜就不用说了，更让我惊喜的是：那位帮助我的女教授，原来就是住在我们村的原西泠印社执行社长、著名画家刘江的爱人。这真是一段奇缘啊！后来刘江教授还专门请我到他们家去玩，那天他还现场书写了一幅《家和万事兴》书法作品送我。之后这幅作品一直挂在我家堂前，陪伴了我几十年。2004年，由我主笔的《九里洲巨变》一书印出来后，我专程赴杭州送刘江老师一本。他年纪更大了，但依然精神矍铄，拿到我送的书，他分外高兴，乘兴又写了一幅书法作品《夕阳红》送我。还在边上注了一段话“来春同志为九里洲巨变，梅蓉村的发展不懈耕耘，书此赞贺之”落款是“乙酉春刘江”。

时间一晃半个世纪，刘江老师的两幅字依然挂在我家客厅里。我每每抬头看见这两幅字的时候，脑海里情不自禁地会浮现出浙江美院师生当年在九里洲创作国画组画《沙家浜》的情景，还有我自己在浙江美院当工农兵大学生的情景。如今浙江美院早已升格为中国美院，但这个国家级的艺术殿堂与九里洲的“缘分”却从未间断：美院一直把梅蓉作为写生、教学的基地，有许多师生每年春暖花开之时，都会来此描绘梅蓉村美丽的山水景色。

梅蓉村歌多么嘹亮

梅蓉村有两首村歌，一首是由马骧、进之填词，葛麻、小维作曲的老村歌《歌唱九里洲》，于1965年10月7日发表在《浙江日报》上；一首是2012年由王樟松作词，夏林青作曲的新村歌《扬帆梅蓉》。两首村歌相隔40余年，却于2012年在“风景桐庐，九里梅香”桐庐县首届杨梅节开幕式上同台亮相，获得掌声无数。更喜人的是，《扬帆梅蓉》此后频频获奖，并于2013年9月在北京举办的“梦想中国，美丽乡村”第五届全国村歌大赛上入选十大金曲。

[讲述人小档案] 徐根六，1961年1月出生，合村乡合村村人，中共党员，退伍军人。在乡镇综合文化站担任过31年的站长，1999年调桐庐镇政府工作，同时担任文教卫办公室副主任，2002年至2006年桐君街道党政办副主任，2007年至2008年社会事务办副主任。

口述人：徐根六

歌声中的梅蓉

2004年《九里洲巨变》付印成书，这大概是桐庐全县唯一的一本由村民自己撰写的村志。看过这本书的人都知道里面有一首题目叫《歌唱九里洲》的老村歌，这首由马骧、进之填词，葛森、小维作曲的老村歌，于1965年10月7日发表在《浙江日报》上，曲调优美大气，歌词的内容是这样的：

九里洲，九里洲，洲上泥土黑油油，
沉甸甸稻穗迎风摆呀，四季水果满枝头呀，
粮丰林茂六畜旺，哪个不夸九里洲？

九里洲本是荒沙滩，庄稼十年九不收，
自从走上集体化呀，决心改造九里洲呀，
挑来塘泥填沙洲，水渠引来江水流。

九里洲社员志气大，个个都是硬骨头，
自力更生靠双手呀，千年荒滩变绿洲呀，
革命精神放光芒，迈开大步向前走。

这三段散发着泥土气息的歌词，合辙押韵，把新中国成立后梅蓉农民发愤图强、艰苦奋斗的历程，概括得既准确又形象生动。这首歌的曲调也很优美，明快的节奏中，透着江南农村独有的清新韵致，当时在《浙江日报》发表时引起了无数人关注。在梅蓉村，人人都知道有这么一首村歌，青年男女干活休息都要愉快地唱上一遍，成为那个年代我们村最热门的“流行歌曲”。随着时间的推移，唱老村歌的人也渐渐少下去了。

没想到的是，在新时期，梅蓉村的这首老村歌又重新唱响。

2011年，在开展“美丽乡村”建设过程中，梅蓉村十分重视历史文化的挖掘整理工作，一直致力于用梅蓉村的特色文化展示“梅蓉精神”，为美丽乡村建设服务。此项工作获得桐君街道党工委和办事处的高度重视和支持。

有一次，桐君街道某校组织文艺演出，街道党工委书记周海静应邀参加活动。孩子们载歌载舞，节目十分精彩。活动结束后，他与校领导闲谈时提出，能不能让校园融进一点桐君街道的乡村文化？他提到1965年10月《浙江日报》曾发表的一首村歌《歌唱九里洲》，与校长探讨能不能用表演唱的形式，将这首村歌排练出来上舞台演出，并且同时可以制作成一个音乐光盘，让梅蓉村的老百姓重唱村歌……

这无疑是一个弘扬桐君街道特色文化的“金点子”。

2012年期间，我是文化站站长，同时还兼任学校的联络员工作。那时由于工作关系，我经常跑学校。有一天，该校校长与我说起周海静书记关于老村歌《歌唱九里洲》的建议，还说起要排练这首老村歌学校存在着一些实际困难时，我便想请专家助力促成这一件事。

于是，我联系了县文化馆的夏林青馆长。夏馆长热情地接待了我，但经过一番研究后，却遗憾地发现老歌的曲谱与现代乐器不匹配，没办法录制音乐。我们于是商议为梅蓉村再创作并录制一首新的村歌，我便把这个想法告诉了党工委书记周海萍，他非常赞同我们的想法，这事也就这样定下来了。

2012年3月，我们邀请了县文广新局局长王樟松给村歌填词，邀请县文化馆馆长夏林青作曲，同时委托文化馆负责新村歌的录制等工作。为了亲身感受梅蓉村的历史文化，深入了解新农村建设的情况，掌握更多的第一手资料，王樟松局长和夏林青馆长多次来到梅蓉村采风。他们在走访农户、了解村情的同时，还用脚“丈量”水杉村道、江边绿道、田园水库及村庄的角角落落。他们徘徊在古建筑群的屋檐下，穿行在梅蓉村的巷陌间，用心寻找创作灵感。

经过艰苦的创作，一首梅蓉新村歌诞生了。

这首由王樟松填词，由夏林青作曲的新村歌题为《扬帆梅蓉》，曲调悠扬，歌词唯美。与30多年的老村歌《歌唱九里洲》相同的是，这首歌的歌词

歌唱九里洲

G=1 2/4
中速

马骥进之词
葛麻小维曲

九 里 洲 九 里 洲，洲 上 泥 土 黑 油 油，
九里洲本 是 荒 沙 滩，庄 稼 十 年 九 不 收，
九里洲社 员 志 气 大，个 个 都 是 硬 骨 头，
迎风摆呀，四季水果 满枝头呀，林茂 六畜 旺，哪个不夸 九 里 洲，哪个不夸 九里 洲。
集体化呀，决心改造 九里洲呀，塘泥 填沙 洲，水渠引来 江 水 流，水渠引来 江水 流。
靠双手呀，千年荒滩 变绿洲呀，精神 放光 芒，迈开大步 向 前 走，迈开大步 向前 走 迈开大步 向 前 走！

1965年10月7日，发表于《浙江日报》

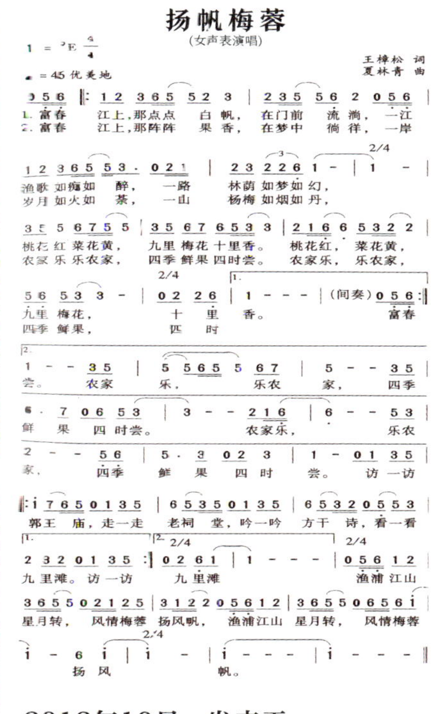

2012年10月，发表于浙江省首届村歌创作演唱大赛

也为三段:

富春江上，那点点白帆，在门前流淌，
一江渔歌，如痴如醉，一路林荫，如梦似幻。
桃花红，菜花黄，九里梅花十里香。

富春江上，那阵阵果香，在梦中徜徉，
一岸岁月，如火如荼，一山杨梅，如烟如丹。
农家乐，农家乐，四季鲜果四时尝。

访一访郭王庙，走一走老祠堂，
吟一吟方干诗，看一看九里滩，
渔浦江山星月转，风情梅蓉扬风帆。

新村歌《扬帆梅蓉》展现了富春江畔梅蓉人家的风土人情、自然风貌和村民的幸福生活，映衬了美丽乡村的喜人变化。歌词充满了诗情画意，新村歌的曲调更是优美大气。如果把新旧两首村歌放一起，如同一张黑白照片和彩色照片的相互映衬，能让人们清晰完整地感受到新中国成立后，梅蓉村振奋人心的发展史。

为让更多的人感受到“歌声中的梅蓉”，2013年3月，我们在落实创作新编一首村歌的同时，又着手开始联系落实本街道的七彩乐队和梅蓉村的妇女开始排练老村歌《歌唱九里洲》。

新老村歌齐亮相

2012年6月21日，“风景桐庐，九里梅香”桐庐县首届杨梅节开幕式在梅蓉村举行。这是一场集摄影采风、观光游、科普展、展销会、自摘自酿杨梅酒等系列活动于一体的盛会，此举旨在展现桐君独特旅游资源优势和深厚文化底蕴，进一步打响梅蓉杨梅品牌，提升城市知名度与美誉度。

在开幕式上，老村歌《歌唱九里洲》和新村歌《扬帆梅蓉》同台亮相。老村歌《歌唱九里洲》是用女声小组唱的形式演出，寓意着再忆梅蓉故事，传承战天斗地、不畏艰险"敢叫荒滩变绿洲"的拼搏精神；新村歌《扬帆梅蓉》用女声表演唱的形式，寓意着"梅蓉精神"巨轮正扬帆起航，引领着梅蓉村民建设更加美丽的新农村。为让演出能更好地突出承前启后的时代感，我们特地组织了桐君街道6位老年人组成的一支乐队进行伴奏，精心安排了4名梅蓉村的妇女上台演唱。她们声情并茂的演唱，给人们留下了深刻的印象，而新村歌与老村歌同台演唱，让观众真切地感受到了两个时代的深情对望。

在"风景桐庐，九里梅香"桐庐县首届杨梅节开幕式上，有6个精彩节目是梅蓉村和社区居民自编自演的，也是开幕式上获得掌声最多的。6月26日，县电视台采访并播出的专访开幕式上具有特色的文艺节目，也是这两个节目。《富春乡韵》栏目分上下两集播出这两个节目，并讲述了这两首梅蓉村歌背后的感人故事，受到了广大观众的好评。节目播出后，有很多人来电话要求购买这两首村歌和《富春乡韵》上下集的光盘。

就这样，时间相隔30多年的两首梅蓉村歌，同样起到了"反映发展真实，鼓励发展斗志"的作用。在"美丽乡村"特色村建设中，梅蓉村的特色文化给人留下了深刻的印象，文化工作发挥了积极的作用。不知不觉间，不少梅蓉人不但学会了新村歌，也会唱老村歌。梅蓉村的村歌真正唱响了！

村歌唱响在京城

更令人高兴的是，梅蓉村歌声还唱出桐庐县，"飘"出浙江省，响彻北京城。

2012年10月15日，由浙江省文化厅、镇海区人民政府主办，浙江省文化馆、镇海区委宣传部承办的浙江省首届村歌创作演唱大赛落下帷幕。在本次高手云集的大赛上，由桐庐县文化馆选送的村歌《扬帆梅蓉》一举摘下创作和表演两项金奖。紧接着，2012年12月15日，梅蓉村女声表演唱《扬帆梅蓉》参加2012年杭州市"欢乐农家"乡镇文艺汇演，又获得金奖。

提到杭州市"欢乐农家"乡镇文艺汇演的情景，确实令人难忘。

杭州市"欢乐农家"乡镇文艺汇演于15日晚上在富阳举行。这次活动是由杭州市文化广电新闻出版局主办，各县市乡镇送的节目一个比一个精彩。轮到《扬帆梅蓉》节目组上台了，6位演员发挥出最佳的水平，她们用动听的歌声和优美的舞姿，完美地表达对家乡梅蓉村的热爱和赞美之情。更精彩的是，配合她们的演唱，舞台背景屏幕上还播放着梅蓉村秀丽景色照片，把九里洲的美丽景色表现得淋漓尽致。舞台上动听的歌声与美丽乡村的“精气神”水乳交融，让人产生身临其境之感，获得了现场观众的热烈掌声，评委们也一致给出了最高分——9.752分。

更令人振奋的好消息还在后面。

2013年9月27~29日，“梦想中国，美丽乡村”第五届全国村歌大赛在北京举办。本次大赛由中国合作经济学会农村社区小康建设专业委员会联合中国大众音乐协会、中国农林卫视、地方宣传文化部门共同举办。在本次高规格的大赛上，由县文化馆选送的《扬帆梅蓉》节目在众多精品节目中胜出，入选“十大金曲”，王樟松和夏林青分别获得最佳作词、作曲单项大奖。

2014年1月11日，《扬帆梅蓉》节目应邀参加在北京举办的2014全国乡村春节联欢晚会暨第五届中国村歌颁奖录制现场晚会。桐君街道纪工委书记分管文化的领导吴国健，参加荣获第五届中国村歌十大金曲奖的颁奖仪

式。同台领奖的还有桐庐县文化广电新闻出版局（体育局）局长王樟松，他荣获“中国村歌十大金曲作词”荣誉称号并参加了颁奖仪式。

“富春江上，那点点白帆，在门前流淌，一江渔歌，如痴如醉，一路林荫，如梦似幻，桃花红，菜花黄，九里梅花十里香……”随着梅蓉村歌在全国唱响，梅蓉文化、梅蓉精神、梅蓉风光，被越来越多的人所熟悉，而越来越多的游客则走进这方有着深邃历史文化和荡气回肠故事的美丽土地。

岁月记忆

岁月流逝，记忆却不曾老去。身怀绝技的老船匠，祖奶奶留下的“嫁妆田”，古庙宇中的“扫盲班”，还有惊心动魄的巢匪经历，等等，都没有时过境迁。这些珍贵的记忆经过岁月的沉淀，更加栩栩如生，与古村落相依相伴。

一部老纪录片的今昔

1963年，中央新闻纪录电影制片厂来到梅蓉村拍摄了一个题为《访梅蓉大队》的新闻纪录片，真实地反映了梅蓉村在20世纪五六十年代“敢把荒滩变绿洲”的奋斗历程。此后，随着岁月的流逝，这部纪录片淡出了人们的视野。40余年后，梅蓉村党委为了传承“敢想敢干”的梅蓉精神，践行全心全意为人民服务的初心，克服了重重困难，村干部两度赴北京，最终在浩如烟海的影视资料片中，把这个老纪录片寻回梅蓉村。如今，这部纪录片已成为梅蓉文化的一部分。

[讲述人小档案]戚潜虎，1951年出生，中共党员，梅蓉村戚家自然村人。先后担任梅蓉经济合作社副社长、梅蓉村党支部书记、村党委书记，此后连任12年。他是梅蓉巨变的重要见证者和亲历者。

口述人：戚潜虎

一

那是2004年下半年，《九里洲巨变》出书后，发到了梅蓉村全体党员、干部、生产组长及村民代表手中，在村里引起了很大反响。老党员们很激动，都说："梅蓉村有过辉煌历史，现在用村志的形式把它记录下来，传承下去，这件事做得好，做得对！梅蓉村党支部和村委做了一件大好事！"年轻人看了这本书很有触动："原来我们村有这么宝贵的奋斗史，真令人骄傲。"听到村民这么高的评价，我们党支部和村委班子成员都打心眼里感到高兴。

但我心里总觉得缺少点什么，因为我想起了这样一件事：20世纪60年代，一个北京来的电影制片厂曾到我们村拍摄过一部题为《访梅蓉大队》的新闻纪录片。记得那一年，英国作家格林、挪威电影公司经理也来梅蓉拍摄过一部题为《梅蓉风光》的影片，向世界宣传梅蓉自然风光。

外国电影公司拍摄的风光片，我们自然是见不到的，但《访梅蓉大队》这部纪录片我们看过：有一次县电影队来我们村放电影时，作为"加映片"放映过这部片子，让村里人着实惊喜了一回，议论了好几天。现在许多上了年纪的人都记得这事。这也是唯一的反映梅蓉村奋斗史的影像资料，算得是我们梅蓉村一笔珍贵的精神财富。如今这部40年前的老纪录片还在吗？要是能把它找回来该多好啊！要知道挖掘、保护、传承历史文化和梅蓉精神，也是我们村建设美丽乡村应有的题中之意啊！我决定要去寻找这部老纪录片。

凭良心讲，我当时考虑问题还是简单化了，心想既然当年县电影队曾来我们村放映过这部片子，那么县电影公司资料库中应该会有这个片子的拷贝，到时"拷"一个过来就是了。我于是抽个时间跑了趟县电影公司。

谁料到，事情比我想象的复杂多了。经过一番查找，县电影公司没有这个老纪录片的拷贝。我感到很失落，但并不灰心，心想县电影公司资料库中没有保存，兴许省电影公司资料库中会有。我于是向县委组织部求助，说明原委和心意，希望组织部领导能出面打个电话，向省电影公司负责人打听一下《访梅蓉大队》这部珍贵的老新闻纪录片的"下落"。县组织部领导答应了。

此后很长时间，这事一直没有消息，我按捺不住焦虑的心情，于当年年底又打电话给那位组织部领导，询问此事的下文。那位老领导告诉我说，已经打电话问过了，省电影公司负责人的回复是：经历了40年时间，尤其是经过了10年"文化大革命"，省电影公司自身经历了许多变迁，这部老纪录片和许多珍贵的影像资料都不存在了，已经无处去寻找了。

期盼了那么久，得到的是令人失望的回答，我那天的心情可用"灰溜溜"来回答。晚上躺在床上，翻来覆去地睡不着。第二天，我又找到了县委组织部那位领导："我想想还是不甘心，还是要去找。省电影公司资料库找不到了，我想到北京去找。原先拍这部纪录片的电影制片厂，也许会保存这个资料……"

县委组织部那位领导见我决心那么大，他点点头说："你如果要去，组织部给你开一个介绍信，为你赴京查找资料提供方便。"

二

数月后，我腾出时间准备赴京寻找这部老纪录片。可是偌大一个北京城，我该从何着手呢？想来想去，还得请朋友帮忙。北京有我的一位老战友，我准备向他求助。打通电话说明情况后，老战友说："你过来，我陪你去找。"

2007年3月份的一天，我来到了北京城。

在老战友的陪同下，我来到北京电影制片厂查找。接待我的工作人员很热情，我说明情况后，他马上到资料库中查找，可最后的结果是"查无此片"。不过他指点给我另一条路子："很遗憾，我们厂没有你们要找的资料。我建议你们到中央新闻纪录电影制片厂找找看，也许会有这个老纪录片的线索。"

抱着最后一线希望，我们来到位于北京三环路上的中央新闻纪录电影制片厂，接待我的是一个叫王莉的女同志。我把情况告诉她，请她帮助查找一下。她热情地答应了，并且马上叫工作人员根据我说的线索，到资料库中去查找。只一会儿功夫，她就告诉我说："你们要找的资料，我们这儿有。《访梅蓉大队》这个纪录片当年就是我们拍的，如今还完整地保存在我们的资料库里。"

我当时真有一种"喜从天降"的感觉，连忙说："我们能拷贝一个吗？需要什么条件和手续？"那位女同志回答说："根据相关规定，要拷贝还得经过我们领导批准，并且还要经过审片确保没有政治问题才行。确定可以拷贝后，你们还得交3万元钱。"最后，那位女同志她需要向领导汇报此事，领导审片同意后，她会及时通知我，叫我先回到村里等消息。

就这样，我告别战友，怀着喜悦的心情，从北京回到了桐庐。

之后我了解到，位于北京海淀区北三环中路67号的中央新闻纪录电影制片厂，始建于1953年7月，于1995年划归中央电视台领导。这个厂是中国新闻纪录电影的主要生产基地，可以说新中国成立后，中国大陆绝大多数的新闻影片都是由这个厂拍摄的。拍摄的题材有国内外重大的历史事件、运动和会议以及外交事物，有对生产建设的报道，也有对名山大川和风土民情的介绍。到目前为止，该厂拍摄的作品有上万部之多。其中有80余部在国内获奖，50余部在国际各种电影节上获奖。中央新闻纪录电影制片厂的代表作品有：《百万雄师下江南》《百万奴隶站起来》《征服世界最高峰》等。

了解到这些情况后，我更感到《访梅蓉大队》老纪录片的弥足珍贵。如今，这部老纪录片终于在浩如烟海的旧影像资料中找出来了，它经历了岁月沉淀后依然被安好地保存下来，我由衷地感到庆幸。不过我还是有点担心：这片子要是“政审”不过关怎么办？要是领导不同意拷贝怎么办？

大约一个多月后，王莉打来电话告诉我说，经过审查，1963年拍摄的纪录片《访梅蓉大队》没有什么政治问题，领导已批示同意拷贝。

接到这个电话后，我的内心真是又喜又忧。喜就不用说了，忧的是到中央新闻纪录电影制片厂拷贝需要，3万元钱。说实话，那几年村搞美丽乡村建设，村集体资金十分紧张，一时间还真拿不出这笔钱，怎么办呢？

想来想去没办法，我决定向桐君街道党工委求助。令人激动的是，当时的桐君街道党工委书记司海静听了我的汇报后，马上表示支持：“这是好事啊！我们街道应该给予支持！”很快，桐君街道拨给我们村3万元专项资金。

3万元资金筹集到位，我顿时感觉腰杆子硬了许多。

2009年6月28日，我为这个老纪录片二次赴京。

这回我连老战友家都没去，而是直奔中央新闻纪录电影制片厂。第二次见到了该厂的王莉同志，彼此熟悉得像老朋友。她和我寒暄了几句后，马上放了一遍《访梅蓉大队》给我看，然后带我去办了相关的手续。她交到我手上的是两份资料：一个老纪录片的电影拷贝，一个该厂刻录的这个老纪录片的光盘。就这样，经过近两年的辛苦寻找，我终于把这部老纪录片带回了村。

三

回到梅蓉村后，我把这部来之不易的老纪录片，首先在村里的一次党员干部会议上播放。大家都听说了老记录片“回村”的故事，都想一睹40年前梅蓉村的“真容”，因此每个人都兴致勃勃地观看起来。只见一阵优美的音乐声中，悦耳的画外音响起：“在杭州西南，有一条美丽的富春江……”

画外音中，一个个熟悉又美丽的画面徐徐展开：波光鳞鳞的富春江上，船儿在富春江上行走，怒放的桃花映红了村庄……“在今年春天，我们访问了桐君公社梅蓉生产大队。这里过去是一个特别穷的地方，水灾、干旱特别多，庄稼十年九不收。自从合作化以来，特别是公社化以来，社员们在党的领导下，依靠集体的力量和国家的支援，艰苦奋斗，埋头苦干，使这里发生了很大的改变。”

纪录片专门介绍了电力给村庄发展和老百姓生活带来的改变：“现在村里有了电力设备，大队有九台电动机，管理电力的是新型农民罗长青，他是第一个掌握电动抽水机的人。有了电，大队建立了粮食加工厂，妇女摆脱了笨重的体力劳动，她们再也不需要用手在臼子里舂米了。村民家有了收音机，如今不出家门，也能知道国家大事了……”

一个个记录梅蓉村巨变的镜头闪过：一群社员正在健步如飞地挑着担子，那热火朝天的氛围，仿佛隔着屏幕也能感受到；几位农家女子正在精心地养蚕，质朴的神情中写着专注与认真；老农民在秧田上撒谷子，老黄牛在田间犁田……扑进人们眼帘的还有深夜大队部的明亮的灯光，这时的画外音更加意味深长：“夜深了，社员群众都休息了，但大队干部还在勤勤恳恳地为老百姓办事，勤俭办事的精神，规划着明天！”

纪录片的结尾，依旧是娓娓动听的画外音：“富春江是美丽的，但更美丽的是这里的人民，是他们艰苦奋斗的革命精神，是他们如花似锦的未来！”

那天，这部老纪录片播放完毕，现场的梅蓉村党员干部激动的心情久久平静不下来，纪录片中那一个个熟悉的身影，让许多人刹时热泪盈眶。

短短不到一个小时的时间，让大家重温了梅蓉人战天斗地的精神，重温了父辈无私奉献的精神，感受了老一辈党员干部们的初心。观看纪录片使大家犹如上了一堂“特殊的党课”，清楚地看到了梅蓉村走过的路，深刻感受到了如今幸福生活的来之不易，也更加坚定了如今的发展信心。

有很多党员眼睛都湿润了，因为在老纪录片中看到了亲人的身影，他们说：“老一辈的梅蓉人真了不起，他们为后代造福的精神，永远值得我们学习。”大家表示，要通过改善环境，整理土地，挖掘历史，汇聚人气，将梅蓉村建设成更具内涵、更具魅力，宜居宜业的富裕美丽乡村。

这个老纪录片，后来在各种会议上播放，那一个个的生动人的画面，总能引起梅蓉人亲切的记忆：“你看看，这是你爸爸年轻时的样子。”“快看看，这是我们家原先的老房子。”后来，这个片子不仅在村里的杨梅节上播放，而且在县里的电视台也有介绍。如今，这个老纪录片已成为梅蓉文化的一部分。

用心抒写“梅蓉巨变”

2004年10月，梅蓉村第一本村志《九里洲巨变》付印成书。一个普通村子能出村史不容易，一个村子能拥有如此翔实而丰富的史料更不容易。《九里洲巨变》一书，将新中国成立后梅蓉村从土地改革、互助合作化、人民公社化、十一届三中全会以后社会主义建设新时期，直至实行社会主义市场经济各个历史时期的发展情况进行了实事求事地呈现。在书中，梅蓉人战天斗地，“敢叫荒滩变绿洲”的精神跃然纸上。这本书很好地展现了梅蓉村独有的人文内涵，并且有力地促进了“梅蓉精神”的回归，从而进一步激发了新时期干部群众发展的积极性。“泥腿子”抒写村史的背后，还有许多感人的故事。

[讲述人小档案] 戚替虎，1951年出生，中共党员，梅蓉村戚家自然村人。先后担任梅蓉经济合作社副社长、梅蓉村党支部书记、村党委书记，此后连任12年。他是梅蓉巨变的重要见证者和亲历者。

口述人：戚替虎

认真盘点“精神财富”

2002年3月，我们梅蓉村换届选举，我当选为梅蓉村书记。这时距离我第一次当选梅蓉村“领头人”已整整过去了6年。有感于村里党员干部给予我的这一份信任，我决心在有生之年努力为梅蓉村老百姓办几件实事。

2003年12月31日，《中共中央国务院关于促进农民增加收入若干政策的意见》出台，并于2004年2月9日公布。这是时隔18年之后中央就“三农”问题再次下发一号文件。文件共22条，提出了一系列含金量高、指向明确的实实在在的政策措施。“一号文件”让我强烈地感受到，发展的好机遇来了。

可是，我们不得不面对这样一个现实：随着时代的变迁和人们观念的变化，过去梅蓉人那种团结一心、战天斗地的精神被弱化了，许多年轻人甚至对过去老一辈当年“把荒滩变成绿洲”的壮举都不甚了解……我和村两委班子的人员都深刻地意识到这一点：要抓住发展机遇，必须重振梅蓉精神。

重振梅蓉精神，要从“抢救”梅蓉的奋斗史做起。我和村委主任柯志潮商量后，觉得要出一本村志，把梅蓉村的辉煌历史和梅蓉人的奋斗精神，用文字的形式永远地“定格”下来，让子孙后代永远传承下去。我想给子孙后代一种宝贵的“精神”，这远比给子孙后代留“金银”好多了。

可是，我们的想法能不能得到全村党员干部的认同呢?

为了听听大家的意见，我们把村两委班子召集起来开了一次会，并把原有的几任老书记都请到会上来谈心，一起回忆过去的奋斗时光，并请大家就“重振梅蓉精神”献计献策。会上，村里历届的老干部们“话匣子”打开了，说起当年开渠引水、改良土壤、创建果园等往事，大家的话头收都收不住，仿佛那热火朝天的情景就在眼前……大家都觉得，为了实现“梅蓉精神”回归，整理挖掘梅蓉村独有的人文内涵，让梅蓉人了解和重温过去的光辉历史，唤起新时期全村干部群众的发展积极性，出一本村志很有必要。

2003年，村两委经过认真研究，正式决定以“九里洲巨变”为题，出一部新中国成立以来的梅蓉村发展史。村里专门成立了编纂委员会和以党总支书记戚潜虎为组长、陈来春老人为副组长和主笔的《九里洲巨变》编写组。具体分工是：陈来春、柯毛富整理资料，其他人协助收集梅蓉村资料；党委与村委主要领导负责筹措出书的资金。此项工作还得了县委党史研究室王建中同志的大力支持，由他对《九里洲巨变》一书的编纂工作进行专业的策划指导。

令人高兴的是，此项工作还得到了“华威建材”“逸冠建材”等民营企业老总的重视和支持，出书的5万元资金很快就到位了。

重拾燃烧的记忆

万事俱备，《九里洲巨变》一书的整理和编纂工作就正式启动了。“泥腿子”要出一本村志，这对梅蓉村人本身是个挑战，主笔陈来春重任在肩。

陈来春曾担任村干部多年，虽然是梅蓉村土生土长的农民，可他却把宣传家乡、记录村史当成自己的神圣使命。与别的村干部有所不同的是，他年轻时就爱好写作，是县广播站的优秀通讯员，为梅蓉村写过很多通讯报道，60年代还被推荐到浙江美院学习两年，是村里唯一的工农兵大学生。

更难能可贵的是，陈来春从年轻时就养成了记录村里新鲜事和收集与村里有关的资料的好习惯。当村干部后，他尽心尽力为村民办实事，虽然工作很忙，但他记录村史、收集资料的工作却从未中断。50年来，他把村里从合作

社时候的一些原始资料都妥善地保留起来，还亲手搜集新中国成立后村里各个历史时期的相关资料，收集发表于全国各地的关于梅蓉村的通讯报道，并将外宾和友人来访的照片进行翻拍保存。那时连纸板箱也没有，为了防潮防蛀，他把收集到的各个时期的梅蓉村资料，都像宝贝似的一捆捆包好挂在梁上。

他担任《九里洲巨变》一书的主笔后，在党史办王建忠同志的专业指导下，一头埋进了这些发黄的历史资料堆中，一丝不苟地挖掘整理材料。为了收集资料和核实资料，确保资料的翔实，内容真实无误，数据正确，他多次到县农业局、党史研究室、档案馆、图书室、县文联等相关单位和部门，查阅了大量历史文献和资料。此外，他还与编写组的其他同志一起，通过举行座谈会和农户家走访，收集了许多口述资料和村民保存的资料老照片、旧报纸。他深信，这些发黄的资料都是值得为梅蓉村后人保存的宝贝，岁月会证明它们的价值。

在此过程中，村两委的干部不但非常重视和支持此项工作，有的还亲自参

与资料的搜集整理工作。丁邦安、朱荣春、陈阿水等一批县里的老领导、老同志也热情地提供许多第一手的宝贵资料。本着对历史认真负责的态度，《九里洲巨变》编写组就本书的初稿终审稿、多次征求有关领导和本村相关村民的意见。村两委还专门组织召开审稿会，对本书内容一字一句进行审核。在大家的齐心努力下，书稿终于编纂完成，书法家候家辉还为我们题写了《九里洲巨变》的书名。2004年10月1日，就在国庆节前《九里洲巨变》付印成书。

一本村史，几多乡愁。

翻开《九里洲巨变》一书，新中国成立后，梅蓉村从土地改革、互助合作化、人民公社化、十一届三中全会以后社会主义建设新时期，直至实行社会主义市场经济，各个历史时期，一一呈现眼前。梅蓉人“战天斗地”的精神跃然纸上。这本书成了梅蓉人的一个“精神家园”，翻阅这本书，不但让梅蓉人看清了自己的“来路”，更明确了今后的前进方向。年轻人进一步明白今日的幸福生活来之不易，也明白了“发展才是硬道理”这个真理。

《九里洲巨变》促进了梅蓉精神的回归，此后我们村的各项工作就有了新的起色，尤其在美丽乡村建设中，我们村两委工作多次获得了县委县政府和街道的表扬和肯定。从2002年当选村党总支书记，此后我连任12年，这期间我为梅蓉村发展献出了自己的力量，最感到安慰的是在大家努力下，《九里洲巨变》一书的编纂完成，我们为梅蓉村“盘点”出了一笔精神财富。

扫盲班的珍贵记忆

新中国成立初期，梅蓉乡积极响应党和政府的号召，开展了轰轰烈烈的扫除文盲运动。当时全乡的文盲率高达80%，扫盲的任务十分艰巨。梅蓉乡8个农会全部创办了“扫盲班”，45岁以下的文盲都进班读书识字。通过不懈努力，大批的梅蓉农民因此摆脱了当“睁眼瞎”的痛苦，不仅提高了文化水平，而且提高了政治觉悟，有的甚至因此改变了命运。由于开展扫盲工作卓有成效，当时梅蓉乡还获得了桐庐县政府授予的“扫除文盲红旗”荣誉称号。

[讲述人小档案]虞金莲，1932年出生，戚家自然村人。1953年加入中国共产党，在村里先后任土改代表、互助组组长、大队支部委员、妇女主任，还担任过梅蓉针织厂厂长。她担任村干部30余年，全程参与梅蓉村从贫困走向富裕的历程。

口述人：虞金莲

从“土改”那会儿算起，我在梅蓉村当妇女干部的时间有30多年。这也是九里洲发生巨变的30多年。梅蓉村农民“战天斗地”干了许多大事，我都能清晰地记起来，新中国成立初期村里办扫盲班的事，更像发生在昨天一样。

20世纪50年代初，全国轰轰烈烈地开展“扫除文盲运动”。当时全国5.5亿人口中有4亿多都是文盲，文盲率高达80%。文盲已成为新中国发展道路上的“拦路虎”，而扫盲成了当时摆在党和政府面前的“头等大事”。

当时梅蓉乡8个农会都创办了扫盲班，而且每个班都是人满为患。这是因为当时农民大多数不识字，上过学的人寥寥无几，读过初中就算是“知识分子”了。在村里不要说普通农民了，甚至一些农会干部也是“扫盲对象”。

我早在“土改”时就从事村里的妇女工作。由于没有进过学堂读过书，是个斗大的字不识几箩筐的“睁眼瞎”，因此工作中吃够了苦头：上级的文件我看不懂，开会的内容不会记，重要的事情只能私下里画画做记号了。听说政府组织农民读书识字学文化，我比谁都高兴，报名比谁都积极。

农民一年到头追着24节气种田，因此扫盲班只在冬天开课，因此叫它“冬学”，农民也叫它“上夜校”。农民学文化的热情高，我们梅蓉村的扫盲班有时雨天或农闲时也会开课，这叫“忙时少学，闲时多学”。扫盲班的“同学们”都是同村的叔叔婶婶，或者是阿姨阿姨夫，以及许多和我一样没有读过书的年轻人，虽然大家年纪有大小，但渴望读书识字的心情一样迫切。

当时扫盲班的条件很简陋：教师没有课本，学生没有课桌和纸笔，大多数扫盲班没有黑板。由于农村还没有通电，因此夜里上课的时候，教室里只能点“松明子”或煤油灯，后来又有了“汽油灯”，那已经算很先进了。

虽然条件艰苦，但农民学文化的热情丝毫不减。担任扫盲班教师的，都是小学教师或者村里读过书的人，他们自带小黑板，往墙上一挂便开课。参加扫盲班的人自带板凳，自备小木板和柴炭当纸和笔，老师用粉笔在小黑板上教一个字，大家便拿着柴炭在自己的小木板上“画”一个字。没有带木板柴炭的人就拿一根小树枝在地上划字。每学会一个字，大家都很开心。

不过，每个人的学习能力终有不同。有的人一段时间下来，可以读写几百个字，可有的人巴巴结结地学，今天学了，明天忘记。更有的妇女是背着抱着孩子进学堂的，每次都是刚听了一会儿，孩子闹腾开了，只得离开课堂哄孩子，一个月下来也学不了几个字，可即便这样，她们依然坚持不退学。

那时上夜校的村民这样形容自己的劳动学习生活：白天刮地皮，夜里划肚皮。“白天刮地皮”，是指在为改良土壤削草皮烧焦泥灰；“夜里划肚皮”，是指睡在床上还在用手指划字，温习扫盲班学的字。寥寥 10 个字，生动地描绘出农民学文化的热情。到 1957 年，我们梅蓉大队扫盲识字成效显著，成为县里的“无盲村”。

最难忘的是一个名叫虞毛根的残疾人。

他是梅蓉村虞家自然村人，他的脚和右手都是残疾的，唯一完好的是左手。在扫盲班里，他虽说身体条件是最差的，家里最穷的，可他却是扫盲班里学习最刻苦的那一个。每次读夜校时，他总是早早到场，老师在课堂上讲一个字，他用左手在地上划拉一个字，生怕漏掉老师的一句话，少学一个字。

他不仅在扫盲班里如饥似渴地识字，而且还给自己“开小灶”。

他利用空闲时间向有文化的人讨教：“谢谢你，帮我看看这几个字写对了吗？”“请你告诉我划船的‘船’字怎么写？”“帮我读一遍墙上那条标语好吗？”……就这样，他见人就问，见字就学，识字越来越多，成了班里的“模范生”。扫盲运动结束后，他由一字不识的文盲，变成了一个能读会写的人。

虞毛根的人生因“扫盲”而改变。后来他当上了大队经济保管员，工作极其认真，每一笔出入账都记得清清楚楚，明明白白，受到了人们的赞扬。

不仅如此，他还成为村里的“文化人”呢。

那时村里设立了广播站，11个自然村每村都安装有一只高音喇叭，每天早上晚上定时广播。广播的内容有上级重要指示，本村新人新事，天气预报，会议通知及转播上级台新闻等。虞毛根每天要读各类文字稿，他从来没有读错过一篇，成为受人欢迎的“播音员”。

就这样，通过扫盲运动，我们村一大批村民摆脱了“睁眼瞎”的痛苦，不但提高了他们的文化水平，也提高了他们的政治觉悟。就拿我自己来说，通过扫盲和自学，我肚子里的“墨水”慢慢多起来，工作也变得得心应手，此后任梅蓉村妇女干部30多年，为梅蓉村巨变尽了一份力，为村里的妇女姐妹们做了一些实事，这都是与扫盲运动和“夜校”老师的培养分不开的。

随着全县扫盲运动的不断深入，后来梅蓉还推行了“速成识字法”，这更把扫盲运动推向了一个高潮，也让村里能读会写的人越来越多。由于扫盲班办的卓有成效，县政府还授予梅蓉乡“扫除文盲红旗”荣誉称号呢。

梅蓉民兵剿匪故事

在梅蓉村村委，至今保存着一面“剿匪治安模范乡”的锦旗，这是1950年桐庐县政府授予原梅蓉乡的荣誉称号。这面锦旗的背后，是一个解放初期梅蓉民兵奋勇追匪的故事，而这段历史被记录，还有故事后面的故事。

[讲述人小档案]方永见，1934年出生，1958年入党，是新中国成立以来梅蓉大队里的第三任党支部书记。他亲身参与了梅蓉村开渠引水、沙地变良田、水果种植、发展副业等发展历程。

口述人：方永见

梅蓉民兵追匪的往事，发生在解放初期。

1950年2月，梅蓉乡人民政府宣告正式成立。梅蓉乡政府下辖有8个农会：孙家为一分会；戚家陈家二分会；王家舒坑店坞三分会；龚家罗家滩上徐家前江四分会；濮家五分会；杨家坞六分会；坞泥口七分会；梓芳坞八分会。农会组织积极配合县政府开展减租减息、剿匪反霸工作。“彻底清剿土匪”“一切权力归农会”，是当时桐庐农村随处可见的标语口号。

当时新中国刚成立，蒋介石留下的土匪特务疯狂地进行破坏活动。据县志等史料记载，当时我们桐庐县境内30人以上的匪帮就有近10个，以陈国梁（青帮头子）、傅元燮及陈标为匪首的窄溪区匪帮，以王之辉为匪首的横村区匪帮等。他们纠集国民党军的残兵游勇聚啸山林，占山为王，杀人放火，无恶不作。

土匪横行、恶霸猖獗严重地破坏了社会秩序，人民群众的安全也无法得到保障。为了巩固新生的人民政权，桐庐县在上级统一领导指挥下，和省内各地一样，大规模地开展了剿匪行动。经过激烈的较量，终于消灭了桐庐县境内有名的几股土匪。到1950年时，剿匪斗争已取得重大胜利，但省内仍有小股土匪在垂死挣扎，他们如丧家之犬一般四处逃窜，惶惶不可终日。

当时我是第三分会（即王家、舒坑、店坞几个村组成的农会）的民兵连长，为了适应剿匪的复杂形势，各农会的基干民兵晚上都是集体居住的，实行的是半军事化的管理，以便随时对付残余土匪，保护村民的安全。

1950年秋天的一个深夜，一阵急促的敲门声惊醒了我。我开门一看，进来两个荷枪实弹的民兵，对方气喘吁吁地说："我们两个是新登民兵，今晚正在追剿两个漏网逃窜的土匪，追到这里不见了，请求你们协助搜查。"

这时，其他民兵听到响动全部起床了。我马上和姚关富、舒应福、汤增兰商量后，立即下令，将民兵分为三组进行搜捕：一组由我带领，从富春江边经上山头往上搜捕；一组沿公路经皇宫里、金宝坞、坞泥口搜捕；另一组在梅蓉全村的角角落落搜捕。几支队伍举着火把，沿路查找，凡是能藏人的山洞、坟堆、草丛、芦苇都不放过，进行细致的搜查。坞泥口的民兵闻讯也参与到搜捕队伍中。

星夜追匪，危险无处不在：我们在明处，土匪在暗处，因此在搜捕过程中，我们的民兵不知道啥时候会挨土匪的"黑枪"。可是，面对危险，我们没有一个民兵退缩，大家摩拳擦掌，恨不得立刻追上去，与土匪决一死战。

解放之初，沿江一带很是荒凉，到处是树丛、荆棘和坟头，民兵们顶着寒风，摸黑搜索，互相呼应，地毯式一路搜索。在搜索过程中，不时有人跌倒在地，更有许多人被荆棘划破手和脸。民兵们全然不顾，一路勇猛向前。

可是，一大队民兵搜索了几个小时，两个匪徒却是踪影全无。难道他们长翅膀飞了不成？天已经蒙蒙亮了，沿江搜索的一路民兵追至桐君山脚，又从东门头过渡来到县城。此时城里的居民已经开始生火做饭，江边惠宾旅馆的早点铺子也开门营业了。民兵们追匪大半夜，已是精疲力竭，又饥又渴，于是走进惠宾旅馆，一是想打听一点情况，二是想吃点什么以补充体力继续搜索。他们绝没想到会在这里与两个土匪"短兵相接"：那两个土匪狂奔一夜，比他们早一脚到达惠宾旅馆，此时正狼吞虎咽地吃早餐呢。

这两人原本已是惊弓之鸟，此时见很多持枪民兵出现在眼前，立即显出了惊慌之色。民兵们见这两人衣衫不整，形迹可疑，立即上前盘问，三句两句就让那两土匪现出了原形。这两人还想夺路而逃，民兵们一拥而上，三下五除二便将他们制服，然后捆得结结实实地送往公安局去了。此时此刻，我们的民兵们意气风发，斗志昂扬，笑声朗朗，一夜的疲惫早已一扫而光。

三分会民兵勇擒土匪的事，很快便在九里洲上传开了，我们梅蓉村农会三分会的民兵走到哪里，遇见的村民们都伸出大拇指称赞：“你们真勇敢！”

为了表障梅蓉民兵奋勇追匪的英勇行动，1950年桐庐县政府授于原梅蓉乡“剿匪治安模范乡”的荣誉称号，并且敲锣打鼓地把锦旗送到了我们梅蓉农会。我们梅蓉三分会民兵“星夜追匪”的事迹在桐庐县成为佳话。

不过，随着时间的久远，这件事也逐渐被人们淡忘了，连我们自己也很少记起。20世纪70年代的一天，时任大队会计的陈来春在一个仓库里寻东西时，在一个角落里发现了这面尘封的“剿匪治安模范乡”锦旗。他原本就是村里的“秀才”，喜欢写写画画，还是县广播站的优秀通讯员，而且非常注重村里历史资料的收集，发现这面锦旗后，马上开始寻访当年的当事人，得知我就是当年的民兵连长后，马上就来采访……于是这段解放初期的剿匪历史得以还原，2004年时，这段经历还收录进了梅蓉村的村史《九里洲巨变》一书中。

村里的500亩“嫁妆田”

九里洲是泥沙淤积而成，总耕地中沙地占了80%，往昔“旱涝交错，十年九荒”是常态。那时梅蓉村有560亩水田，其中506亩不在洲上，而是分布在“三县二十四乡”。这是一笔独特的遗产，因为是祖上奶奶或太奶奶们的“嫁妆田”。当年村里有一首顺口溜，“饭在腰里（饭包），喝在畚里（泉水），鸡叫出门，摸黑回家”，说的就是外出耕作的情景。后来这些土地划归属地所有，梅蓉人也结束了长长的“走耕”历史，如今的“嫁妆田”已经化为珍贵的记忆。

[讲述人小档案] 徐志金，1938年出生，梅蓉村徐家自然村人。他一辈子在梅蓉务农，亲身见证了梅蓉巨变，年轻时曾在梅蓉造船厂当船匠。

口述人：徐志金

人们知道，现在每个学校都有一些离家比较近的学生，他们无需在学校住宿，人们管他们叫“走读生”；可人们不知道，过去我们梅蓉村有几百亩不在本村的土地，耕种要走十几里甚至几十里路，也可称为“走耕田”。

大家都知道，我们九里洲是泥沙淤积而成，总耕地中沙地占了80%。由于沙地蓄不住水，又经不起旱，“旱涝交错，十年九荒”是常态。正如老百姓形容的那样“三个太阳脚起泡，三天毛雨水上灶”，因此过去洲上的土地只能种大小麦、玉米、高粱等农作物，昔日农民吃“粗粮”也是生活常态。

不过，我们梅蓉村过去也有660亩水田，只是其中的506亩不在洲上，而是分布在“三县二十四乡”，具体地说，就是水田分布在桐庐、富阳、新登（那时新登也是县）三个县里的窄溪、旧县、小桐洲、禄渚等24个乡镇。

人们也许会感到奇怪：梅蓉村的田怎么会散落在各地呢？这些田又是怎么来的呢？说来有趣，这500多亩田中，绝大部分都是“嫁妆田”，是数百年来外地嫁进本村妇女的娘家“陪嫁”。那时洲上种不起稻谷，为让自己的女儿嫁到婆家有饭吃，娘家往往陪嫁给她几亩田，娘家富的多陪嫁几亩田，娘家条件差的少陪嫁点。不管怎么说，娘家的一张田契就是最好的嫁妆了。就这样一代又一代，慢慢地梅蓉村就有了分散在3县24乡的500余亩田了。

梅蓉村过去许多人家都有这样的“陪嫁田”，至于是祖上哪位奶奶或太奶奶陪嫁来的，后辈人还真的讲不清楚。随着家族的扩大，这些田慢慢地就成了“堂口田”即家族的固定资产，由后代家族各房轮流耕种，共同享有。

话说回来，梅蓉村在外地的500余亩粮田中，虽然大部分是“嫁妆田”，但也有一部分是有钱人家置的地。如罗家是我们村的财主人家，这户人家的两兄弟很有名，老大叫罗阿茂，曾在国民党部队当过军官；老二叫罗阿梅，是个很有经济头脑的乡间绅士，他有了钱就买屋置地。我们梅蓉村的罗家大屋，就是他与罗阿茂共同造起的。那时罗阿梅在外面置了不少田地。

他是一个很精明的财主，据说有次他为了买外乡的一块好田，天还没亮就乘船出发，到了目的地，他绕着准备买的那块田，左一圈右一圈地走，把那块田的阳光、土壤、水源、土地面积以及周围的环境摸了个一清二楚，然后下山与这块田的卖主坐下来谈价格。他情况摸得准，话说得明白，因此在谈判时总能占据“上风”，用合理的价格买到最好的粮田。

除此之外，还有的人家既没有前辈奶奶留下的“嫁妆地”，自己又没有钱去置田，为了解决吃粮问题，就向村里人租点外面的田种种。我们家的情况就是这样的，解放以前在江南棠川、外喻等地种的田，就是村里的亲友送给我们种的。那时在我们梅蓉村，像这种情况比较普遍的。

这500余亩散落在“三县二十四乡”的粮田，是祖上的奶奶太婆们留给梅蓉村儿孙们的一笔遗产，让许许多多的梅蓉农户谷柜里有谷，米缸里有米，但由于这些

田零零落落地散在各处，因此梅蓉人耕种要多花几倍的力气。

梅蓉陈家、王家、戚家的土地大多数在江南镇上，罗家的田基本在旧县，戚家、孙家的地则在新登……500多亩田有的在平地，有的在山上，最远的有几十里路。春播冬种，村里人要过江、翻山，往往要来回跑十几里甚至几十里地。他们耕作时，要把肥料、种子挑出去，收获时要把稻谷挑回来，既费时又费力，劳动强度很大。由于路途遥远管理不便，因此往往花了大力气耕种，但田里的收成不佳。但即便如此，村民们仍年复一年地到外地耕种，这也是没有办法的事：因为自古九里洲上只有沙土，沙土种不出稻谷，但梅蓉人还得生存，还得吃饭，因此每年到了农忙时节，梅蓉人就“浩浩荡荡”地外出耕作。

那时候，我们梅蓉村里有三只渡船，农忙时清早天蒙蒙亮，三只船就满载

着到外地耕种的村民出发了。村民们带着饭包和农具，穿着草鞋奔赴各地去耕种。有的人家种完一块地，又急急忙忙走几里甚至十几里路，赶到另一块地去耕种。一直忙到天黑了，才返回村里。三只船先后回村时，船上的农户一个饥肠漉漉，精疲力竭。当年村里有一首顺口溜，“饭在腰里（饭包），喝在呑里

（泉水），鸡叫出门，摸黑回家”，说的就是外出耕作的情景。

梅蓉人不但种稻谷辛苦，要把稻谷变成米也很辛苦。我们小时候，稻谷是放在石臼里一把一把舂出来的，而麦粉是用石磨一点一点磨出来的，后来有了牛拉磨，已经算是很“先进”了。有句诗：“谁知盘中餐，粒粒皆辛苦。”真是说得太好了！那时梅蓉人的碗里头的米饭，就是用无数的汗水换来的。

这样的情景，也不知持续了几百年。外出耕作的辛苦，也只有梅蓉人自己晓得。说来说去，还是当年九里洲生存环境差，农民没有粮田苦哇。

这样的状况一直持续到了1958年。

那时开展人民公社化运动，梅蓉村散落在三县的500余亩“嫁妆地”，全部划归属地所有，梅蓉村人就此结束了延续数百年的“走耕”历史。此时梅蓉人心里很平静，因为自1955年以来，梅蓉人经过艰苦卓绝的农田基本设施建设，把富春江的水引上沙洲，把白沙改成黑土，使大片的沙地变成了粮田。梅蓉人用自己的一双手，自力更生，艰苦奋斗，已把沙滩变成绿洲了。

一个多姓氏的古村落

自古以来，九里洲就是多姓氏集聚之地。1000多年来，不同地域、不同经历、不同乡音的人先后迁徙于此，在这方土地上落脚生根，艰苦生存，和谐共处，相互守望。正是一代又一代人的风雨与共，最终齐心把脚下原本是荒滩的土地，改造成了现在的模样——一个美丽、富庶、和谐的梅蓉村。

[讲述人小档案]李龙，1968年出生，江南镇[illegible]村人。当过老师，2011年调文联工作至今，现任县文艺创作研究中心主任。多年来，他潜心研究梅蓉村历史文化，还是2015年出版的《九里洲问梅》一书的执笔人。

口述人：李龙

前几年，我采写《九里洲问梅》一书时，跑梅蓉村的机会比较多，发现了一个有趣的现象：这是一个多姓氏的古村落，在6平方公里的土地上，共有11个自然村19个生产组，全村3000多村民中共有10多个姓氏，而且各自然村大多以姓氏为村名。如洲中心有孙家、戚家、陈家、王家、龚家、罗家，富春江边有徐家，另外还有如汤家、俞家、陆家、上陈家、舒家等。说实话，一个村有这么多姓氏，这在桐庐境内并不多见，而这分明蕴藏着“村庄起源”的秘密。

我查阅资料得知，梅蓉村因特殊的地理位置，历史上人口居住情况变动较大，从外地迁徙到此居住的人较多，所以姓氏较为复杂。如果要问这个村庄到底起源于公元何年？谁也说不清，只知道在晋朝以前就有人定居此地，尔后渐渐有人迁入。由此说来，这个古村落少说也有1000多年的历史了。

梅蓉先人之脚步，是否有迹可寻？采访中听当地人说起，九里洲在宋、明、清时属水滨乡。村庄四面环水，是一个“江心洲”，俗称“洲上”，大小船只都通过小巷埠头上下洲上。历史上富春江几乎年年发洪水，梅蓉这个地方就成了一个天然的“避风港”。正因为这特殊的地形关系，因此最早来九里洲上落户的是靠江吃水的船工、船匠；再后来迁入的人，有的是投亲靠友来的，有的是逃难来的。他们的口音南腔北调，生活习惯各有不同，但有一点是相同的——都是穷人，说到底，这里是个四面环水的荒滩，哪个有钱人会来光顾呢?

那么，梅蓉村后来为何又出现了名门望族呢?

据各姓族谱记载：孙家是孙权后人，陆家是陆秀夫后人，舒坑姚氏是姚天官姚夔后人，王家柯氏是柯约斋后人。而近代罗家大屋的旧主罗阿满，参加过北伐战争，当过黄埔军校的教官；晚清的廪生龚树标曾任省宪法委员会议员18年……这些“名门之后”又是如何与这方土地结缘的呢？说起来很有意思，这些大家族中有许多是为一树花而来，那就是——梅花。

历史上九里洲百姓种梅，完全是因为生存所迫。九里洲自然灾害频繁，白沙地又种不了庄稼，因为梅树易成活、可保土，梅子又可换钱，因此洲上人家爱种梅，且越种越多，最多的时候有3万余株的规模。到了冬季梅花开放，这里九里一色，美得犹如仙境，引得文人墨客纷纷前来，流连忘返，留下了无数传世的诗篇，梅蓉村的村名也因此而得。许多名门望族被这一片“世外桃源”般的景色吸引，有的最后就在这里安家了。

龚氏家族“落户”梅蓉的缘由就很具代表性。

龚氏家族原籍是湖州，其先祖原本是到桐庐做生意来的。明朝正德年间

（1506~1520）乘船途经梅洲时，见洲上梅花盛开，村子靠山面江，风景风水甚好，后来又经过一番考察，感觉更佳，因此就立意迁徙梅洲。龚氏家族聚居地就成了现在的龚家自然村。龚氏一族人才辈出，尤其是晚清“廪生”龚树标，他精书法、善诗词，更是名满富（富阳县）、新（新城县）、桐（桐庐县）三县。

种梅种出了这一番“善缘”，若早些那些种梅的贫苦乡民地下有知，该是又惊又喜，感慨万端了吧。当然，也并非所有的名门望族都“逐梅”而来，如郭氏家族在九里洲上的踪迹，便有些“神龙见首不见尾”。

郭侯王庙是梅蓉村最具代表性的古建筑。现在梅蓉村虽少郭姓人家，也无家谱可考证为郭子仪后代，但据民间代代相传，这座庙宇最早是唐朝名臣郭子仪的后人所建。据分水镇大路里邵村郭震文收藏的《分阳郭氏家谱》记载，唐朝汾阳王郭子仪第八子郭映后裔，自宋熙宁年间（1068~1077）从南京赴睦州仕宦，其家族择居于桐庐尧山，始祖为郭乐济；明时迁居分水天英郭家村，世祖为郭诚之；清朝时其裔孙迁居分水里邵村，后又分支至九里洲。后来迁居梅蓉的郭家后人不知所终，也不知这一支的“名臣之后”遭遇了什么，但郭侯王庙却永远地留在了梅蓉这块土地上，而且几次获重修，数百年香火延绵不断。

舒氏家族在梅蓉的兴衰，也有一些传奇的色彩。

舒氏家族迁居九里洲之后，族人辟山种地，造船烧窑，致富有方。到了元代中叶（1300年前后），该家族到了鼎盛时期，有“梅花洲半洲”之称，可见其富庶程度。舒家后来渐渐衰落。至清光绪二十七年（1901），一场洪灾，房倒屋塌，泥沙殁灶，之后大举外迁，原址只留舒士宽一户、迁罗家二户，外迁印渚、兰溪等地……到了20世纪70年代，梅蓉村开渠引水，把荒滩变绿洲，在开发塔坞时，村民在山脚下2米多深处，发掘出了窑址及一些陶瓷器皿及碎片，这些古旧的碎片，清晰地记录下了梅蓉村舒氏家族的兴衰史。

这里举的仅仅是两个姓氏的例子。事实上，在梅蓉村这方土地上，每一个姓氏的族人在这里落脚生根，背后都有一部波澜起伏的生存发展史。

梅蓉村虽然是个多姓氏聚居的古村落，可从古至今都相处得比较和睦。“善良和谐、相助相容”的村风可谓代代相传。在这里，恃强凌弱者是最不得人心的。据传，早时候有一姓石的人家落户于此，石氏家族在九里洲上形成势力后，欺凌乡邻，以各种方式打压后来聚居于此的村民。最后石家遭遇天灾人祸，家破人亡，整个家族从此消亡，没有留下一个人。梅蓉人因此教育后人：“做人要厚道，过日子要互相帮衬，否则就会像石家一样遭‘天收’了。”

这质朴的语言中，蕴含着梅蓉村的和谐“奥秘”。

上千年来，梅蓉村各姓氏家族和村落之间，相处向来比较和谐。平时大家各过各的日子，但每当遇上有本村人被外村人欺负的情形，各姓氏的村民就一致对外。也许正因为村子里的人心齐，因此历史上梅蓉村被外村强人欺凌的情形并不多。当然，天长日久的，各自然村落也难免会有矛盾和磨擦发生，每当这时，就会有有威望的大户人家出来做个“和事佬”，也就大事化小，小事化了。

梅蓉村的“和谐相融”还体现在数不清的抗灾历程中。

九里洲地形地貌四周高中间低，每当富春江中涨大水，地形低的自然村。往往最先遭遇洪水袭击。每当此时，这些村子的村民就快速转移到地势高的自然村村民家中避灾。这些村子家家开门迎“客”，安排他们吃住。这时候再也分不出谁是陈家人、谁是龚家人、谁是吴家人了，因为在灾情面前唯有互相依靠，根本分不清你我，全梅蓉村就是一个“大家庭”。

更令人敬重的是，梅蓉村民在抗灾中表现出的“舍己为人”精神。1969年桐庐遭遇百年未遇的特大洪水——“七·五”洪水。在这场灾难中，分水镇上的南堡村被夷为一片平地，村里200多人在洪水中丧生。英雄的南堡人凭着“泰山压顶不弯腰”的精神，灾后奋起重建家园……其实，在那一场特大洪水中，梅蓉也遭受了巨大损失：千亩粮田受淹，颗粒无收。可此时村民们却顾不得自己，大队一声号召，各自然村社员发扬风格，纷纷捐物捐款支援南堡。

姓氏不变，乡音已改。新中国成立后，梅蓉人凭着团结一心的精神，在中国共产党领导下，心往一处想，劲往一处使，亲手改变了梅蓉村原本“十里洋滩九里洲，主稼十年九无收。米桶一年空到头，有女不嫁九里洲”的贫穷落后面貌，把昔日的荒滩变成了如今美丽富饶的新农村。

身怀独技的梅蓉船匠

历史上，梅蓉造船业曾兴盛一时，不但为富春江“黄金水道”的繁荣做出重大贡献，而且造就了许多有名的船匠。梅蓉船匠曾经制造过能载140吨的四帆大开梢船，还制造过稳定性和安全性特别好、航行速度特别快的“四不像”开梢船。这种船是钱塘江水系西江船中唯一能出海的一种木帆船。1949年11月，桐庐县组织20余人，派出4艘“四不像”开梢船支援解放定海。

[讲述人小档案] 许马尔，出身于船民世家，19岁当兵入伍。1969年复员回到家乡，后调入县交通局工作。作为船民的后代，他在干好本职工作的同时，还把收集船民风俗及挖掘桐庐美食文化当成自己的人生使命。此后撰写和出版了《山水推富春》等书籍，并成为桐庐名宴“十六回切”的非遗传承人。

口述人：许马尔

匠心独具的“四不像”船

我是船民出身，从小就体验了撑船人凌波踏浪、出入风雨之艰辛。19岁那年我离船上岸，当兵入伍，成为一名光荣的解放军战士。1969年我复员回到家乡后，一直在交通部门工作，我全家人都在岸上安了家，6个弟弟妹妹都生活得很好，祖辈“水上漂”的艰难生活历程，在我们这一代彻底结束了。可我内心对“船”的情结却是一生难解，几十年来光收集整理有关“水上漂流族”的文稿就有100多篇，共30万字，其中就有关于梅蓉造船业的珍贵记忆。

据县志记载，梅蓉村在清朝时期造船业已初具规模，造船技术也颇为有名。光绪年间（1875—1908），秀峰俞氏曾造“百官船”三艘，能载50吨，这在当时已是名动一时了。1935年，梅蓉船匠为船民陈金龙建造出了能载140吨的四帆大开梢船，比当年的“百官船”又技高一筹。当年这艘船就是在钱塘江上也算大船了。据记载，这艘出自梅蓉的大船曾上海并远涉江西九江。那时候富春江上60%的木船都是梅蓉船厂制造的，梅蓉船匠也因此声名远扬。

梅蓉船匠不仅能造大船，而且善于创新。自古以来，富春江就是一条“黄金水道”。20世纪50年代以前，桐庐交通运输主要靠水路，那时候江上运货的木帆船来来往往，其中运量最大的一种船就是“四不像”。这种船下可通江达海，上达七里泷为止。这种“四不像”的船就是梅蓉船匠造的。

所谓的“四不像”船，其实就是一种开梢船的变异。民国期间，钱塘江流域的木帆船有东江船与西江船之分，一般东江嘴以下流域的船型称为“东江船”，东江嘴以上流域的船型称“西江船”，而梅蓉船匠造的船是最具代表性的“西江船”。这种船与东江开梢船相比，有四方面的不同：一是船头形状不同：东江开梢船一般为蟒壳头，船头两边是排浪板，西江开梢船头为方头，排浪靠前倾的蹚浪板。二是船首祛邪保平安的图腾不同，西江开梢船头上画的是太极图案，两侧挂有“龙须”，而东江开梢船头则画有一对“眼睛”。

第三点不同是西江开梢在舷外设有肋爿，该肋爿不仅可以前后走人，逆行时人们可以来回撑篙，而且船在载重时两边肋爿能增加船的浮力，而东江开梢的船体两侧没有肋爿。四是西江开梢的货舱为通舱，敞开式，上盖箬篷，而东江开梢船因抗沉性需要，是用水密隔舱来保证船舶抗沉的。正因为上述四个不一样，因此梅蓉船匠制造的西江船有“四不像”之称。

这“四不像”船名字虽然有点怪异，但水上“威力”非同一般。

这种开梢船一般腹宽4~6米，船长20余米，桅高10米以上，两端正方而后开其梢，是一种两头方型的船只。与其他船所不同的是，开梢船的船舷两边外侧各有一块肋爿挑出，宽约一尺余，由厚厚的杉木做成，平时作首尾之通道，载物时此肋爿刚好浮至水面，可增加船的浮力；遇上风浪大时，当船舶倾斜至一定幅度时，可使船减少摇摆，稳定性和安全性都比较好。再加这种船型船体宽大，多桅多帆，吃水浅，阻力小，因此航行速度特别快。

大风起时，浪卷波涌，呼呼的风声回荡在富春江上，这时江面上其他船只都会手忙脚乱起来，大多会将自己的船只仓促地停到能够避风的港湾。而这种“四不像”开梢船，却依然能威风凛凛，盖过风的怒叫，一会儿往左边转舵，一会儿朝右边攛抢，任凭风急浪高，它安然行驶在这条江面上。

这种“四不像”开梢船，也是钱塘江水系西江船中唯一能出海的一种木帆船。旧时，每年农历二月二十九，严州、金华等府去南海烧香的香客，均会由香头领队在桐庐雇上这种船，到南海普渡山去烧香拜菩萨。1949年11月，桐庐县组织２０余人支援解放定海时，曾派去４艘“四不像”开梢船。

淳朴独特的乡土人情

梅蓉不但出过许多造船名匠，而且还有许多独特的风土人情。

1958年之前，梅蓉村每逢八月十八旧庙节，要先演三天船匠戏。所谓“船匠戏”，就是由船匠出资请的戏班子演的戏。等“船匠戏”演完，才能演各村出资的戏码。由此也可看出，梅蓉村船匠地位很高，造船业是受尊敬的职业。

梅蓉造船业过去还有许多犒赏船匠的“讲究”。如梅蓉船匠为客户造船时，凡制造到了关键部位，客户都要给船匠发红包：大匠制作大梁、桅杆时，客户要给红包；夯油灰的匠人也要送夯灰红包；填匠的技艺高低，是与一艘船的安全性息息相关的。因此在船匠填船底缝时，船家还要为其置办酒水。

新船落水仪式隆重，“讲究”也更多。船头要披红，还要放鞭炮、抛馒头以示庆祝，船匠也要为船家发彩庆贺。届时，大匠会立于船舱大梁后，面朝船头，左手持墨斗，右手提斧头，敲大梁上的铁钉，口中念念有词。常用的颂词有：“浙江严洲府，桐庐到某某船，钉斧一响，生意兴旺；钉斧二响，子孙满堂；钉斧三响，金玉满仓；上行严洲，下到海口，上为顺朝东风，下是山水西风，船到埠头，货等码头，埠埠不停留……’船匠做这些，一是为迎合船家所好，二是为扩大影响，今后多收业务。既是讨彩头，也是造势头。

拍案惊奇的“水上故事”

在漫长的历史岁月中，梅蓉造船业还留下许多有趣的故事。

当年在桐庐的船运业中，以林家三兄弟为代表的林氏家族，在富春江上有着响当当的名气。尤其是老大林天有，更有“林半天”之称：他上通天文，下掌握水性，左手搭人脉，右手有技艺。据说他凭一支撑篙便可以从船上跳至数丈远的岸上，每年桐庐县城做芦茨戏时，“爬雀杆”表演非他莫属。只见他攀至高高的桅杆顶端，或“金鸡独立”，或“倒挂金钩”，或“童子拜观音”，一个个动作敏捷轻松，形似飞雀在桅杆顶尖跳跃，赢得了无数喝彩声。

林氏家族到了林天有这一代恐怕是鼎盛时代，在民国时期他也算是桐庐境内最具实力的一位船民了。他在富春江上名动一时，在家中的地位更高：即使当时三兄弟已各自成家立业，但家族里的一切事务均由林天有一人说了算，他依然是全家族的“掌舵人”。

这个传奇人物，与梅蓉村有着密切的关系：林氏家族拥有的一艘艘四五十吨以上，可以通江达海的“四不像”开梢船，全部出自梅蓉船匠之手。

由于梅蓉船匠造的船好，再加上林家三兄弟撑船功夫了得，因此林氏家族从桐庐载运柴炭一趟趟至海宁，在一次次汹涌的钱塘江潮浪中，其他船民有过船毁人员伤亡的经历，可林氏家族的船队，在江上一次也没有失手过。

不仅如此，梅蓉村还与林氏家族有亲戚关系呢。

原来，林家三兄弟中的老三林天根，他的前妻生下一儿两女去世后，欲娶梅蓉一个大户人家的女儿续弦。对方娘家人提出女儿到林家“填房”不能空着手，意即陪嫁该由林家来出。作为“大伯哥”的林天有，为了促成弟弟的婚事，当即豪爽地答应道：“弟妹陪嫁用一只大开梢船吧！铜钱由我来出，船就在你们九里洲滩上打造，这只船一定比我们林家现有的几只船还要大、还要好。”听到林天有这样的回答，梅蓉大户人家不久便风风光光把女儿嫁过去了。

从此之后，林家三兄弟便有了4艘大开梢船，兄弟三人一人一艘，另一艘则为由林天有的一位伙计掌管。林家每艘开梢船均有三道硬风帆，每次海宁卸完柴炭之后，一起从钱塘江、富春江一路往桐庐方向驶来，4艘船12道风帆大有遮掉半边天之势，故“林半天”由此而出名。

随着时代的发展，道路交路四通八达，富春江的“黄金水道”渐渐失去优势。江中木船渐渐地消失在人们的视野之中，梅蓉造船业早已风光不再，原先造船工场也被荒草淹没。但人们关于梅蓉造船厂的记忆不会抹去，作为船民的后代，我有责任把它记下来，因为它也是桐庐船文化的重要组成部分。

古韵新声

口述桂林

雕梁画栋的深宅大院，静静地立于天地之间，多少风起云涌的岁月，都静静地消融在白墙黛瓦之间。罗家大屋、郭侯王庙、贞洁牌坊……一座座古建筑展现了古代工匠的奇思妙想，还讲述了一个个令人拍案称奇的年代故事。

罗家大屋的历史风云

建造于1914年的罗家大屋，雕梁画栋，气势不凡。它不仅是古建筑的代表，更是记录历史变迁的“活化石”。北伐战争时期，这里曾驻扎过先遣队的官兵；抗日战争时期，罗家大屋曾为“作战指挥部”；20世纪六七十年代，这座古建筑成为梅蓉大队的大队部，当年梅蓉人那些战天斗地、改变自然面貌的“计划书”和“路线图”，都是在这里酝酿策划的。此后，梅蓉人曾在这座大屋里，先后接待了44批次60多个国家482位外国政要和宾客前来参观访问。梅蓉村当年写就的“把荒滩变成绿洲”传奇，从这幢古建筑里传向了世界各地。

[讲述人小档案] 罗济云，1946年出生，梅蓉村陈家自然村人。罗家大屋的旧主罗阿茂的侄孙女，罗阿梅的孙女。生在梅蓉，嫁在梅蓉，一生没有离开过本土，如今她与丈夫在家中安享晚年。

口述人：罗济云

“身世”不凡的罗家大屋

到过我们梅蓉村的人，都知道罗家大屋，有人说它是梅蓉村古建筑的代表，有人说它是见证历史风云的“活化石”，可我对它的感觉简单多了——它是一座熟悉又陌生的“祖宅”，一座发生过很多历史故事与家族故事的老屋。

我们罗家祖上是富户。太公生了10个女儿之后，最后生下了两个儿子，一个是我的大爷爷罗阿茂，一个是我的爷爷罗阿梅。两个儿子虽是一母同胞，但性格却完全不一样。我大爷罗阿茂毕业于保定陆军军官军校，能文能武，横枪跃马走天下；我爷爷罗阿梅只会买田置屋赚家当，一生“窝”在梅蓉。不过这性格迥异的两兄弟，却合起来干了一件大事：建造罗家大屋。这不仅给子孙留下了一册立体的“家谱”，更为后人梅蓉村留下了一份历史文化遗产。

我大爷爷罗阿茂是国民党军官，参加过北伐战争，曾任骑兵团团长，后来还在黄埔军校当过教官。他在军队当官的时候，寄回家148块大洋，由弟弟罗阿梅在家置田造屋。我爷爷罗阿梅精心筹划，分两次建造完成了罗家大屋。这幢古建筑高大宏伟，白墙、黛瓦、马头墙、砖木石雕，两层十间两厢，屋内四周墙头雕刻着戏文故事、花鸟图案等，非常精美。这些雕刻都是当时一流工匠的手艺，彰显出了罗家“大户人家”的非凡气势。

在当时，我大爷爷罗阿茂是这座大宅院的真正的“灵魂人物”。

北伐战争的时候，罗阿茂曾随某部先遣队路过桐庐。当时先遣队的军部就设在罗家大屋。此时的罗阿茂一身戎装，骑着高头大马，威风八面，而他弟弟罗阿梅，还是那个做事小心又周全的乡间财主。不过在家乡人眼中，这两兄弟一个在外面“闯天下”，一个在本土“守家业”，都是光宗耀祖的人。

后来，我大爷爷罗阿茂回到了梅蓉村。

据大人说，大爷爷是在一次大战役中负了重伤，最心爱的战马也因此死在了战场上，再加世事变幻，人事纷扰，他因此变得心灰意冷，伤养好后，这位曾经的热血男儿执意结束了军旅生涯，回到了阔别多年的家乡梅蓉村。

“解甲归田”的罗阿茂，一直居住在罗家大屋。他在当地做了许多“修桥铺路造凉亭”的好事：他修建了青草头的贵梅亭，到旧县、何家边、青源（深澳）都造过亭子，渡二江岸的石板路也是他捐资建造的。

他乐善好施，平时村里人遭遇难关，他很愿意出手相助。据说村里有农户家中死了老人，却无力置棺，一家子哀哀哭啼，悲痛异常。得知这情况后，我大爷爷罗阿茂主动找上门去，送上自己的名片，叫那户人家到窄溪的棺材店去取一口棺木发送老人，棺木钱记他账上……这一户人家度过难关后，一直都念罗阿茂的好。这样的好事他做了好多。

大爷爷虽说一心一意隐居乡下，但罗家大屋却又一次与历史“牵手”。

抗日战争时期，罗家大屋曾作为“作战指挥部”，时间长达半个多月。据村里的老人回忆，有一位师长曾住在这里坐镇指挥，罗阿茂主动协助那位师长，帮他赢得战斗胜利出谋划策。那时的罗家大屋戒备森严，大门口有荷枪实弹的军人日夜把守……就这样，这座老屋连接上了炮火连天的抗战时局。

在家乡人眼里，我大爷爷罗阿茂与罗家老屋一样，有一种难以言述的神秘色彩。记得我很小的时候，见过他老人家，依稀记得他个子很高大，神情很威严，用乡间土话来形容是“总黑着个脸”。在大人一再催促下，我怯生生地喊了一声“大爷爷”，他看了我一眼点点头，“嗯”地应了我一声。在大爷爷面前我吓得不敢说话，一个劲地躲在大人的身后不敢出来。

记得那时村里的一群顽皮男孩子，他们在我面前夸口说：“我敢上去看罗阿茂！”后来真的一个跟着一个地蹑手蹑脚上了楼，可当他们听到我大爷爷的脚步声时，竟然又不敢上前了，然后大家一哄而下地逃下了楼梯。

我大爷爷罗阿茂在世时，没有离开过罗家老屋。由于参加过北伐战争，因此解放后基本没有受到冲击。可我爷爷罗阿梅情况就不同了，他作为“地主”的身份被批斗，颇吃了一些苦头。虽说两兄弟都住罗家大屋，但大爷爷罗阿茂是住在大屋里的一间房中，而我爷爷罗阿梅，则在大屋里的牛栏中住了很长时间。

我大爷爷罗阿茂于1958年去世，他有两个儿子；我爷爷罗阿梅有4个儿子。罗家后人各有不同的命运，分散在各地。如今我大爷爷的孙子罗月园住在梅蓉村，我与堂弟家住得很近。几十年来，逢年过节亲戚们聚在一起，总会到罗家大屋门前站站，绕着老屋转转，这也是我们的一种“祭祖”方式。

今日罗家大屋更好看

雕梁画栋的罗家大屋，北伐战争时曾驻扎过先遣队的官兵，抗日战争时曾为某部的指挥所，它始终“紧扣”历史风烟，在岁月中傲然屹立。新中国建立后，这座古建筑成为梅蓉村的政治文化中心，依旧风光不减。

1950年，新中国实行土地改革，罗家大屋归属于人民政府。这幢大屋此后一直作为当地区、乡政府的办公用房，在这里进进出出的有政府工作人员，也有普通老百姓，大家脸上都洋溢着“人民当家作主人”的喜悦。

到了五六十年代，罗家大屋成为梅蓉大队部所在地。当年梅蓉人那些战天斗地、改变自然面貌的计划书和“路线图”，都是在这里酝酿策划的。事实上，令世界瞩目的“梅蓉巨变”，就是在这里“孕育”和起步的。

20世纪六七十年代，罗家大屋成为一个面向世界的“窗口”。

1966年，时任副总理的李先念和原浙江省委书记江华，陪同阿尔巴尼亚人民共和国前部长会议主席谢胡到梅蓉村参观访问时，就是在罗家大屋堂中央听取汇报，这里至今保留了一张李先念当时坐过的凳子。此后，梅蓉村曾先后有44批次60多个国家482位外国政要和宾客前来参观访问，来此视察的省市级领导干部也很多。每次大队干部都是在罗家大屋汇报情况。梅蓉大队在中国共产党的领导下，依靠集体的力量把荒滩变成绿洲的传奇，就是从这幢古建筑传向了全世界。这幢大屋的影像，也频频出现在世界各国的图片及影像中。

后来，梅蓉大队建起了新村委，可罗家大屋并不落寞。尤其是每年春暖花开，九里洲繁花似锦，来此写生、拍摄的文人墨客络绎不绝。来此游玩的人总要在罗家大屋前驻足停留，看看相关介绍，听听它的历史故事。2019年十一长假，罗家大屋内部又作了改造，成了游客接待中心，各种服务设施一应俱全，大屋左侧还新增了杨梅酒展示中心，罗家大屋与旅游“牵手”了。

新中国成立以来，罗家大屋在政府的保护下，依旧气派不凡，和谐自然。虽说我们这一代罗家人都老了，但罗家大屋依然年轻，并且永远年轻。

郭侯王庙的“前世今生”

梅蓉村有一座郭侯王庙，庙里供奉着唐代忠臣良将郭子仪夫妇以及张巡和许远。这座庙虽然始建年代无从考证，但历史上几次重修却都有记载：清嘉庆辛未年（1811）修，咸丰四年（1854）重修，距今已有300多年历史。为了保护历史古建筑，2002年至2004年，在梅蓉村委的支持下，村老年协会勇挑重任，两次集资对该庙宇进行重修，使郭侯王庙气象焕然、庄严肃穆。

[讲述人小档案]孙升祥，1942年出生，梅蓉村孙家自然村人。17岁考上江西共产主义劳动大学，两年后为照顾母亲辍学回梅蓉务农。于1983年后开始外出经商，是村里第一个“万元户”，后在村里办起蜜饯厂。2006年始，任孙家自然村老年协会会长共6年。是梅蓉村里第一个老年协会会长。

口述人：孙升祥

一

郭侯王庙，位于我们梅蓉村东北角的王家自然村。该庙坐北朝南，长34.5米，宽14.3米，总面积494平方米，整体平面呈规整的长方形，粉墙黛瓦、马头墙、硬山顶，三间三进，整个庙内显得十分整肃。庙里供奉着唐代忠臣良将郭子仪夫妇以及张巡和许远。郭子仪是历史上赫赫有名的汾阳王，是唐代忠臣名将，也是杰出的政治家、军事家。他南征北战，东征西杀，平定安史之乱，收复长安、洛阳，击败了吐蕃、党项的入侵，为唐代中兴立下了汗马功劳。郭子仪戎马一生，屡建奇功，直至84岁高龄才告别沙场。张巡和许远也是唐代历史上杰出的名臣良将，其功劳也是彪炳史册。

数百年来，该庙香火一直很旺，每逢正月半、八月十八（梅蓉村时节），人们杀猪、宰牛抬供品去庙里祭拜，还要连演三天夜庙戏，而夜庙戏中必有一出《打金枝》。四乡八里的人都赶来看戏，郭侯王庙因此成为村里最热闹的地方。

不过人们也许要问：郭子仪是华州郑县（今陕西省渭南市华州区）人，历史上他与桐庐这方土地并无交集，当地也没有郭姓人家，梅蓉村的先祖为何会建一座郭侯王庙呢？

关于这，我小时候听村里的老人是这样说：数百年前，郭子仪后裔中有一支来到梅蓉落脚。他们在这里落脚生存，还建了一个庙供奉祖公郭子仪。后来由于战乱、自然灾害等原因，在梅蓉的郭姓后裔渐渐流散，只在梅蓉村留下了一座年久失修的祖庙。梅蓉人敬仰郭子仪，于是对郭侯王庙集资进行修缮，此后历史上又多次集资重修，郭侯王庙就这样与九里洲融为一体。郭子仪等忠臣良将之英魂，因此得以在梅蓉这方土地上安享香火数百年。

这虽然只是民间传说，但似乎也可以找出一些依据：原先梅蓉村小港是有一座“郭家码头”的，而当年在这一带改田时，下面曾经挖到了类似城墙一样的墙基，这些遗迹与郭侯王庙互相呼应，是否可说明梅蓉历史上曾经有郭姓大家族的存在？

当然，这只能算是一种推测和猜想，但历代梅蓉人对郭子仪等忠臣良将的敬仰却是千真万确的。虽然郭侯王庙始建年代确实无从考证，但历史上几次重修却都有记载：清光绪三十一年（1905），乡人孙云章、孙桂林等募捐再修；1927年重修；2002年再修；2014年4月，梅蓉村举行郭侯王开光祭祀大典。

在《郭侯王庙碑记》上，刻有这样的文字“国之立，必有忠臣良将出，保社稷、安百姓，后世敬重，推为神祇”。重修郭庙，“乃纪念和教化也”。石碑刻字，表明了后人对忠臣良将的敬仰，也道出了重修郭侯王庙的原因。说到底，数百年来，人们是想借郭子仪的赫赫声威，护佑一方百姓平安，而这里头，也彰显了梅蓉村人爱国爱家的一份情怀。

二

说到重修郭侯王庙，不得不提到梅蓉村的两位先贤。清朝光绪三十一年（1905），孙云章、孙桂林牵头筹资重修郭侯王庙。孙云章是我家祖公，他曾任水滨乡自治会议员，后来任桐庐县教育会副会长、桐庐巡警局窄溪分局巡董。两位先贤为此筹资几何？付出了多大心血？这些我都不清楚，但大人说的有一件事情，却令我印象非常深刻：说的是孙云章重修郭侯王庙时，为能找到最好的木料做庙堂大梁，他费力地四处寻访，最后相中了梅蓉村江边的一棵老樟树。那老樟树枝繁叶茂，主干笔挺参天，直径足有一米多，确实是做庙堂大梁的好材料。

终于觅得了修庙的“良材”，孙云章和孙桂林喜不自胜，可令他们想不到的是，买树时却遭遇兜头一盆凉水：大樟树的老主人死活不同意，还口口声声强调老樟树是祖上栽的，皇帝老子来了也不卖。老头把孙云章他们轰出了门，板着脸拿了把交椅在大树底下一坐，摆出了一副要“与大树共存亡”的架势。

对付这么一个倔老头，大家一筹莫展。朋友劝孙云章另外买一棵大樟树做材料，可孙云章却摇头叹气说：“并非大樟树就能派大用场。能做大梁的好樟树原本就不多，能做郭侯王庙的大梁的材质更是可遇不可求啊！”

见我爷爷孙云章这样说，村里有位“智多星”就动开了脑筋。几天后的一个傍晚，他们故意与那家老人套近乎，还拉他到窄溪喝酒去。老人实在被他们软泡硬磨不过，那天终于同意了。老人刚出门不久，我爷爷孙云章就领着一帮人伐了这棵大樟树。当时一行人刚到渡口时，就听梅蓉村方向突然传来一声巨大的响声，那位老人连连跌足道：“不好了！不好了！我家大樟树被砍了！”

那老人拔脚就往回赶，可那又有什么用呢。看着倒地的大樟树他哭了一回，骂了一回，最后也只得接受现实。我爷爷孙云章赔给了老人不少钱，还赔了很多“不是”，但郭侯王庙有了好樟木做大梁，他心里说不出的高兴啊。

那棵大樟树是真是好材。它的主干被当中剖开做了两根大梁，其他粗大的枝干分别做了庙堂的小梁等用场，包括雕花牛腿等都出自这棵大樟树。后来几十年间，郭侯王庙又经历了几次重修，虽然墙倒窗霉烂了，但是那樟木大梁及雕花牛腿等不霉不蚀，木质依旧好好的。

郭侯王庙也是历史的见证。1949年新中国建立后，该庙虽然没有了烧香人，却来了许许多多读书人：这里成为梅蓉村小学所在地，解放初期还办过扫盲班，一大批村民在这里告别了当“睁眼瞎”的命运。那时候的郭侯王庙，白天是小学生上课，晚上是大人扫盲学文化，一天到晚书声朗朗，很热闹。

不过，随着历史的发展，郭侯王庙渐渐冷落了。

1965年，学校迁出后，原先整日里热热闹闹的庙宇逐渐变得“门前冷落车马稀”，此后庙门空设，庙院空旷。再加文化大革命“破四旧”，郭侯王庙的命运可想而知。一年又一年，郭侯王庙由于年久失修，几近倒塌。整座庙几乎被枯枝杂草“淹没”，庙内的大天井里，杂树长得足有碗口粗。

三

不过，郭侯王庙注定不会沉寂太久。

记得20世纪90年代，曾有人来到我们村，提出郭侯王庙可整体搬迁到杭州西湖边，不但可以让这座古建筑得到保护，而且村里还可以得到一笔钱。此事勾起了村民们对郭侯王庙的强烈感情，梅蓉村委的态度很明确：这是我们村的古建筑，是梅蓉文化的一部分，不同意整体搬迁。送走了那批人之后，梅蓉村的干部们强烈地意识到，保护郭侯王庙刻不容缓。村委于是决定集资对郭侯王庙进行修缮，并把这个重要的任务交给了我们村老年协会。

2002年，村老年协会成立了筹建小组，并且向全村发出倡议，号召全体村民及乡贤为郭侯王庙的重修出钱出力，共同参与古建筑的保护行动。这回“打头阵”的是全村的老年人。在带头捐款的同时，老人们兵分两路，一部分清理荒芜多年的古庙现场，一部分外出筹资，我就是筹资组的一员。

我们除了在本村集资，还走出梅蓉村到周边乡镇及杭州等地，到梅蓉村的乡贤、外嫁女、在外地工作及做生意的人等处募捐。每到一处，我们都要讲一遍重修郭侯王庙的意义：“郭侯王庙在梅蓉村几百年了，历史上也修过好多回，如果在我们这辈人手里倒掉，那是让子孙后辈笑话的。保护文物古迹，人人有责对不对？”你别说，村民和乡贤们很给力，纷纷慷慨解囊。就这样，经过一番努力，我们一共筹集到了68000余元资金。虽说与整个工程所需资金相比，这笔钱是远远不够的，但不管怎么说，庙宇重修工程终于可以动工了。

工程实施过程中，我们老年协会处处精打细算。如当时请小工每天要40元钱，为了节省资金，我们动员一些身体健康、力气较好的老

年人来帮忙，每天付10元钱补贴。我们同时把话向老哥老姐们说清楚："我们村老年协会要实施这个工程，可手中的钱只有那么一点……大家来帮忙，我们每天给10元钱的补贴，也就是说给一斤米、一包烟、一点油盐钱。这点钱只能算老年协会对大家表示的一点点谢意。相信大家齐心努力，一定能办成这件大事。"

就这样，我们边筹款边重修郭侯王庙，于2002年4月28日动工，当年9月竣工。庙内重塑了郭子仪等忠臣良将像，还设立了"永馨碑"，上刻"继传统重修郭侯庙，慕捐资万事俱兴旺，积公德芳名存千古，明大义世代皆安康"的字样，彰显了梅蓉村实施此项工程的意义。2014年，村老年协会筹得一部分款后，又对工程进一步完善，并于庙前建牌坊一座，使整个郭侯王庙更加庄严肃穆，而庙前"郭侯王庙"四个苍劲挺拔的大字，系我县书法名家胡泰法的手迹。

2014年4月，梅蓉村举行郭侯王庙开光祭祀大典，当天庙里开斋饭三四十桌。从四面八方赶来庆贺的人足有几千人，郭侯王庙一时间盛况空前。更喜人的是，郭侯王庙开光祭祀后第18天，逗逢第三届"桐庐百姓日"，村中60周岁以上老人齐聚于郭庙，共享政府提供的免费"孝老幸福餐"。

贞节牌坊背后的故事

梅蓉村原先有一座皇帝钦赐的贞节牌坊，牌坊正中有圣旨石牌名“金贞玉璞”4个字。这是清道光十二年（1832）皇帝钦封的。这座石牌坊后面，是一个女人悲惨的人生故事。半个多世纪来，围绕着这座贞节牌坊发生的破坏和保护的事实发人深醒，而文物盗贼的猖狂行径更令人愤慨。不过人们深信，有一天石匾终将重归梅蓉村，牌坊后面的故事还会续写下去。

[讲述人小档案] 孙升祥，1942年出生，梅蓉村孙家自然村人。17岁考上江西共产主义劳动大学，两年后为照顾母亲辍学回梅蓉务农。1983年后开始外出经商，是村里第一个“万元户”，后在村里办起窑货厂。2006年始，任孙家自然村老年协会会长共6年。是梅蓉村里第一个老年协会会长。

口述人：孙升祥

龚家女儿的悲剧

我们梅蓉村原先有一座贞节牌坊，石匾上题刻着“金贞玉璞”4个字。我们小时候每天上学读书都要经过那儿。关于这座牌坊的来历，大人说那是清朝的道光皇帝为了表彰梅蓉村一位妇女而赐建的，因为那个女人为未婚夫“终身守节”。长大后我才明白，这座牌坊记录的是一个多么悲惨的故事。

故事是这样的：江南镇某村有一户龚姓人家的女儿，19岁时父母作主许配给了我们梅蓉徐家自然村一个叫徐得绅的儒士。徐家是当地富户，据说他家每天早上打开窗，便可看见江对面自家的“良田千亩”。而与之联姻的江南龚姓也是大户人家，龚家女儿性格温柔，容貌俊美。父母还请人配过八字，说龚家女儿和徐儒士八字很是相合。人人都说这是门当户对的金玉良缘。

可谁也想不到，就在龚家欢欢喜喜地准备嫁女之时，徐家儿子徐得绅却

贞节牌坊上的“金贞玉璞”

短命夭亡，两家人顿时陷入悲痛之中，一桩好婚姻倾刻变泡影。想不到的是，龚家女儿却坚持要见死去的未婚夫一面。父母拗她不过，只好将她带到梅蓉村徐家灵堂前。这是龚家女儿与未婚夫徐得绅见的第一面，也是最后一面。龚家女儿哭得悲戚无比，犹如祝英台哭倒在梁山伯墓前。这龚家女儿是哭短命的未婚夫，也是哭苦命的自己，因为古时候讲究的是“好女不嫁二夫”，“嫁鸡随鸡，嫁狗随狗”，因此她在号啕大哭的同时，也对自己的命运做了安排。

果然，龚家女儿对父母表示她要留在徐家，要为未婚夫戴孝并表示将终身不嫁。父母悲痛难忍，苦劝女儿不听，只得哭着把女儿留在梅蓉徐家。从此这龚家女儿便成了一个青春守寡的未亡人。这事一下子便在十里八乡传开了，有人赞叹，有人惋惜，更有人摇头断言龚家女儿坚持不了几年，因为她毕竟正处19岁的青春年华。人们想不到，龚家女儿终身不嫁，未婚守寡整整52年。

龚家女儿这52年过得不容易。常言道“福无双至，祸不单行”，徐家原本是富户，可在徐得绅去世后，家道一落千丈。先是有人举报徐家“藏私盐”，官家兵马一阵抄查，徐家钱财抄去大半，接着又遇富春江发大洪水，把他家对江的“千亩良田”冲成一片荒滩。梅蓉徐家的光景从此败落。可即便如此，龚家女儿却是矢志不渝，在贫穷中守着未婚夫的牌位过了一生。

她去世后，贞节事迹被层层上报至朝廷，最后皇帝批下银子，于道光二年(1832)旌表建坊。这座高大气派的表彰龚氏的贞女坊，此后一直耸立在梅蓉村郭侯王庙前的左边。这个可怜的女人用一身的悲苦，换来的是冷冰冰的牌坊上“金贞玉璞”4个字，她最终化身为人们饭后茶余的一个故事。而那座朝廷赐造的贞节牌坊，在“文革”前是九里洲上的一道风景。

贞节牌坊的“劫难”

这座贞节牌坊是于“文化大革命”“破四旧”中拆除的。牌坊很坚固，为了拆除它，大队民兵专门搭起一个大的木架子，然后一块一块往下卸，一大帮人费了老大功夫。拆牌坊围观的人又一次提起龚氏悲苦的一生，都是封建观念害死人。封建制度是“吃人的制度”，大家都说牌坊拆得好！

这座贞节牌坊被拆除后，变成一堆废弃的石头长年累月堆在那里，慢慢地被荒草淹没，后来人们进行废物利用，捡去派了各种各样的用场。

20世纪90年代，有一天县文物管理办公室主任许重岗来到我们村，他向村委提出："金贞玉璞"贞节牌坊是梅蓉村重要的历史文物，也是梅蓉村的一笔文化遗产，应该想尽办法把现有的构件找回来加以保护。许重岗为人热情，为保护桐庐古建筑古村落做出了重大贡献，是桐庐有名的文物专家。村委对他的建议非常重视，于是就把寻找贞节牌坊构件的任务交给了我们村老年协会。我是梅蓉村老年协会的理事，理所当然地全力以赴参加此次文物保护行动。

这事做起来不容易。经过了20多年，"金贞玉璞"贞节牌坊的许多构件都踪影难觅。不过，经过我们老年协会的努力，一些重要的构件还是被找到了。其中的4个石柱子在王家自然村找到，一个石构件在水沟里发现，而"金贞玉璞"石匾成为一件水塘边的踏板，人们踏来踏去已习惯成自然。

令人高兴的是，毕竟时代不同了，人们支持文物保护行动，如我们那天与自然村商量要把水塘边的石匾撬出抬走时，现场没有一个村民发牢骚，自然村的村干部说："你们把石匾抬走吧！只要把水塘边重新填平就好。"

就这样，"金贞玉璞"贞节牌坊散落的主要石构件，又开始重新"集结"并就近被安置在郭侯王庙内。所幸的是，经历了几十年的风霜，石构件上的字迹依然清晰。这时我才细细地品读起了石刻文字。只见方形石柱上从右往左依次用楷书题刻了一行大字"旌表已故儒士东海郡徐得绅未娶妻龚氏之坊"。我不由得再次感慨：虽说作为历史文物，这座贞节牌坊是宝贵的，可龚家女儿用一生的幸福，换来的只是青石建筑物上这冷冰冰的19个字，实在是不值啊。

想不到的是，这块贞节牌坊的"劫难"并没有停止。

那是2008年的元旦，那一天上午，村里一位老妇人急匆匆地跑来告诉我，说："有件事我来告诉你们：我刚才到郭侯王庙内去，发现里面摆放的'金贞玉璞'石匾不见了，可能昨晚上被人偷走了，你们快点去看看吧！"

一听这话，我真急了，连忙约了几个人跑到郭侯王庙去查看。果然，

“金贞玉璞”石匾不见了！而郭侯王庙前的泥地上，有几个深深的鞋印，不远处的地方还有拖拉机停留的痕迹。显然这块重达五六百斤的牌坊石匾是被盗窃文物者抬上拖拉机运走的。我们立即把此事报告了村委，村委报告给了公安局，公安局立即派人来查看，可盗窃文物者十分狡猾，这案子至今未破。

就这样，“金贞玉璞”石匾在我们眼皮子底下消失了，为这事我们老年协会的几个负责人心里很不好受，我们顿时感受到保护历史文物责任重大。

后来，我们得知了一个消息，就在这块石匾被盗的前一个月，县委宣传部的吴宏伟（当时的他还是小学老师）冒着酷暑将“金贞玉璞”石匾和旌表坊额进行了拓片。“金贞玉璞”的拓片长达3.2米，宽0.6米；旌表坊额虽然窄了点，长度也是3.2米。吴宏伟说，这是他见过的桐庐最大的牌坊坊额构件。听到这个消息，我们老年协会的老哥老姐们心里感到了些许的安慰。毕竟，“金贞玉璞”原件的“影像”被保留下来了，我们是从内心感激吴宏伟呀。

后来我还听说，吴宏伟花了整整12年时间，脚印遍布了桐庐山间水边，无论寒暑秋冬，不停歇在野外考察，出品400多张拓片，用自己独有的方式留住了桐庐的石刻历史。他真是一个有情怀、有毅力和值得尊敬的人。

“金贞玉璞”石匾被人盗走已10余年了，但是我们深信不疑：有一天这块石匾还会重归我们梅蓉村，“金贞玉璞”牌坊后面的故事还会续写。

写在经堂里的民间传奇

余庆庵，据传始建于清朝嘉庆年间，不过至今无据可考。这个庵堂位于前江自然村村北的一处田畈里，与郭侯王庙仅相距百米，当地人也叫“经堂”，过去是九里洲信仰佛教的女性教徒诵经修行的地方。别看它如今野藤缠绕，破败坍塌，荒凉不堪，原先可是梅蓉古村落四大古建筑之一。那时经堂终年香火缭绕，梵音阵阵，远近有名。更令人关注的是，这里还流传着不少令人拍案惊奇的民间传说，据说，当年遁入空门后的“小白菜”就曾在此地修行过。

[讲述人小档案] 陈胜汉，1947年5月出生，梅蓉村前江自然村人，中共党员。1967年毕业于严州师范，先后在县内多所小学任教。2001年8月提前退休，现在家中颐养天年。

口述人：陈胜汉

说起“小白菜”，我们并不陌生，她是清末四大奇案之一的“杨乃武与小白菜”一案的女主人公。这起发生在浙江余杭的惊天大案，案件曲折离奇，跌宕起伏，就连满清最高统治者慈禧太后，也亲自参与此案的审理。该案最终的结局是杨乃武与小白菜两位无辜之人得以沉冤昭雪，而牵涉此案的浙江巡抚、学政、杭州知府及以下大小100多名官员，为此摘掉了“顶戴花翎”。

“杨乃武与小白菜”的故事，通过戏剧、电影、电视等传媒流传甚广，影响深远。据相关史料记载，杨乃武劫后余生已是残废之人，双腿无法正常走路，家中更是一贫如洗，后来以祖业种桑养蚕为生；受尽酷刑的小白菜，出狱后也是无家可归，衣食无着。看破红尘的她，于是在余杭准提庵出家为尼，法名慧定，从此与青灯古佛为伴，吃斋念佛，苦修来生。传说小白菜修行期间，曾云游至梅蓉经堂，在这里潜心诵经修行，住过很长一段时间。

小白菜于民国十九年（1930）年圆寂，终年76岁，死后安葬在余杭安乐山东麓。这些都是白纸黑字，有据可考。只是关于小白菜来梅蓉经堂修行一段经历，没有留下相关记载，也无处考证，只能算是民间传说而已。

说到这里，我想起了一个人，他叫叶才生，是富阳来的道士。他以帮人做佛事、办丧事为职业，曾在经堂附近住了几十年，后来还在本地成了家。

说到小白菜来梅蓉经堂修行的事，他始终这样说：“这不是传说，是真有其事，因为当年梅蓉经堂名声很大，香火鼎盛，小白菜是慕名来此修行。”

道士所言，虽然也是猜测，但当年梅蓉经堂香火旺盛，信徒众多，却是不争的事实。余庆庵原建筑为三间三进，坐北朝南，卵石墙，双坡硬山顶，进门上方设韦陀菩萨，后进供观音娘娘神像。天井两边左设经房，右为居室，东面建有侧屋，是供居住及伙房之用。经堂的后进四根方形石柱上刻有两对意境悠远的楹联，一为“云去云来谁是主，花开花落自成空”；二为“竹影横斜笼法案，钟声断续出清泉”，那字苍柔相济，意趣天成。

经堂的西厢间，是闭关修炼“坐莲经”的地方。据说有一个女子为“修阴德”，来到余庆庵后便不曾离开半步，在这里一住多年，最后坐化在经堂中……这似乎印证了原先余庆庵香火鼎盛和声名远播的事实，同时也为“小白菜”来梅蓉经堂修行一说增加了合理性。

不管怎么说，有一点是肯定的：无论是九死一生的“小白菜”，还是在梅蓉经堂坐化的无名氏，都是今生“命比纸薄”，一心一意只想修来生的苦命女子。虽说“小白菜”

前江经堂（遗址）

与梅蓉经堂的缘分无法考证，但这个传说却一直流传了下来，为余庆庵平添了几分神秘和深沉。

令人惊奇的是，余庆庵还住过一位来自诸暨、曾经名震四方的“历史英雄”，他的名字叫包立身。不过这回可不是传说，许多事实都有证可考。

据《民国桐庐县志》记载，清朝同治年间，余庆庵来了一位伟岸的男子，他自称是诸暨包村人，叫包大孝，说“长毛”洗劫了村子，他无家可归，因为一直信佛，因此希望能寄食经堂内……这位男子从此在经堂侧屋住了下来，除了吃斋念佛，还帮庵堂干些杂活。后来与一信佛的妇人一起，迁居钟山佛堂。此后这位“包大孝”在桐庐生活了30余年，一直到光绪年间去世。

在“包大孝”生前，人们对他身世的猜测从未停止。

有人说他就是清朝咸丰年间率众英勇抵御“长毛”、名震一方的英雄包立身。所谓的“长毛”，是老百姓对太平天国军队的称呼。当时包立身在乡间组织起一支强大的武装力量守卫家园。根据《枫桥史志》记载，咸丰十一年（1861）十二月至次年六月，太平军调集大批兵力攻诸暨包村，大小数十战，包立身英勇无敌，杀敌无数，苦守家园。六月底，包村弹尽粮绝，又被断水源，太平军自地道攻破包村，村中老弱妇幼17000人无一幸免，包立身的妹妹被五马分尸，包立身本人去向不明……不过，《枫桥史志》另有记载：一说包立身已阵亡；另一说在桐庐县九里洲余庆庵削发为僧，更名包大孝……据《民国桐庐县志》记载，曾有官员亲自召见包大孝，经多方试探其过往，可包大孝始终是笑而摇头不语，嘴里含糊其辞地只说两个字：“作孽！作孽！”他虽说没当面承认，但这位官员基本认定，这位包大孝即包立身。

光绪年间梅蓉余庆庵里的包立身画像

关于这位包大孝，梅蓉人印象很深。不过与史料记载稍有出入的是，史料上说包立身妹妹已经五马分尸，而梅蓉人说包大孝是兄妹两人住在经堂。还说兄妹俩很是和善，经常帮村民干活，但对自己的过往始终避口不谈。哥哥包大孝力大无穷，到江边挑水不用扁担，总是两手提一对大水桶健步如飞……

如果说，“小白菜”曾在余庆庵潜心修行的传说，激起了人们对这位“命比纸薄”的美貌女子的深深同情的话，那么“保家卫民杀长毛”的英雄包立身曾隐居余庆庵的民间记载，是为九里洲平添了一股英雄气。此外，有关“十八斤重的金菩萨”的民间传说，则又为余庆庵增加了一种神秘的色彩。

传说不知哪年哪月，有位徽州朝奉路过余庆庵，他在此逗留后，留下几句偈语：“前面双眼堂，后面紫竹林，若要藏（指金银财宝），在堂中堂。”

短短几句偈语，掀起了一阵疯狂的寻宝行动，余庆庵从此不太平了。一批又一批人聚集在此，对照徽州朝奉留下的谒语苦苦猜度，他们不约而同地把目光对准了陆家自然村。当时的陆家村，村前有一个水塘叫双眼塘，村后面有一片紫竹园，与谒语中所描述的有六七分契合度，这一下陆家自然村遭殃了。大批寻宝人蜂涌而至，把陆家村四周土地挖了个底朝天，陆家村民叫苦不迭。“寻宝行动”最终一无所获，那些寻宝人这才悻悻而归，但终是心有不甘。

几年后，余庆庵里又传出奇事：说是有个在经堂干活的杂夫，晚上梦见一个胖娃娃钻他穴里，梦醒后正值凌晨时分，他披衣起床，此时四周还黑漆漆的，可葡萄架下却现出一束亮光。他深感有异，于是拿把锄头去挖，竟挖出一个18斤重的金菩萨。杂夫于是带着宝物不辞而别，不知去往何处。这则民间传说很神秘，后人猜测是有人故意生此故事来“消灾”，因为只有让人们相信“金菩萨”已被人挖走，那些极具破坏力的“寻宝行动”才会消停。

随着时代的发展，梅蓉的余庆庵早已香火冷落，后来就变成了村里堆放农具、杂物的处所。由于年久失修，经堂在20世纪的80年代倒塌，如今只剩下几堵残垣破壁，被茂密的木莲藤紧紧缠绕着立于风中。到如今，昔日袅袅的炉烟香火，还有此起彼伏的诵经声早已消烟云散，归于虚无。只有与梅蓉经堂相关的“小白菜”的传说、包立身的故事，还有“十八斤重金菩萨”的传奇，依旧是那么生动鲜活，梅蓉人每当饭后茶余说起，还是那样津津有味。

乡间传奇人物王世相

王世相是清朝乾隆年间的传奇人物，据说他武功高强，爱打抱不平，一生做了许多惩恶扬善的好事，而关于他的民间传说也在桐庐广为流传。虽说口口相传的民间故事会有加工成分，但这个有着传奇色彩的“乡间英雄”，在梅蓉村的历史上却是真有其人。在梅蓉村王家自然村的山上，至今有王世相坟墓，而王家的家谱上，还有关于王世相的人生传奇记载。

[讲述人小档案] 王志云，1958年出生，王家自然村人，也是梅蓉村历史传奇人物王世相家族的后裔。他一直在梅蓉村里务农，还是乡间一名出色的泥水匠。

口述人：王志云

在我们梅蓉村，关于王世相的民间传说已流传了数百年，尤其在我们王家自然村，几乎老老小小的人都会讲关于王世相“飞檐走壁”的民间故事。

传说中的王世相，家道贫困，从小给人放牛。他少年时会几下拳脚，爱打抱不平，因此得罪了当地一些地痞流氓，家中日子很不好过。清朝乾隆年间，一个偶然的机会，他跟着一位“神仙姐姐”习武三年，学成归来后他功夫超群、力大无穷，站立时8个大汉推不动，双手可拎门前的石狮子。从此，地主恶霸再也不敢欺负王家人，他也成为一个身怀绝技、威震一方的传奇人物。

说实话，听王世相的传说，简直比看武打片还过瘾，可传说毕竟是传说，是人们饭后茶余的消遣。至于梅蓉村历史上是否真有这个人？关于他的故事是不是真实发生过？这些都无从探究，也无人追究，谁也不会当真。

可是有一户人家却当真，那就是我们王家，因为王世相是我们的祖先。

小时候，每当大人讲王世相的传说时，末了总会加上一句：“这个王世相啊，是我们王家的祖先，是你们的祖宗爷爷。”小时候每回听大人这样说时，我感觉特别自豪，甚至有时候听小伙伴津津有味地讲王世相的故事时，我也会骄傲地插上一句：“王世相是我家的祖宗爷爷！”小伙伴不信，还有人笑我吹牛，我大声说：“我们有家谱，王世相的墓还在，难道那也是假的？”

我这话说得理直气壮，是因为我有证据的。

小时候，我就见过发黄的旧家谱，后来我还见过新修的家谱。据家谱记载，我们王氏家族自明宣德八年（1433）从富阳华墅迁徙至桐庐梅洲。我们王氏家族系北宋王延龄之后裔，祖辈撑船为业，开过豆腐坊。家谱上有关于王世相武功高强、除暴安良的故事，还有他的画像。只是我对家谱上那些文言文实在读不懂，因此也无法说什么。不过对少年时的我来说，只要家谱上确实有王世相这个人就行，因为那证明我没有吹牛，我们王家确实出过武功高强的英雄。

那些在民间流传甚广的传说，也并非完全是杜撰，其中一些在家谱上有记载，如兰溪“王家码头”的传说，在家谱中就有提到。

这事在民间传说中是这个样子的：那一年王世相与人合伙，从九里洲装了一车梅子到兰溪去卖。那天他们卖完梅子路过一家药店时，看见一个和尚正在暴打店里的伙计。他向旁人打听，方知这和尚要到店里买一种贵重药，但店里没有货，和尚却认定药店有货不卖给他，并且抬手就打人，打得店里的伙计跪地求饶，和尚还是不肯甘休。王世相实在看不下去了，站出来对和尚一声断喝：“你乃出家之人，怎能如此蛮横无礼？”那和尚见有人阻拦，十分恼火。他见王世相长得瘦小，因此根本不放眼里，还骂：“你这野种，敢多管闲事？”说着冲过来对着王世相就是一拳。想不到王世相眼捷手快，灵活避开，并趁势跳到和尚背后重重还了一拳。和尚大怒，挥舞双拳向王世相打来，王世相借力打力，见招拆招，没让这恶和尚占得一点便宜去，和尚于是更加张牙舞爪。

这一场大打，从店里打到街上，从码头打到船上，从中午打到傍晚都不分胜负。江边看热闹的人已是人山人海，因为那和尚作恶多端，因此看热闹的人一边倒地都为王世相助威：“打打打！打死那臭和尚！”

这时候，那和尚用出了绝门武功，他“嗖”地飞到了桅杆顶上，盘腿而坐，来了个“童子拜观音”的动作，想居高临下对王世相下手。可王世相也有“绝活”：他小时候给财主放牛时，每天要对牛栏门口一棵树的一个小树洞里远远地吐两口唾沫，天长日久竟练成绝活——向远处目标吐唾沫时，就像射出子弹一样精准无误……此刻他决定用这一手制服恶和尚。

他随手从衣袋里摸出两颗梅子吃起来，然后对准和尚“扑扑”两声，把两颗梅核射出去，只听和尚“啊”地大叫了两声，从桅杆上跌落下来，只见他两颗眼珠子已经挂在外面了。这时候远近看热闹的人欢呼声蓬然而起。

王世相为兰溪百姓除了一害，沿街的店都要给他送礼，可王世相说：“我啥也不要，只想在埠头上要块方寸之地，好让我们桐庐的船过来有个地方停靠。”那些商家齐声答应：“好好！地由你挑，要多大地方由你丈量。”王世相说：“不用挑也不用量，我只要一跳之地。”结果他一跳竟跳过了埠头下排列的18只船头。从此之后，这18只船停靠的地方，就成了桐庐县在兰溪的专用埠头，后来当地人直接叫这个埠头为“王家埠头”。

当然，民间故事有声有色，可家谱上只有寥寥数语。也许是出于一种好奇心吧，那一年，有次我到兰溪办事时，专门到传说之地去走了一遭。当我发现兰溪城大桥边果真有一个“王家码头”时，心里真说不清楚有多激动。

王家家谱上，不但记载着许多类似的家族故事，还记载着家族来历：原来我们王家祖籍山西太原，因为逃难来到九里洲落脚，在这里慢慢繁衍成了一个大家族，因此我们所在的自然村叫“王家”。后来一场大瘟疫袭来，王家大大小小死了很多人，据大人说，那时候王家的一块庄稼地里排满了坟墓。经历那次疫情后，王家从此败落，侥幸活下来的人，也是贫病交加。

为了生存，王家人后来有的做匠人，有的去撑船，有的做生意，很多人因此在外发展不回村了。慢慢地，留在梅蓉村的只有我们一户而已。相反的，当年村里势单力薄的柯姓人家，后来却是家道中兴，慢慢发展成了一个大家族。这也是我们这个自然村虽然叫“王家”，但村里人绝大多数都姓柯的原因。我们王家的家谱后来被带到了杭州，至今还在我家兄处保存。

虽说王氏大家族不在了，但王世相的传说却留了下来。留在这里的还有王世相的坟墓。王世相的坟墓原葬于谢家塘头，后来被我奶奶移到了移木坞柯阿中山上。我听人说，移坟的时候，有人见到了王世相的遗骨，说是“细细的几根”。我不由得心生感慨，当年“路遇不平，拔拳相向”令地痞流氓闻风丧胆的王世相今何在，那些令人回肠荡气的传奇故事，就起源于这几根白骨吗？

如今，王世相的墓在离我家不远的山上，位于四面青山绿水之间。虽然坟茔墓碑上的字已经模糊不清了，但那墓碑依然透着一种气势。我们王家后人也依旧年年清明给他扫墓。我虽说讲不清楚自己是他的第几代孙，但我依旧以他为荣，并且能讲许多关于他的传奇故事，这是不是一种最好的纪念呢？

现在的“王世相墓碑”

家门口的“状元旗杆”

解放初期的1955年，九里洲戚家村陈金根的老屋大门口两旁，还有用石板砌成的护栏，里面各立着一根2米余高的烂木头，这就是村里独一无二的“状元旗杆”，背后则是戚家自然村的陈姓人家与清朝著名的书画家、乾隆十年(1745)的头名状元钱维城之间一个精彩又感人的传说故事。如今“状元旗杆”早已不在了，但这个令人拍案称奇的民间传说故事依然在流传。

[讲述人小档案] 陈立良；1968年出生，戚家自然村人。他一生在梅蓉村务农，当过生产组长。父亲陈关荣是新中国成立后后梅蓉村的第一任书记。

口述人：陈立良

我们陈家世代是农民，可在传说中，在清朝时我家也有一门地位显赫的亲戚，他就是清朝著名的书画家、乾隆十年(1745)的头名状元、后来官至刑部侍郎的钱维城。他的父亲钱人麟，在清朝曾任桐庐县令。我家老屋大门口两旁，原先各有一个石板砌成的护栏，里头各立着一根2米多高的旗杆。村里的老人传说，这是钱维城得中头名状元时，陈家立起的“状元旗杆”。

我们陈家与钱维城是如何“结缘”的？这里头有个令人称奇的民间传说。

说是钱维城小时候随父亲——桐庐县令钱人麟住在县城。他从小聪明过人，但是淘气异常，是个出名的“闯祸丕”“熊孩子”，谁也管不了他。自从他父亲钱人麟在桐庐做了县令后，钱维城更变成了一个桀骜不驯的纨绔公子。他结交了县城里一批狐朋狗友，经常恶作剧，欺压邻里同伴，甚至连尼姑庵里的小尼姑也要去调戏。他因此成为有名的“恶少”，到他父亲钱人麟处告状的人络绎不绝，更有人当面指责其父钱人麟，说是“子不教，父之过”。

钱人麟羞愧难当，可他又管不了儿子，暴怒之下竟然命人将儿子装进麻袋，丢入桐君潭中。碰巧的是，此时我家祖上爷爷正好在附近船上，见此情景就不顾一切地跃入江中将他救起，直接带回到家中，后把他收为了养子。

常言道“浪子回头金不换”，经历了生死关后，钱维城总算被教过来了。他感念陈家的救命之恩，痛恨不知天高地厚的自己，发誓要重新做人。从此后就像变了一个人，他安于陈家的粗茶淡饭，大门不出，二门不迈，在陈家土屋中终日发奋苦读，终于在乾隆十年(1745)考中了头名状元。

喜讯传来，陈家人欢天喜地，众乡邻纷纷上门道贺，并且帮助筹划如何“风风光光、体体面面”迎接状元郎回村的事宜。通过众人商议决定，孙家滩埠头上的“望海亭”改名为“接官亭”。那条从江边进村的泥路，也修建加宽铺卵石为“官路”，我家的祖宅大门口则立起了一对“状元旗杆”。

状元回村是怎样的热闹情景？后来我们陈家的祖上爷爷又是怎样把已经出人头第的养子钱维城，重新领到其父钱人麟眼前的？经历生死后的父子重聚，当时又是怎样一种激动人心的场景？关于这些由后人去猜想了。

从前的“逆子”变成了光宗耀祖的孝子，钱人麟万分感恩陈家的“教子之恩”，而钱维城更是感恩陈家的救命之恩，达官贵人的钱家与布衣粗食的九里洲陈家，从此成为了“亲戚”。为了感恩这一份恩德，后来，钱人麟与钱维城父子二人还建了一座占魁亭。钱维城为建占魁亭写了篇《募建九里洲占魁亭启》，文中有这么几句：“吾桐九里洲者，江中独秀，县左流芳，树鲜杂英，花都一色。若乃天心见复，山意冲寒，铁杆先春，冰肌得月，数枝摇曳，恰临清浅之溪；一片分明，时堕往来之舫。望罗浮而千里，对此如逢……”亭子建好后，钱维城父子还出席竣工典礼，钱维城写下一篇《九里洲梅花亭记》，刻在石头上。

最让我们陈家人感到亲切的还是《暮建九里洲占魁亭启》里的“吾桐九里洲者”一句，寥寥6个字，表明钱家父子早把自己当成桐庐人了。

我们陈家门与钱维城的民间传说故事流传很广，但是真是假确实无法考证。不过原先的“望梅亭”改名为“接官亭”是真的，过去村里的老年人叫江边进村的卵石路为“官路”也是真的，钱人麟与钱维城父子曾在九里洲建“占魁亭”有史可查，而《暮建九里洲占魁亭启》更是有文为证。

当然，对我们历代陈家人来说，最亲切的还是老宅门前的一对“状元旗杆”，这对旗杆直到1955年还在的，虽然看上去只是两个石护栏两根烂木头，但却是陈家门的荣耀，因此一直留存着。据同族89岁的陈阿木老人回忆说，他小时候放牛路过老屋门口时，常把牛绳系在那旗杆下面的石墩子上呢。

后来我家老屋拆掉重建，挖地基时发现有很大的青石板，从墙脚的规模来看，我们陈家祖上也像是“大户人家”，不像种田打鱼为生的样子。我们后人因此猜想，是钱维城感念陈家救命之恩，一直对陈家有照顾，使后来的陈家过上了小康的日子……不过，猜想毕竟是猜想，真真假假谁也说不准，但我们坚信有一点是真的，那就是我们梅蓉人自古以来都很善良，救人于危难之中，好心而得好报，正是我们九里洲人质朴无华的、融入骨子里的“做人道理”。

九里洲上的古诗古韵

桐庐是诗画之城，历代文人墨客在这方土地上挥毫泼墨，一共留下了3000余首诗篇，其中描写梅蓉村的便有200余首。诗人笔下的九里洲美不胜收，诗人与梅洲“相遇”的故事更是精彩动人。这些传世的诗文和故事，读之令人回味无穷，如今已经属于梅蓉村一笔丰厚的文化遗产。

[讲述人小档案] 翁慧雯，1997年出生，浙江杭州人，毕业于浙江师范大学人文学院。作为桐庐县选调生，任梅蓉村驻村指导员，她也是《口述梅蓉》采写组的一员。

口述人：翁慧雯

一

说起来，我与梅蓉村真是有缘：走出大学校门后，我考取了桐庐县选调生，“第一站”就是到梅蓉村做驻村指导员，与这里的干部和村民结下了深厚的友谊。从他们身上，我学到了许多大学里学不到的东西。这次又有幸参加了《口述梅蓉》一书的采写工作，使我得以更贴近地了解这个美丽古村落的人文历史。从小爱好文学的我，首先就被这方土地上的“古诗古韵”深深吸引。

桐君街道的梅蓉村的风光十分优雅独特，古时候这里以梅花闻名，寒霜起时，满洲梅花争芳斗艳，清芬袭人，九里一色，宛如海上蓬莱。富春江是旧时的交通要道，往来江上的文人墨客往往被这一道独特的风景吸引。据史料记载，阮元、林则徐、袁昶、吴嵩梁、祁寯藻、龚自珍、陈曼生、三多、周芸皋等名人都来过这里，并留下了脍炙人口的赞美诗篇。古往今来，文人墨客在九里洲留下的诗词美篇很多，留下的故事也不少。

在历代名人墨客的眼中，在梅花的掩映下，九里洲的白沙土都沾上了诗情画意。元朝著名画家、诗人王冕笔下的“梅景”风骨独特，“风雪林中著此身，不同桃李混芳尘。忽然一夜清香发，散作乾坤万里春”。王冕以诗言志，诗中梅花与他自己已是浑然一体，已是难解难分。在清朝诗人张芸的笔下，这一片风景又是另一番韵致了，“凌风却月是梅花，冷蕊疏枝态自嘉。九里沙洲梅不断，残香犹在野人家”，作者将真情投入笔下，梅花的鲜活之态似可呼之欲出。

唐代诗人方干是桐庐人，他在《思桐庐旧居送鉴上人》诗中道：“莫道东南路不赊，寻归一步是天涯。林中夜半双台月，洲上春深九里花。绿树绕村含细雨，寒潮背郭卷平沙。闻师却到乡中去，为我殷勤谢酒家。”诗中字字透着对梅之厌情的爱意，还有对家乡的深情。

阮元是清代的浙江巡抚，他在《桐庐九里洲看梅花》一诗中写道：“九里江洲好画图，梅花曾见此间无。花农不记花开数，约略一洲三万株。”该诗更把九里洲“梅花海”之美和花农的质朴写得丝丝入扣。读诗时，你眼前会不知不觉呈现出画面：诗人在苑如蓬莱仙境般的“梅景”中深深陶醉，情不自禁地问边上的农夫：“好美啊！九里洲梅花这么多，到底有多少株啊？”农夫憨厚地笑笑说：“你问我具体多少株梅花嘛，我也说不上来，但我们洲上人代代种梅花，到现在嘛，少说也有三万株吧！”……

以上举的仅仅是几个例子，虽说这几位大诗人所处的朝代不同，但我们读诗时却可以读出相同的感受，还可以透过诗文“看”到相同的情景：那就是当年他们站在船头在江上遥望时，面对九里一色的梅花时那惊艳的神情。

二

与九里洲梅花有关的“名人诗话”不胜枚举。桐庐是诗画之城，历代名人在这儿挥毫泼墨，留下3000余首诗，其中描写梅蓉村的便有200余首。更有趣的是，许多文人墨客不但在这里留下了优美的诗文，还留下了有趣的故事呢。

大家都知道，陆游是宋代的爱国诗人，他是浙江绍兴人。淳熙七年(1180)十一月，江西发洪灾，水上浮尸不计其数，两岸灾民哭声震天。洪灾后，成千上万无家可归的灾民，面对的是饥饿和疾病的侵袭。当时还在朝为官的陆游，为免更多的生灵涂炭，下令开仓济灾，结果却遭弹劾罢官。

陆游就这样乘船返乡，此时此刻，这位忧国忧民的大诗人心中的郁闷可想而知。可当他途经桐庐路过九里洲时，只见洲上处处梅花绽放，烂漫如雪。他不觉精神一振，此后他留下了这样一首诗："桐庐处处是新诗，渔浦江山天下稀，安得移家常住此，随潮入县伴潮归。"这首诗把陆游面对凌霜傲雪的梅花时，胸中豁然开朗的情景表达的淋漓尽致。

如今，"桐庐处处是新诗"已成为桐庐奇山秀水的最好表达，而陆游这首诗中的另一句"安得移家常住此"，也很好地表达了古代文人墨客的心声。

据传，当年林则徐船过梅洲，见梅洲花海一片，登岸赏花，大赞云："梅洲山水秀丽，乃文墨荟萃之地。"他于是专门上岸赏花并住一宵；据传，元代大画家黄公望当年溯江而上，路过九里洲时，也曾在这里停船上岸作画。如果细细观赏，便可发现在他传世名画《富春山居图》中有当年梅洲

的倩影。

清代诗人张芸，是清雍正初年桐庐县令张坦熊之子。那天他沿富春江而下，途经九里洲时，也被这一片山明水秀的景色吸引，他从富春江畔登梅洲赏梅在"望梅亭"小憩，并写下了《九里洲》一诗。现代文学家郁达夫那年来桐庐游桐君山时，对梅蓉一带有过这样的描写："东北面山下，是一片桑麻沃地，有一条长蛇似的官道，隐而复现，出没盘曲在桃花杨柳洋槐榆树的中间……"大文学家郭沫若到桐庐，经过梅蓉时，也被这一片梅花所吸引，

他来到九里洲赏梅。还曾在梅蓉孙家自然村与老农畅谈洲上的地方特产、环境风貌、村落文化……

与梅蓉最有缘的当数钱人麟和钱维城父子。钱人麟（1689~1772）是雍正元年（1723）举人，曾任桐庐县令；他儿子钱维城（1720~1772）是乾隆十年的状元。父子俩沉醉于九里洲景色，钱维城还写了《募建九里洲占魁亭启》一文，专门筹钱在这里建起了"占魁亭"一座。在梅蓉村还流传着一个民间故事，说钱维城乃梅蓉村姓陈人家当年在江中救起的"义子"。20世纪50年代，该村的陈姓人家门前还留有一对"状元旗杆"呢。不过民间故事毕竟是民间故事，无从考证，但钱人麟和钱维城父子喜爱这一片风景是真的，钱维城为梅蓉留下传世美文是真的，父子俩筹款在九里洲上建了一座"占魁亭"也是真的。

不过，与九里洲最最有缘的还是民间书法家龚树标了。这位晚清的庠生，由于先祖乘船途经桐庐，被"九里一色"的梅景深深吸引后，便携一家老小告别故乡湖州来到九里洲上"与梅相伴"，龚树标也因此成为真正的梅蓉人了。他一生酷爱梅花，吟梅花诗，写梅花字，建梅花园，还在梅花开时呼朋唤友，凝神静气书写"梅洲十景"，去世后他也长眠在九里洲的土地上。

三

新中国成立后，九里洲的梅景陶醉了国外无数名人政要。20世纪六七十年代的梅蓉村曾名扬国内外，先后有44批次60多个国家482位外国政要和宾客前来参观访问。到过这里的人，都对这一片美景赞不绝口。

最令梅蓉人难忘的还有一件事：1981年5月，省委书记铁瑛在县委书记汪吉民、大队支部书记方永见陪同视察果园时，他连声赞誉梅蓉人灵地美，风景秀丽，并风趣地对汪吉民说："你在桃花源中当县令，很幸福啊！"

老省委书记铁瑛把梅蓉村形容为"桃花源"，这是多么美的比喻啊！时间一晃数十年，梅蓉村已发生了翻天覆地的变化，可它那"桃花源"一般的气质未变。那些古代的文人墨客如果能穿越千年旧地重游，我想他们肯定会为梅蓉新景深深陶醉，并由衷赞叹一声："今日梅蓉更美了！"

梅花洲中的家与家乡

九里洲曾是一片梅花的海洋，也因此成为历代文人墨客流连忘返的地方。他们醉心赏梅花，忘情写诗文，不知不觉为这方美丽的土地积攒了一笔厚重的文化遗产。吴均的《与朱元思书》，程杰教授的《中国梅花名胜考》，张芸、周宣猷、钱维城、阮元、林则徐……正是因为他们的书写，才让梅蓉后辈子孙更深入地了解家与家乡，也让桐庐人更清晰地看到一个充满古韵、名扬天下的梅花洲。

[讲述人小档案]陆生作，1983年出生，梅蓉村王家自然村人，中国寓言文学研究会理事、浙江省作家协会会员，入选浙江省第八批“新荷计划”人才库。

口述人：陆生作

一

我对家乡的寻找，是从家谱开始的。

回头看过去，不论清道光二十年（1840），还是宋祥兴二年（1279），一定有一个男人与一个女人跟我们大有关系。没有他们，就没有我们，至今我们身上仍流着他们的心血。生命的延续，如门前的富春江日夜奔流不息，如屋后的长王山起伏连绵不断。我很想知道与我有关的那些人，他们叫什么名字，有什么故事，从哪里来到哪里去。

很遗憾也很幸运，我在浙江图书馆古籍部看见了半部《桐江陆氏宗谱》复印件：圣夫公之子陆粹“因宋亡携家徙居富春山之原”，粹公长子陆效忠“赘居桐江上航埠杨氏”。从此陆氏一门在富春江两岸开枝散叶，日出而作，日入而息。

家族何时分支九里洲？我还不清楚，家谱中有一篇《乡饮介宾光天陆公传》，记载乾隆二十五年（1760）桐庐知县沈全达“慕公德举，膺宾筵，并赠其匾云：盛世嘉宾”。这位陆公家住九里洲，他能做乡饮介宾，自然不是年轻人。由此推算，陆氏在九里洲至少300年以上。这位陆公一定看见了1763年梅花亭（即占魁亭）与梅花厅（名探花魁第）的落成，看见了钱维城父子重游九里洲。

时间来到1946年，抗战胜利周年，桐江陆氏第12次修谱，修了7部，字号“桃红柳绿蔷薇紫”，分藏5处，上俞、龙池、荷花塘、禄泉、九里洲。我看见的紫字号家谱就曾珍藏于九里洲。谱序载：抗战期间，“我桐陆氏宗人直接荷枪出入于枪林弹雨中者，动以百计；间接力助抗战者，更有多人”。国家民族之大事以这样一种方式印刻在一个家族的记忆中，肃敬之心油然而生。我三爷爷也是去打仗，再没回来。

二

我小时候读吴均的《与朱元思书》，有一点小激动。“风烟俱净，天山共色。从流飘荡，任意东西。自富阳至桐庐一百许里，奇山异水，天下独绝”，这篇山水小品代表着中国文人对山水纯美的发现，是中国游记文学的开端。而我家就在这奇山异水里啊。

后来我明白过来了，就是因为富春江，谢灵运、杜牧、韦庄、孟郊、苏轼、苏辙、陆游、朱熹、杨万里、范仲淹、朱熹、刘伯温等，个个大名，有哪一个不曾见过九里洲？但又好像只是见过而已。还是唐代桐庐老乡方干靠谱，一句“洲上春深九里花”，把“洲上”这个俗名带进了大雅之堂。

再后来读县志府志，明《（嘉靖）桐庐县志》记下了元代何骥子的《九里洲漫兴寄赵云津刘桂菴》：“欲寄题封雁未远，洞箫吹彻兴阑残。雪浮远树岚光润，月堕空江水气寒。身在扁舟愁滟潋，梦回孤枕共邯郸。他山风味应堪乐，整屐何妨慕谢安。”明万历六年（1578）《严州府志》载：“九里洲，在县东二十五里，江分燕尾，绿荫桑麻，北有小港，其袤九里，居民擅鱼薪之利，号小杭州。”此时，九里洲已略有小名，比方干笔下的“洲上”更为人乐道。清《（乾隆）桐庐县志》载，姚夔族孙、“两脚书楼”姚建和在宣德、成化年间三修县志，以一首《九里洲》记下了500年前九里洲的模样：“江分燕尾夹中洲，百顷桑麻绿荫稠。碧苇黄芦归塞雁，白苹红蓼浴沙鸥。北溪船上南溪下，前港潮生后港浮。最是夏来潢潦涨，玉人多倚仲宣楼。”

真正让我看见九里洲大名的是程杰教授的《中国梅花名胜考》一书，其中专门有一章节，以“桐庐九里洲”为题，考述了九里洲梅花之兴起、发展、特色与衰败。洲上梅花之闻名，大约始于康熙早期。康熙二十一年（1682）童炜《桐庐县志》于九里洲条下尚无梅花的记载。康熙四十四年（1705）桐庐知县陈长《桐江竹枝词》，其中一首专咏九里洲：“洲上梅花九里长，踏灯过后探春忙。更扶残醉沿江去，直到桐洲不断香。”诗下自注：“九里洲在县治东十五里，其上老梅数千株，元宵后即大放。更东十里为桐洲，亦多梅，然不及九里洲也。”半个世纪后的乾隆二十年（1755），金嘉琰《桐庐县志》即记载：“居人多植梅树，春日花开，疏影横江，清芬袭人，九里一色，题咏极多，桐邑之胜境也。”并录康熙三十四年（1695）县学训导、仁和人吴祖谦诗：“浅水横沙九里长，梅花如雪覆沧浪。未移艇子神先往，转过村头看更忙。疏处似云停翠竹，密时凝露散清香。家山一别西溪路，对酒花前忆故乡。”乾隆初年汉阳张芸诗：“凌风却月是梅花，冷蕊疏枝态自嘉。九里沙洲梅不断，残香犹在野人家。”该志艺文志中又辑乾隆四年（1739）知县周宣猷《春暮过九里洲，梅畦麦径，别有洞天》诗。这些都是最早有关九里洲梅花的题咏之作。

三

因为梅花，1768年桐庐知县张图南将九里洲改名梅花洲，简称梅洲。我以程杰教授的《桐庐九里洲》为起点，开始搜集整理与九里洲有关的诗词文章。

我看见了桐庐县令钱人麟之子、乾隆十年（1745）状元钱维城的文章《募建九里洲占魁亭启》：“吾桐九里洲者，江中独秀，县左流芳，树鲜杂英，花都一色。”《九里洲梅花亭记》：“溪之南有洲，亘九里，无杂树，老梅不下数万株。当华时，雪月弥望，虽江南之蜀冈、邓尉无以过，而居民朴不知其胜。”

我看见了浙江巡抚阮元陪父亲阮承信同游九里洲，“值梅花盛开，青山隐天，澄江东泻……花满九里，约三万株”，阮父赞叹：“余足迹半天下，从未见如此香海。”三年后，嘉庆五年（1800），阮元写下《桐庐九里洲看梅花四首》：“九里江洲好画图，梅花曾见此间无。花农不记花开数，约略一洲三万株。”“泼眼花光江岸前，半成明月半成烟。若非天女散花地，便是神仙种玉田。”“香和云气染人衣，花与山光共四围。一片暮云花上落，可怜香重不能飞。”“十万琼花路百盘，入花容易出花难。老僧庵外三千树，已耐诗人半日看。”

我看见了林则徐的日记，他一生多次来九里洲，前后跨度几十年。1825年4月，“过九里洲泊舟，入梅花村，见梅树万株，如遇花时，则岭南、邓尉皆不足言矣。村中柯、俞两家为大姓，拟嘱其代觅一椽，为异日栖迟计也。”1827年4月，“登九里洲，与观音寺僧海峰及野老孙姓，同步麦畦梅树间，移时始回舟。雨大作，移泊对岸之窄溪。”1841年6月，“晡时（15~17）过九里洲，暂泊，与仲甫、雪门登岸一望，仍回舟谈，移时别去。二鼓（21~23）后复开行。”

我看见了一大批官员与文人，他们把九里洲写成了“世外桃源”，写成了一个文化地理。特别是清代“诗佛”江西人吴嵩梁，身为京官，却心心念念九里洲，其《纪游图序·富春梅隐》：“九里洲在富春山水佳处，计亩种梅，可得三十万树……余欲投老于此，因刻‘梅隐中书’私印，题所居曰‘九里梅花村舍’。”其《九里洲梅花歌》序：“洲距桐庐县二十里，背山临江，居人以梅为业，计亩种花可得数十万树。余欲移家于此，自署为‘香田老农’，足矣。”可惜与林则徐一样，他也未能归隐九里洲。

在时间上，他们离我都很遥远了，但正是因为他们的书写，我才看见了家乡，一个名扬天下的九里洲。我一次又一次想象它“九里一色香雪海”的模样，那是一个有着言梅亭、望梅亭、望江亭（振新亭）、求心亭、占魁亭（梅花亭）、会庆庵（经堂）、廻龙庵、中华庙、凌云阁、节烈坊、梅洲渡、功名旗杆的地方。

四

再回家乡，依旧山无言水无语，但我看山已不再是从前的山，看水也不再是从前的水。站在富春江边，两岸群山连绵，先祖眼中那两条曲线，守护在子子孙孙的左边和右边；一条春江东流去，看似无情，其实它也眷恋，护养了两岸，灌溉了农田，滋润了百姓千年百年。村里的老树，或樟树或银杏，撑起九里洲头顶的天，它们看惯了九里洲梅花一年一放，它们早就被梅花的暗香浸透。它们承载着九里洲以及整一个时代的历史与文化。它们虽然无言，但它们默默为梅蓉文化代言。

联想到我《下江陆氏宗谱》中的“梅洲八景”：占魁夜读、湖坂春耕、深浦渔唱、焦岭樵歌、前沙落雁、中华晓钟、三峰插云、九里疏梅，一点都不输于杭州的“西湖十景”。在《桐江龚氏宗谱》中有“梅洲十景”“梅洲十二景”：锦江春色、霜林秋容、修竹生凉、寒梅破腊、前港渔歌、后山樵唱、中华梵钟、洋滩牧笛、占魁望月、登楼观涨以及县左流芳、江中独秀。龚氏读书人，不仅自己吟咏家乡，还记载了其他文人的咏梅之作，如水滨孙氏兄弟、定安方辛、坊郭叶庆澍、桐庐张巽翔、钱塘沈玉琪、山阴李念吴等人。有清一代，“泛舟九里洲探梅，战酒至夜半”是文人雅事。咸丰十年（1860），上海人蒋敦复与富阳县令翟维本有约，灯节探梅九里洲，但蒋敦复爽约了，其达富阳时已是农历二月，翟县令却说：“九里洲之梅犹可探也。”

在寻找家乡的路途中，我分明感受到了古人于日常生活中捕捉美感的能力，而我们似乎正欠缺了这样的审美。也难怪清末优禀生龚树标要大发感慨：“谢枋得有句云：‘几生修得到梅花。’吾洲之人，与梅共生长，而俗不可耐。”

但是，话分两头说。九里洲遍植梅树，为何“居民朴不知其胜”？为何

“花农不记花开数”？这“俗不可耐”实在也是没办法的事，“采而售之，上以佐赋税之供，下以资俯仰之给，养与教胥藉于其中焉。非仅以娱心志、悦耳目也。梅之为利溥矣哉”。吃谷之人，哪有不俗之理。那些士人文人，可知野人土人上有老下有小，肚子都在咕咕叫啊。九里洲“三个太阳脚起泡，三点毛雨水上灶”，1922年的一场洪水，九里洲28户村民逃荒讨饭，38户卖儿卖女，4户家破人亡。这岂是几个冰冷的数字？这一切如何改变？只等一个战天斗地的时代。

五

2015年10月18日，同村的柯良柱老师得知我在寻找家谱，特地与柯毛富、柯明初两位族人来我家找我。他们都是长辈，想重修柯氏宗谱，让我帮忙找找资料。人之有根，犹水之有源，木之有本，我当然答应下来。柯毛富还送我一本村志《九里洲巨变——梅蓉村发展史》。我立刻想到一份资料：在浙江省1963年度农业先进单位代表会议上，关于“梅蓉大队巩固集体经济、全面发展生产的介绍”，就以《九里洲的巨变》为题。闲时翻阅沉甸甸的村志，我对家乡叫梅蓉的这段历史有了更多了解，我看见了团结协作，看见了艰苦奋斗，看见了荒滩变绿洲的奇迹。

2020年11月15日，桐君街道潘萍萍副主任嘱我为《口述梅蓉》作序。阅读书稿，我对那个战天斗地的时代有了深刻的认识。我以为这又是一部极好的村志！在我所知的史料中，有三条可以补充：

（一）浙江桐庐县蜂业联合公司，由桐庐县种蜂场、洋洲公社蜂场、梅蓉大队蜂场等7个养蜂单位组成。这7个单位是参加全国三省一市（湖北、浙江、四州、上海）现代化养蜂试点的成员。联合公司拥有346名职工和8000箱西方蜂（其中包括300箱种蜂）。联合公司成立的消息，刊载于1981年2月22日的《人民日报》。我大伯、堂哥都走南闯北养过蜂。

（二）关于乌桕树，土话桕子树，《口述梅蓉》中提到三处：（1）梅蓉的祖先为了保护小港稳妥清净，在江两岸种上杨柳树、乌桕树，既保持了水土不流失，又可让村民干活累了有个休息之处。（2）冬季桕子白如银。

（3）江边原先有大片的乌桕树，每年经霜后树叶一片火红，其艳胜过红枫，景色非常美丽。由于此树特别招虫子，又影响庄稼的种植，因此后来成片地砍掉了，如今这一景色已不复存在。

其实，当年梅蓉的乌桕树也颇有名气。1974年03期《浙江林业科技》刊载文章《谈谈扩大乌桕生产的途径》，其中提到："乌桕是我国的特产，它是一种经济价值很高的工业用木本油料。""常山县岩前大队、富阳县胜利大队、桐庐县梅蓉大队、兰溪乌桕林场等在这方面都取得了显著的成绩，积累了许多乌桕上山造林的经验。""乌桕造林以一年苗为好。据桐庐县梅蓉大队经验，用一年生苗不仅省工，而且成活率高，一般都在90%左右。"1959年07期《中国养蜂》刊载文章《乌桕的产蜜量和地区的关系》，介绍"乌桕是我们浙江省的主要蜜源植物，产蜜量很高。……我们桐庐的乌桕树都生长在富春江两岸……蜜源最集中的是富春乡的洋洲上，三合乡的上杭埠，金西乡的河湾以及江北岸的梅蓉乡。"我记忆中，陆家塘东南角有一棵大乌桕，吃水塘北岸中间有一棵小乌桕，临水照影也是一景，现在都没了。

（三）《人民文学》1965年03期刊载文章《富春江春讯》，其中一段："桐君公社，是以农林牧副渔各业兴旺闻名的省农业先进单位，曾在银幕上向全国观众介绍过的华东农业先进集体梅蓉大队，就在这个公社。去年，桐庐各地学梅蓉，赶桐君，使整个县的生产又向前跨进一步。今年，各地仍学他们，赶他们，要再比个高低。"文中"银幕"所指当时纪录片《访梅蓉大队》。这是梅蓉的高光时刻。

啰啰唆唆讲了这么多，这是我的口述梅蓉。我想说，我们每一个人，是家的一部分，是村的一部分，是历史的一部分。家有谱、村有志、国有史，三者一脉相通，我们能创造历史是最大的价值。

古村人杰

古村佳境，人杰地灵。他们生在不同的年代，却是一样的不同反响，都活成了“星辰闪亮”的模样。他们是村落的骄傲，也是村民心中永远的偶像。

回忆我的父亲徐阿罗

出生于1918年的徐阿罗，于1959年加入中国共产党，是梅蓉村里最早的一批“领头人”之一。新中国成立之初，他是九里洲上第一个成立互助组的人；在梅蓉村“把荒滩变绿洲”奋斗史中，他是最早发起并指挥实施“建机埠、造长渠”等工程的人；在梅蓉村大兴农田基础设施建设的过程中，他是那个一直“干在前头”的人。他敢想敢干、实干苦干的精神，获得了梅蓉人的高度赞誉，夸他是一心为集体的好党员，是一位令人敬佩的土专家和实干家。

[讲述人小档案]徐关强，1948年出生，梅蓉村徐家自然村人。1964年参加工作，在杭州钢铁厂工作10年时间，后调到杭州拖拉机厂工作20年，现退休居住梅蓉村中。徐关强是文中主人公徐阿罗的长子。

口述人：徐关强

一

我们徐家自然村的江边，有一个机埠叫“徐家机埠”。别看它样子“土不拉几”，身份可不一般：它不但是60年前桐庐建成的第一个机埠，而且还掀开了梅蓉村“改天换地”历史的第一章。李先念等国家领导人和省市领导人曾来这里视察，这个机埠还先后迎来60多个国家的外国贵宾来参观呢。

我家房子靠近江边，离徐家机埠很近，几乎每天都要路过徐家机埠几次。而每当看见这个老旧的机埠，我的眼前就会浮现出一个身影，那就是我们梅蓉村实施“开渠引水”建机埠工程的总指挥——我的父亲徐阿罗。

我父亲出生于1918年，于1959年加入中国共产党。在20世纪50年代的“土地改革”中，他是梅蓉村第一个成立互助组的人。他当过农村信用社社长，当过农业初级合作社社长，1956年新蓉高级合作社成立后，他又担任梅蓉高级合作社副社长，是梅蓉第一届党支部委员。提起他，村里的老人都说他是为了集体事业，“用掉的汗巾（围身布）积起来都有好几担的人”。

“围身布”是当年农村男劳力的“标配”，像我们当代人的手机一样，从不离身。干活时，男人把它绑在腰间，既保护腰部，又增添力气。夏日劳动时用它揩汗，收工到河里洗澡时又拿它当毛巾，冬天则用它当作围巾御寒保暖。用“围身布用掉好几担”来形容我父亲付出的心血和汗水，真是太生动了。

我父亲的名字，最早是与徐家机埠连在一起的。

我父亲徐阿罗是这样一个人：他虽然文化不高，但“心气”很高，他目光放得远，心中有大局，做事一板一眼，做一件像一件。新中国成立之初，梅蓉可谓“一穷二白”，洲上都是白沙地，既无力抗洪灾，又不能抗旱灾，只能种些粗粮，吃饭问题都无法解决，农民生活根本无法改善。他觉得再也不能这样下去了，梅蓉人要打“翻身仗”，只能建机埠，开渠道，沙改田。

他的想法得到初级社成员的一致赞同。1956年2月，初级社男女老少齐出动，轰轰烈烈干起来，一门心思要把富春江里的水引到洲上面来。

可是，新蓉初级社总共只有30多户人家，目标虽然鼓舞人心，怎奈势单力薄，心有余力不足，几十个人干了一阵就干不下去了，只好偃旗息鼓。对此大家都感到很沮丧，有人连连摇头叹气：“这是一件大好事，只怪我们力量太小干不成，实在是可惜啊！”我父亲徐阿罗没有说话，但他感到不甘心。

也就在这一年，新蓉农业高级合作社成立了，社长是陈阿水，我父亲徐阿罗是常务副社长，同时他还是支部委员。农民组织起来力量大，我父亲提出的第一个建议，就是实施“开渠引水”工程。他把自己的想法以及之前初级社的一些做法进行了汇报。他的话，犹如在村民心中打开了一个窗，大家都感到很振奋，很激动！他的建议因此得到了高级社全体人员的一致赞成，合作社长陈阿水于是把组织实施此项重大工程的重任交给了我父亲徐阿罗。

我父亲徐阿罗心中的那幅发展蓝图，终于有机会实施了。他别提多激动了，为集体事业“想在前面”的他，身先士卒，时时处处“干在前面”。

从当上工程总指挥的第一天开始，我父亲徐阿罗就把工地当成家。他没日没夜地操劳，只晓得工作，不知道休息，常常忙得忘记了吃饭。在工地上，他既当“官”，又当“兵”，刚刚还拿着图纸和几个人商量，在“点兵点将”调配劳动力，一会儿他又系着围身布和农民一道，抬起了几百斤重的石头。

在梅蓉村的历史上，“开渠引水”是开天劈地第一次，碰上的困难数也数不清。印象最深的是这个工程由于难度太大，连外面的工匠都不愿意来做。我父亲徐阿罗于是一马当先，自己带头学当工匠，什么技术最难学什么，边学边做边。随着整个工程的进展，他成了“多面手”和“土专家”。

就这样，梅蓉全体干部群众凭借自力更生、艰苦奋斗的精神，经过多年努力，最终在白沙地上造起了“长城”：自1957年建成桐庐县第一个排灌机埠和第一条长1600米的渠道后，梅蓉村先后建成机电排灌机埠17座，电机、水埠配套设备23台套，功率292.5千瓦，受益灌溉面积达到3300多亩，全村90%的耕地实现了机电灌溉，最终建成贯穿全洲的、全长2900米总干渠，梅蓉从此建成了覆盖洲上全部土地的灌溉网。

二

我父亲心里的蓝图变成了现实，劲头更大了。此后，梅蓉村修水库、建

徐阿罗讲梅蓉大队的变化

防洪坝等农田基本建设工程的实施，每一项都有他付出的心血和汗水。

那时的农村干部是不脱产的，我父亲徐阿罗每天不管刮风下雨，都与社员一起参加劳动，平均每年参加集体生产劳动330天以上。

在劳动中，每当有重活、脏活的时候，他总是说："我来我来！"尤其是在实施农田基础建设项目的时候，他总是不论白天黑夜地在工地上忙碌，身上的汗水湿了干、干了湿，有时还冒着大雨苦干，而且忙起来经常忘了吃饭。我父亲最终积劳成疾，身体患上了多种疾病。有一次他在家中大口大口地吐血，把我母亲吓得当场大哭起来……那场景，我至今想起来心里还是很难受。

父亲病了，可他依然放不下正在实施的工程。记得有一次他胃病发作，每餐只能吃一小碗稀粥，可他每天依然坚持上工地参加劳动。看着他病弱的样子，村民们心里不好受，都叫他："你坐在边上指挥指挥好了，你说怎么做，我们照办就是了。"可他哪里坐得住，胃痛稍好一点，马上又开始干起来。村民劝他回家休息，我父亲笑着说："你们不要劝了，我在工地做点轻省活也好，心里踏实。"

父亲徐阿罗没有了身体的"本钱"，犹如失去了"兵权"的将军一样痛苦。他像一堆燃过了旺火的焦炭，显得那样无力和无助，村民看着也很难过。但即便如此，他心里还是只有集体。记得有一次，集体用来烧火的短木头他收集起来，堆在一边说："说不定什么时候有用处。"还有一次，他看到石灰桶边上还有一些石灰，他也一点一点刮下来放好说："能省一点是一点。"在他心里面，集体就是家，是一个比自己的小家更重要的"大家"。

1975年冬，梅蓉大队修船厂扩大规模，要增加船匠。我家祖辈都是船匠，修船技术也是比较好的。大队干部考虑到我父亲年纪大了，身体又不好，就提出让他到船厂去干熟悉的老本行。当时船匠是"香饽饽"，待遇也比较好，能去当船匠别人都是羡慕的，可我父亲却放弃了："我还是在工地上好了。"

别人说他傻，可亲人是理解他的：他还是放不下村里正在实施中的工程。后来看他身体情况实在不太好，大队里为了照顾他，让他去管水库。此事虽然责任重大，但平日里工作是比较轻松的。可他不肯让自己“轻省”，在管水库的过程中，也是认认真真，兢兢业业，把每一项管理工作都做细做好。

父亲是74岁那年去世的，记得在病床上他说过这样一句话：“村里人说得对，我这一辈子围过的围身布，攒起来有好几大担，自己也挑不动……”说完还笑了笑。我不知道他说这句话是对人生的感慨，还对自己这几十年工作的肯定。确实，作为一个共产党员，我父亲徐阿罗一生敢想敢干，已经把自己全部的精力都献给了梅蓉村的集体事业，他的一生是问心无愧的。

父亲走了，但他参建过的水渠、机埠都还在。村里上了年纪的人，至今见了我还要提到我父亲：“你爸爸徐阿罗呀，他是一个真正的实干家！”

我母亲是“节粮模范”

奚爱娜（1924.9.1~2010.6）是梅蓉村徐家自然村人，她于1955年5月二日参加中国共产党，公社化以来曾担任大队妇代会副主任20年。她热爱集体，热爱劳动，在节约粮食、勤俭持家、舍己为公等方面，与村里的妇女起到了榜样作用，尤其在节约粮食方面，更是起到了模范带头作用。1963年她参加了杭州市妇代大会；1964年参加县劳模大会，她的事迹材料还在会上分发。多年来，她先后获“县优秀党员”“县六好社员”“县节粮模范”等荣誉称号。

[讲述人小档案]徐阿虎，1951年出生，徐家自然村人。1968年底参加中国人民解放军。1971年退伍。1972年在桐庐电力公司工作，现已退休在家。他是本文主人公——梅蓉村里的节粮模范奚爱娜的长子。

口述人：徐阿虎

节约粮食当模范

提起我母亲奚爱娜，梅蓉村里上了年纪的人都说：“她节约粮食的本事，别人学都学不好。”此话不假！20世纪五六十年代，我母亲奚爱娜靠精打细算，不仅让全家人顺利度过了粮食困难时期，而且还用节约下来的粮食帮助了村里多个困难户。她把“节粮”当成事业来做，20多年全家共节约粮食6200斤，就连1959年粮食紧张时期，她还卖给国家660斤“光荣粮”。

那么，我母亲节约粮食有什么诀窍呢?

那时，我们全家有9口人吃饭，守住“米缸子”是大事。为了确保米缸子不空，家里人吃饱，我母亲作为当家人，一年到头都在家中实行计划用粮，确切地说就是这么几条：农忙多吃，农闲少吃；大人多吃，小孩少吃；只吃正餐，不吃点心；多吃原粮，少吃和尽量不吃副食品；多吃杂粮，少吃米面。

我母亲推行的“用粮计划”颇具科学性。“农忙多吃，农闲少吃”，是为了把粮用在“刀刃上”，农忙时吃饱肚子多干活；“大人多吃，小孩少吃”，为的也是大人攒足体力下田劳动；“只吃正餐，不吃点心”，既节约下粮食又节约时间；“多吃原粮，少吃和尽量不吃副食品”是为了避免珍贵的粮食变成"消闲食品"，不知不觉多吃；"多吃杂粮，少吃米面"是为了尽量节约下精粮。

母亲的节约计划，看着简单，做起来不容易，尤其是几十年不变坚持这样做，那就更不容易了。就拿"吃点心"来说吧，这是村民的习惯。每当别人家都吃点心，而我们家不吃，甚至农忙时也比平日只多吃一餐干饭，点心也依然不吃。这对我们这些孩子是个考验，说实话有时心里也犯嘀咕的，可妈妈坚持这样做，我们也没有办法。时间一长，全家大人小孩都习惯不吃点心了。除此之外，我妈妈还立下了一些餐桌上的"节粮规矩"，要求我们在锅里盛饭时，尽量做到"多盛一次，少盛一点"，这样做是防止我们饭盛多了，剩下"碗头"。每次放米入锅做饭时，她都精确计算，做得饭全家人吃光吃饱正好，不剩余饭头。

就这样，我母亲吴爱娜把"节粮"行动做到了极致，不管是粮食紧张时期，还是粮食大丰收的年份，我们家的"节粮计划"一成不变。在"以粮为纲"的年代里，我母亲就这样从牙缝中一口一口省，居然用20年时间省出了6200多斤粮食。那些黄灿灿颗粒饱满的稻谷，那可是我们全家的节粮成果啊！

也许有人问，我母亲是如何处理节约出来的粮食？我可以告诉大家，我母亲的做法有两条：一是多卖给国家"光荣粮"，二是帮助有困难的乡邻。我母亲每年都争取多卖"光荣粮"，即便是1959年粮食紧张的时候，她还卖了660斤；善良的妈妈更热衷于"雪中送炭"，她把节约下来的粮食，无利息地借给村里那些人口多、劳动力少的农户，帮助他们渡过难关。她曾在三年里，先后借出1200多斤稻谷，帮助7户社员解决过生活困难。除此之外，我母亲每年在家存粮几担，说是以备不测，还说"家中有粮，心中不慌"。

勤俭持家是榜样

我母亲手中有钱，但她从不乱花一分钱，她教育我们说："人的一生难保遇到些难事，我们平日里切记要做到'甜时不忘苦，有时不忘无，平时防急需’，这样才能过好日子。”同时，她还给家人定下了“花钱准则”，主要有这么几条：一是能不用钱尽量不用；二是能少用钱尽量少用；三是可推迟用的钱尽量推迟用。现在想来，我母亲具有的“危机意识”是多么可贵啊。

由于我母亲持家有方，把一大家子生活安排得井井有条，因此我家虽然人口多，但既不缺粮，也不缺钱，母亲依然把好日子当“苦日子”过。她不乱花一分钱，也不浪费一颗粮。记得我们小时候，炒菜的调料总用母亲自己做的豆板酱，有客人来才去买一斤酱油。村里的小姐妹说：“你也太节省了，连买酱油都舍不得。”可我母亲说：“豆板酱很好啊，又鲜美又卫生。再说‘小处不可大算’，我们家9口人过日子，不能大手大脚，能省一点是一点。”

我母亲生活中非常节俭。我小时候，家中一共有5条凳子，其中两条靠背椅和一条半高凳，还是阿太手里的。由于年头实在太长，凳脚都磨得快与横档相平了，但凳面依然很好的；另有一条四方凳是我奶奶的嫁妆，也有40多年了；还有一条半高凳，是我母亲自己的嫁妆，也有20多年了。这5条凳子陪伴我们长大。后来家里条件好了，我母亲也没让它们“退休”，她还说：“家具不在于多，也不在于漂亮，在于用得省，用得好，用着舒服。”

我母亲的事迹，获得了上级领导的高度赞赏。1963 年她被推选参加杭州市妇代大会；1964 年她应邀参加县劳模大会，她的事迹材料还在会上分发，

同年她获评桐庐县优秀共产党员，还获评县“六好社员”和“全县节粮模范”。

县粮食局还把她的事迹专设图版，在全县各地展出。1973年，梅蓉大队文宣队还以她的事迹为主线，自编自演小话剧《节约用粮》，该剧在杭州市东坡剧院演出后，参加了杭州市群众文化调演并获得荣誉奖。

我母亲在集体劳动中“颗粒归仓”的态度，更是令人敬重。

那是1963年，那年晒早稻谷时，我母亲发现筛出的一大堆稻衣上还有不少谷粒，她马上发动晒谷的社员来拷稻衣，结果拷出了1000多斤粮食。后来她还是不放心，又去检查了一遍，发现有个别社员做得不彻底，许多稻衣上还有稻谷，她又带人拷第二遍，结果又拷出了50多斤，她这才满意地笑了。

有人对此不以为然，当面说她：“稻衣上留有几粒稻谷，这是很正常的事，你拷过一遍，还要拷第二遍……一个生产队靠这几颗谷？相干吗？”我母亲一点也不示弱：“我们都是过苦日子过来的，看见粮食浪费了不心痛吗？这些都是集体的粮食，是自己辛苦种出来的，能多一斤是一斤，能多一粒是一粒。”

热爱集体的典范

我母亲在家是贤妻良母，在生产队里是劳动能手。提起她当年的劳动干劲，村里的老年人至今“啧啧”称赞，记忆犹新。从1952年九里洲组织互助组开始，我母亲就跟着男劳力一起参加劳动了。一年到头，除了生病、生孩子等特殊情况之外，她都参加集体劳动。1963年，我母亲已经是5个孩子的妈妈了，当时最小的才3岁，而肚子里还有一个。就这么一个需要照顾家里5个孩子的孕妇，她有多辛苦是可想而知的，可当年她依然做了2300多工分。

我母亲要做这2300多工分，确实不容易。别的妇女在分娩前半个月就在家待产了，可她在生产前的一天，还在队里拌草料纸。生孩子后，她只在床上“躲”了9天就起来了。不过这也是没有办法的事，因为一大家子等着她料理呢。

在集体劳动中，我母亲总是积极主动找重活干。

那年农历十二月，年脚边天寒地冻，500多株桑树没来得及整枝。此时别人都不愿意出工了。可如果不剪枝的话，会影响第二年的桑叶产量。她于是决定独自一个人去完成这个生产任务。她的行为感动了另外两个男社员，主动去帮她。结果3个人整整搞了5天，手被磨出了泡，总算完成此项任务。

一转眼，就是第二年养春蚕的日子。往年蚕宝宝养在一间四面空荡荡的小破屋里，由于保温条件太差，因此年年辛辛苦苦养蚕，却总是得不到好收成。1963年这一年，我母亲把蚕全部养到自己住的楼房里，人蚕同一室。一夜起来4次添食喂料。有人说："你这样与蚕住一起要中毒的。"可她却笑笑说："我自己注意一点就行。"难怪人家说："她养蚕比养亲生儿子还当心。"

真是一分辛苦一分收获，当年她养的春蚕获得了大丰收，一季收入120多元。这让大家都感到惊喜，因为前一年同样数量的蚕种，收入只有10多元。

我母亲把集体利益看得高于一切。

记得那年，江边有一片社员开荒种下的菜地，其中就有一块是我家的。这时队里需要用那片地，队干部提出拿另外地块换社员的开荒地，别人都调了，轮到我母亲时她却说："不用调了，集体需要拿去用好了，我家菜地够了。"记得还有一次，队里谷多，晒场不够大，而天气可能要变化。得知这事后，我母亲带头把把自家的一张垫皮拿出借给集体用。在她的带头下，其他社员也纷纷都把垫皮拿出来借给队里用，生产队的晒谷难题因此得以解决。

我母亲平日里做到"公私分明"，总是旗帜鲜明地维护集体利益。

记得1963年4月，全县三级干部大会在梅蓉举办。横村区代表食堂办在我们村里，一些妇女就近到食堂扒火做木炭。我母亲想到队里养蚕要用炭，就动员那些女社员把扒好的炭收归集体。那些姐妹不开心，埋怨她"介小的事情也要管管"。她却笑着说："集体是大家的，该管的事我还得管的。"

还有一次，我妈和另几位妇女姐妹负责晒谷。妇女在生产队晒谷是按日记工分的，因此有人早晨把谷晒出去后，就回家干私活了。可我母亲却说："按日记分，就要按规定的时间给队里干活，晒谷空出来的时间，我们可以削番薯草，削六谷地里的草，还可以到田里缚稻草。"结果，由我妈带领的7个妇女，不但完成了晒谷任务，还削好了3亩地番薯草，两亩玉米、缚好了3亩田的稻草。晒谷时，有的妇女把地里扫起的垃圾谷准备带回去给鸡吃，我母亲对她说："我们参加劳动，队里、户里要分清，晒场上一根稻草也不能带回家，公私要分明，不能给人留下话柄。"她得到了姐妹们的敬重，不过姐妹们也要开玩笑："跟你一起干活，总是吃亏。"我妈说："生产队是我们的家，我们多做一点都是为了集体，哪有什么吃亏、便宜？"

我母亲是真正把集体当成了家。记得有天半夜里她被一个巨雷惊醒，一场大雨即将来临，想到队里有几千斤灰在外面，她起身冲出门外，叫起了隔壁的社员，在雷阵雨之前用稻草把灰盖好，避免了损失。

我母亲是2010年去世的，她的一辈子虽然平凡，却在平凡的生活中展示了不平凡的气质。她和村里所有的上了年纪的人一样，年轻时为"梅蓉巨变"流下了数不清的汗水和心血。我母亲是个普通人，可在我的心目中，她与梅蓉村所有的父辈一样，都是了不起的人。

梅蓉村的百岁老亲家

古往今来，人活百岁不易，两亲家都满百岁更罕见。可梅蓉村龚家自然村就曾出过这么一对“百岁老亲家”，她们就是徐金凤的婆婆和妈妈。徐金凤的妈妈叫王朝秀，享年106岁；她婆婆叫许兰香，享年102岁。两位老人同住一个屋檐下多年，受到了亲人们的悉心照顾，尤其是年近七旬的徐金凤，更是付出了无数心血。这对盛世老寿星的背后，有许多感人至深的孝心故事。

[讲述人小档案]徐根六，1961年1月出生，合村乡合村村人，中共党员，退伍军人。他在乡镇综合文化站担任过31年的站长，1999年调桐庐镇政府工作，同时担任文教卫办公室副主任，2002年至2006年桐君街道党政办副主任，2007年至2008年社会事务办副主任。

口述人：徐根六

两亲家双双到百岁

那是2006年的重阳节前，原《桐庐报》的老记者方赛群找到我，说她正在做一组《闪烁的“孝星”》系列报道，问我桐君街道有没有百岁老人，能不能提供一些线索？我一听就说：“有啊，桐庐县的8个百岁老人中，我们桐君街道梅蓉村的龚家自然村就占了两个，而且这两个百岁老人是一对亲家。”方记者一听高兴得不得了，连说这是可遇不可求的好题材，表示马上就要去采访。

第二天一大早，我就陪着方记者来到梅蓉村龚家自然村徐金凤家门前。这时正当金桂飘香的季节，整个梅蓉村沐浴在浓浓的桂花香中。65岁的徐金凤闻声走到门口，她的笑容比门前的桂花还灿烂。她一边和我们打招呼，一边回转身向屋里喊了一声：“姆妈哎，家里来客人喽！”

她的这一声“姆妈”，喊得就是家中的两个百岁老人。她的妈妈叫王朝秀，当年103岁；她的婆婆叫许兰香，当年刚跨进100岁的“门槛”。两位百岁老人分别住在一楼的两个房间。我们刚到的时候，徐金凤的婆婆许兰香还没起床，她那70多岁的女儿正坐在床前陪她说话。相比之下，徐金凤的妈妈王朝秀身体显得硬朗得多，她精神矍铄，衣着清清爽爽，头发梳得一丝不乱，看上去皮肤还很有弹性。老人家戴着一副眼镜坐在堂前，见到我们露出了满脸笑容。

为了照顾婆婆起床，徐金凤进屋忙碌开了，她的女儿孙卫清陪我们说话。她说自己的外婆和奶奶虽然都是百岁老人，但身体都不错，平时饭量很好，眼睛、耳朵也都还好使，两人都还能进行简单的生活自理。尤其是外婆王朝秀，记忆力特别好，年轻时候的事情记得很清楚，连好几年不走动的亲戚上门，她都叫得出名字。当然，两位老人牙都不行了，前几年晚辈为两位老人都镶了牙，因此她们还能咬得动山核桃等坚果呢。

方记者问起两位百岁老人的“长寿秘诀”时，孙卫清笑了：“我的奶奶和外婆都是普通的农村妇女，她们年轻时连饭也吃不饱，一辈子经历了很多苦难，苦头吃了不知有多少，哪有什么长寿秘诀哟。”不过，她还是介绍了一些相关的情况：外婆王朝秀，生性乐观，特别喜欢看戏。1952年戚家、陈家年轻人组成业余剧团，王朝秀非常高兴，她把业余剧团搬凳子、烧开水等活儿全包了。有时小青年们彼此闹矛盾，她主动做起了“和事佬”。农闲业余剧团排戏时，年轻人排戏排到天亮，她陪着坐到亮，成为业余剧团“编外

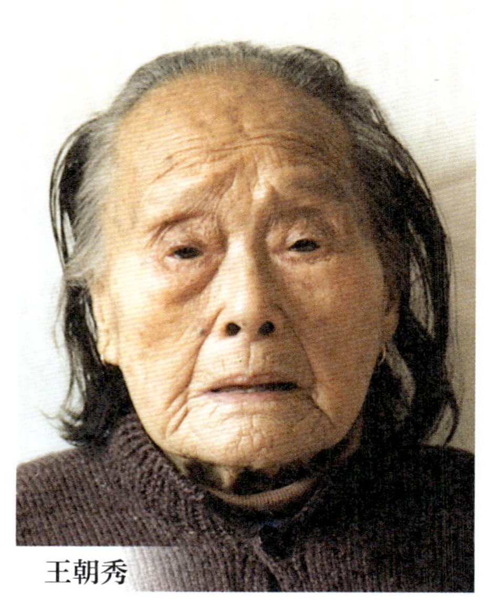
王朝秀

许兰香

团长”。

上了年纪后，她比较注重养生，有条件就会炖一些黑木耳、红枣等补身子。到老了，她对晚辈送来的滋补品情有独钟，几乎一年到头都吃。她喜欢热闹，每天要看几个小时的电视，中午固定睡一个小时，偶尔抽一两支烟。100岁的奶奶许兰香，除了吃滋补品外，还特别喜欢活动。她喜欢干活，喜欢走动。

这时候，在女儿和媳妇的搀扶下，孙卫清的百岁奶奶走出房间，在堂前端端正正坐下了。方记者笑着上前与奶奶打招呼：“老人家，听说您还能咬得动山核桃，比我还厉害呀。”她摇摇头说：“如今不大咬得动了。”方记者转身又和孙卫清的百岁外婆打招呼：“老人家，您身体这么好，肯定有健康秘诀吧？”老人家笑眯眯地回了一句：“粗菜淡饭最养人。”

方记者看了忙前忙后的徐金凤一眼，说：“其实两位老人真正的长寿秘诀，是儿孙们的孝心。”听方记者这么一说，孙卫清的眼圈一下子红了：“是的，这些年我妈妈一个人在家照顾两位百岁老人，她真的很不容易。”

长寿秘诀是孝心

孙卫清介绍说，她妈妈徐金凤是土生土长的梅蓉村人，她爸爸原先在桐庐火柴厂工作，是徐家的上门女婿。妈妈徐金凤65岁了，是外婆王朝秀最小的女儿。几十年来，妈妈徐金凤除了悉心照顾年迈的父母外，还把原先住县城里的年迈婆婆许兰香也接到梅蓉村来一同照顾。孙卫清说，她外公是87岁那年去世的。外公去世后，妈妈徐金凤一肩挑起了照顾年迈的婆婆和妈妈的重任。

由于劳累过度，妈妈自己也落下了心脏病等多种疾病，可她依然一心一意照顾两位老人，每天忙个不停。因为终年劳累，两位百岁老人显得很精神，可妈妈徐金凤却反倒有些显老……孙卫清说，虽然晚辈们都尽量想为老人做点什么，但大家都有工作，因此妈妈徐金凤依然是照顾两位老寿星的“主力”。虽然她自己早就做了外婆了，可在婆婆和妈妈面前，她还是一个“年轻人”呢。孙卫清最后说：“我想，我的外婆和奶奶是最幸福的人。”

听到她这样说，边上的两位百岁老人都孩子似的笑了。

确实，两位老寿星称得上是幸福老人。两亲家都有了第五代，各自名下的晚辈都有几十人。虽说，老人的子女们自己也都早已做了祖父母了，但他们仍然轮流到母亲膝前尽孝。孙辈们对两位老寿星更是孝敬，逢年过节，他们都给老人送吃送穿送补品，还争着给老人兜里塞零花钱。

常言道“老小”，意思是一个人老了，有时心智会像个孩子。

按理说，两位“百岁亲家”在一起养老，那可真应了赵本山小品中的一句词“缘分呐”，可两个老人却像孩子似的，动不动要“闹架儿”。争吵的内容，说出来让人啼笑皆非：如103岁的王朝秀老人觉得自己是招女婿上门，因此，她是这个家的“一家之主”，老亲家该听她的。而老亲家许兰香却不这样认为，她觉得这个家的“顶梁柱”是他儿子，而儿子是她生的，她在这个家的“地位”不比王朝秀低。如此一来，老寿星互不相让，有时会吵起来。

更有趣的是，两位老寿星有时还会“斗富”呢。

如王朝秀老人的晚辈送来了几盒补品，她就会在老亲家许兰香跟前不住地显摆，弄得老亲家很是郁闷；反过来，有时许兰香的晚辈塞给她钱了，她也会故意大声地点钱给老亲家王朝秀听，弄得老亲家深感失落。有时两位百岁老人“斗富”会斗得火气上升，这个说：“有什么了不起？我的零花钱比你多。”那个说：“我比你多！我孙子过几天又要给我钱了！”“我孙女也要来了……”

当然，老人如孩子，一会儿吵一会儿好。可作为媳妇和女儿的徐金凤老人忙坏了。每次老寿星闹意见，她都像哄孩子似的，到这边房里哄好了婆婆后，又得到那边屋里去逗老娘开心……不过，虽然辛苦，徐金凤老人还是很开心。她说，敬老、养老是晚辈的本分。各级政府对百岁老人都很关心，作为女儿和媳妇，能看着母亲和婆婆都活过百岁，这是她的福气。

从梅蓉走出的名中医

王坤根是我国杰出的中医人才，也是梅蓉村优秀乡贤。他早年在这里遇上了恩师范士彦，并且在梅蓉行医10多年。他曾任浙江省中医院院长，是硕士生导师，系第四批全国老中医药专家学术经验继承工作指导老师，首届全国名中医，浙江省国医名师、“十二五”重点学科治未病学学术带头人。

[讲述人小档案]孙升祥，1942年出生，梅蓉村孙家自然村人。曾就读江西共产主义劳动大学。20世纪80年代始从事集体水运8年。乘改革开放东风，1983年后开始外出经商，50岁那年成为村里“万元户”。20世纪90年代，他常驻上海多年，主营桐庐土特产品，回来后，自己办蜜饯厂。2006年始，任孙家自然村老年协会会长6年，此后一直任梅蓉村老年协会理事。

口述人：孙升祥

农家孩子有个“中医梦”

我与王坤根是小学同学，那时候的他，是一个普普通通的乡间孩子，谁也没想到，他日后会成长为全国名中医，并且当过浙江省中医院院长。他传承了桐君老人“悬壶济世”的精神，用高超的医术救治了无数人。从相关的书刊上了解他的事迹后，我为梅蓉这方土地曾走出这样一位医者感到骄傲。

出生于1945年的王坤根，很小的时候随父母从萧山迁居桐庐。他与中医“结缘”与小时候的一段经历有关：他两岁时从近三米高的楼上坠落，被一位乡下郎中几剂草药救活。“记住，你的命是郎中用草药救的。”大人满怀感恩之心，不断地在他耳边重复这句话，使他从小对中医中药怀有一份深厚的情感。

他小时候“爱好”很特别：喜欢看郎中治病。家里或邻里请来郎中看病，他会凑上去，静静地看望、闻、问、切的全过程。母亲长年有病，凡煎药的活儿全由他“承包”，那是他最爱干的家务活。耳濡目染，他小小年纪就掌握了很多管用的“土方子”，如用鸡肫皮治腹痛食积；用葱白、紫苏叶、生姜煎汤治风寒和头痛鼻塞；腹泻喝焦米茶；中暑用揪痧的办法解决……

他从小就有一个梦想，那就是自己长大后能穿白大褂，成为能用一把草、一根银针治病救人的中医师。没想到，属于他的机会还真的来了。

那是20世纪50年代，卫生部根据我国的实际情况，推出了一项事关中医传承和发展的重要政策，允许中医采取传统的带徒方式培养人才，也就是现在常说的“师带徒”政策。在党中央的重视和关心下，各级卫生行政部门纷纷根据本地区的实际情况，制定出“中医带徒”的具体规划，肩负培养人才重任的一批名老中医，纷纷通过各种渠道物色能传承自己衣钵的“好苗子”。

人们常说，国家的命运和个人的命运是连在一起的。正是卫生部推出的这项新政策，让王坤根得以遇见他生命中的贵人——恩师范士彦。

那年王坤根初中刚毕业，由于母亲身体不适，他陪伴她来到梅蓉中医联合诊所看病，当天接诊的正是范士彦医师，他是诊所三位中医师之一。当时，年过花甲的范老先生是四乡八里知名的大夫，医术高明，口碑很好，擅长妇科和内科疾病，临床经验非常丰富。之前，王坤根经常陪父母看病，因此早就认识范士彦。他问：“范医师，我妈妈的病要紧吗？”范医师点点头：“你母亲这病不要紧的，我这里开几副药，吃下去就会见好，放心吧！”

听到范医生这样说，王坤根脸上露出了笑容。这时范医师却颇有兴致地与他闲聊起来：“时间过得真快啊，这小孩一眨眼初中毕业了，对了，你帮我读一下这篇文章。”他拿过一张报纸指着一篇文章说。“好的，范医师。”王坤根接过报纸就认认真真读起来。范医师听他读完后又说：“你能把这篇文章的大概意思给我概括一下吗？”王坤根略一思索，就有条有理地把文章“捋”了一遍，还加进了自己的一些想法。那天范医生一直笑眯眯听他说话，还不住地点头。末了，他与王坤根的母亲说：“你儿子很聪明。”那天王坤根到药房取了药，便陪着母亲回家了，他一点不知道，自己通过了人生最重要的一次“面试”。

第二天他回家时，母亲欣喜万分地告诉他，范医生到家里来过了，主动提出要收他为徒……王坤根大喜过望，几天后，16岁的他一头挑着大米和柴火，一头挑着简单的铺盖，走进了梅蓉中医联合诊所，成为范的关门弟子。

他每天一大早就起来搞卫生，老师上班后，他便坐在一旁侍诊抄方子。范老师非常喜欢这个聪明有悟性的学生，悉心栽培他，将自己毕生积累的临床经验毫不保留地一点一点传授给他。王坤根敬重老师，好学上进。那时，年过花甲的范老师经常要出诊，由于不会骑自行车，他出诊一二十里全靠步行。每次王坤根都陪同老师徒步出诊，一边帮老师背药箱，一边向老师学习医技。

有一次他陪同师父出诊时，遇到一个年轻人溺水，村民刚将他从水中救出来，此时小伙子已经没有了呼吸，大家正急成一团，看见范医生像见了救星。范老师马上叫村民将不远处的一条水牛牵过来，将小伙子俯卧于牛背上，然后用鞭抽打令牛奔跑。一阵折腾，小伙子大口吐出了腹中之水，土法救了他一命……这件事让王坤根印象深刻，让他进一步领悟了“医者仁心”的含义。

师父领进门，修行在个人。王坤根除了跟着师父在实践中学习，还在范老师的指导下，研读大量中医中药书籍，不断积累基础理论知识。他不但好学，而且肯吃苦。当时广大农村所有的预防和防疫工作及疾病普查工作，都是由当地的联合诊所或卫生院来承担。梅蓉联合诊所的几位医师年龄都偏大，且诊务繁忙，因此这些防疫任务自然就由王坤根这样的中医学徒一肩挑起。

当时农村疟疾、丝虫病、钩虫病等传染病很多，农民白天很忙，王坤根他们都在晚上9点到凌晨2点这段时间，挨家挨户上门打预防针，发放预防药物。在钩虫病流行时，他们还要检查每位村民大便中是不是有钩虫卵。王坤根的吃苦精神和认真负责的工作态度，受到了当地百姓的一致赞赏。

从乡医到全国名中医

1966年，王坤根出师了，他顺理成章地留在梅蓉卫生所继续工作。此时的他已成长为具有一定临床经验的青年中医师了，可依然不可避免地遭遇到初出茅庐青年医师普遍会遇到的尴尬——无人问津。话要说回来，当时梅蓉卫生所

有好几位德高望重的老医师在坐堂，谁会去找一个初出茅庐的小伙子呢。

不过，是金子总会发光的。就在无意之间，他获得了展示的机会。

一天中午，其他老医师都回家午休了，诊所只有王坤根一个人在。这时传来一阵急促的脚步声，一群人闯进了诊所，抬进来一个十几岁的孩子，只见他面色苍白无泽，腹痛难忍，捂着肚子在诊查床上翻开滚去。家属此时已急得不知所措："医生你快救救他，救救他！"王坤根急步上前，对病人进行四诊，判定孩子得的是蛔虫导致的肠梗阻。他决定采用土法对孩子进行治疗，于是找来肥皂水给孩子灌肠。不多时，孩子解出蛔虫数十条，腹痛随之缓解。患儿家属抹着眼泪千恩万谢地离去，王坤根的名声一下子传开去了。

有一天王坤根值夜班，半夜里有梅蓉村陈家自然村人赶来。原来村子里有一农户两个孩子吃白果中毒，当时症状非常严重，小孩神志不清，角弓反张，呕吐食渣，脉象细微，口唇发绀，每刻都有呼吸麻痹的危险。

王坤根想起医书《重庆堂随笔》中看到过"解白果毒白果壳煎服，白鲞头煎汤频灌"的记载，便立即叫家属取白鲞头煎汤灌下。这一招很灵，患儿边灌边吐，很快便吐出一大堆胃内残渣，内中还有许多未消化的白果。经过一系列的抢救，两个孩子胃内的白果全部呕出，他们慢慢得到了康复……从此后，"范老先生的徒弟年纪虽小，医术不错"的消息不胫而走，慢慢地，周边村子人都认可了王坤根的医术，来找他的患者也越来越多。

王坤根的快速成长，最高兴的是师父范士彦。在出师后的三年时间里，王坤根在范老师和诊所其他医师的指导下，他在临床一线摸爬滚打，渐渐有了独当一面的能力。范老师因病回家休养前，将梅蓉卫生所的门诊工作交待给了他。就这样，他渐渐成为梅蓉卫生所"挑大梁"的人。此后他又调到桐君卫生院工作，凭借高超的医术和良好的服务，他很快便成为该院的骨干力量。

1978年，为了培养基层卫生人才，当时桐庐县卫生部门在分水镇建成一所桐庐县卫生进修学校，王坤根被推选担任主持工作的副校长。他不负重望，首开中医班。在做好学校管理工作的同时，他还主动承担了中医班《中医基础理论》《中医方剂学》《中医诊断学》《中医内科学》等课程的教学任务。

令人高兴的是，桐庐县卫生进修学校成效显著，中医班更为桐庐基层陪养了一大批“留得住”的中医药人才。其中不少学员现已成为桐庐县中医骨干，有的还成为市级名医，如桐庐济民医院康复门诊部主任、杭州市名中医臧明，桐庐县中医院桐君药祖国医馆馆长、杭州市名医姚梦华等，他们为传承和弘扬桐君“悬壶济世”精神，为桐庐中医中药事业发展做出了杰出贡献。

1979年，王坤根参加了当时在全国范围开展的中医招贤考试，以全省第一名的优异成绩，选拔调入浙江省中医院研究院临床研究室心血管组开展临床研究工作。36岁的王坤根，从此走出桐庐，步步向上，获得了一方更大的发展才华的舞台：1983年，他调入浙江省卫生厅中医处，担任分管业务的中医处副处长；1986年，王坤根担任省中医药管理局副局长职务；1998年，王坤根调任省中医院担任党委书记、院长及浙江中医学院副院长……2017年，他当选首届全国名中医，同年12月，他当选浙江省首批国医名师。

从梅蓉中医联合诊所的小学徒，到名满全国的名中医，王坤根为博大精深的中医中药事业做出了重要贡献，为家乡桐庐争了光。

2019年王坤根团队合影

“民间书法家”龚树标

龚树标（1877~1955），晚清的廪生，梅蓉村龚家人。他擅长柳体，书法造诣极深，为人书写寿屏及楹联，在桐庐、富阳、新登流传甚广，被誉为民间书法家。现郭侯王庙内的匾额“梅古堂”三字，便是他的遗墨。龚树标才华过人，当年曾任梅洲占魁学堂校长，任县议会议员5年，在县立第一高小任国文教员16年，聘任县志局协修地方志7年，任省宪法委员会议员18年。

[讲述人小档案] 龚海华，梅蓉村龚家自然村人，1980年出生，民间书法家龚树标的五世孙，一直在家乡务农。

口述人：龚海华

我是民间书法家龚树标的五世孙，虽说对我来说，这位祖爷爷只活在人们的传说里，但我从小就以他为荣，并以自己是龚树标的后人而自豪。

听家中的老人说，我的祖爷爷龚树标是九里洲上的“本土名人”，被誉为“民间书法家”。他一生酷爱舞文弄墨，书法造诣高深。他的字瘦硬挺拔，结体清遒大度，深得柳公权的精髓。那时他为人书写寿屏及楹联等，流传很广，在桐庐、富阳、新登三地名气很大。现存于郭侯王庙内匾额上的“梅古堂”三字，就是他遗存的真迹，此外，龚氏宗祠内柱子上的对联也是他所作。

龚树标一生爱梅，他的书法犹如梅花一般骨格清奇，他的诗词许多都与梅花有关，他还在自家屋后建了一个很大的“梅园”。每年当寒凝大地、梅花绽放之时，他就会邀请一帮文人墨客到园子里吟诗作画，喝茶赏梅。对九里洲上的一片“梅花海”，龚树标是看也看不够，写也写不够，爱也爱不够。

龚树标的这一份“梅缘”，与龚家先祖是一脉相传。

我们龚氏家族原籍湖州，到九里洲是“逐梅而来”。那是明正德年间（1506~1520），先祖到桐庐做生意，途经梅洲，见洲上梅花盛开，靠山面江，风景、风水甚好，就立意迁徙梅洲。不久后，先祖就携一家老小来到九里洲上居住，从此告别故土来此“与梅相伴”，就在九里洲上落脚生根了。

我们龚氏家族诗书传家，箴训甚严，先有孝、悌、忠、信、礼、义、廉、耻八箴，后又有诚、信、仁、厚、勤、俭、谦、卑八箴。在传统文化的薰陶下，龚氏后人中人才辈出，晚清时的龚树棠，后来的龚维仁等，都是诗书俱佳，文采风流，在民间很有名气。不过相比之下，龚树标是其中最杰出的一位。

提到我的祖爷爷龚树标，用“天赋异禀、才华横溢”来形容是一点也不为过的。他是晚清的“廪生”，精书法、善诗词，当年曾任梅洲占魁学堂的校长。后任县议会议员5年，在县立第一高小任国文教员16年，聘任县志局协修地方志7年，此后任省宪法委员会议员18年。我的祖爷爷龚树标，志向高远，才华横溢，一生都在以自己的才学报国。

不过，人们印象最深的还是他的“艺德”。

我的祖爷爷隐居九里洲，一生与笔墨作伴。他书法精湛，文笔精练，常为乡人书写门联、喜联、书信，还为其他姓氏家族续写的家谱作序。听家中的老人说，那时来找他的人非常多，有的是来求字的，有的是来求他写楹联的，他丝毫没有“名气脾气”，对谁都是一副亲切谦和的态度。

上门求字的人，有桐庐本地的，也有富阳、新登（那时新登也是县）等周边县市的。无论是名门望族的友人，还是种田做小买卖的乡民，我的祖爷爷龚树标都是一视同仁，从不推却，有求必应。他是一个待人很真挚的人，答应给别人写门联、喜联后，他从不敷衍，总是乐呵呵答应下来，然后凝神聚气，斟字酌句，推敲了又推敲，写了再写，直到自己满意为止。

他对梅蓉村的乡邻更是尽心，农户家添了箩筐、风车等新农具叫他写几个字，他也不会推脱，总是带上文房四宝就送“字”上门。他为农具题词，在风车上题的是“激浊扬清”，在箩筐上写“年年丰收”“风调雨顺”等，文字喜庆又吉祥。我们梅蓉村的王家自然村，现在还保存着一架古旧的水车，据说那上面的字，就是我的祖爷爷龚树标写的。

我祖爷爷龚树标上门为农户写字，又贴时间又贴精力，但他从不收分文。有时农民烧一碗点心招待他，他倒是乐呵呵地应承了，农户很高兴，他吃得也很开心。到了过年时，他为乡邻写对联、写斗方，更是忙得不亦乐乎。

他的人品和书法深得人们的敬重和喜爱，人们都以能获得他的字为荣。因此，他那金钩铁划般的书笔，就越来越多地“发表”在了本地和周边县市寻常人家的墙上、堂上、门上，他也因此被人们誉为“民间艺术家”。

与书法一样，龚树标的诗作也深得人们赞赏。

他的诗作大多与梅有关，如《梅洲辛未十二景》《三元里丙子新增八景》《九里洲梅花吟》，以及5梅诗《风梅》《雨梅》《雪梅》《月梅》《晴梅》等。他的诗作情感细腻，境界壮阔，读之令人心旷神怡。他有许多文学诗友，也常应他邀请来梅蓉欣赏“梅景”，写梅画梅。他还是“梅洲十景”诗歌的发起人，诗友们笔力遒劲，神采飞扬，以波涛汹涌的激情，描绘出了梅洲十景之“魂”。而龚树标写的那首《江中独秀》“锦江独秀镇中流，十里洋滩九里洲。花木楼台多近水，消寒宜暑乐春秋”更是意境深远。此诗把龚树标热爱家乡之情表现得淋漓尽致，而“十里洋滩九里洲”一句，更成为梅蓉人最爱的“金句”。

龚树标一生留下了极多的文字作品，如在《龚氏家谱》中，就收录了他的大量文学作品。他的作品直抒胸臆，内中的“忠孝节仁义礼智信”，讲得透彻，写得实在，篇篇都透着“德信”的力量；而他写的尊祖、哭妹、念兄、思母的文字，则无不写得情真意切，字字句句读来令人动容。

据家中的老人说，新中国建立后，由于“成分不好”，因此祖爷爷的大房子和他心爱的梅园都充公了。土改后，他与家人住在大屋边上一幢土屋中，由于他一生为人很好，因此当地并没有人为难他，对他依然很尊敬。

1955年6月，祖爷爷龚树标病逝。去世刚两天，人还未出殡，梅蓉村遭遇一场特大洪水，大水冲倒村里80多间房子，梅蓉村一片汪洋。幸好我祖爷爷的房子没有冲毁，老人安然地等到了大水过后入土为安。祖爷爷的坟墓就在梅蓉的山上，能长眠在家乡的美丽土地上，祖爷爷肯定心满意足了吧。

后记

口述梅蓉

习近平总书记指出：“乡村振兴既要塑形，也要铸魂。”

这是一本散发着泥土气息的口述村史。这本书的背后，是桐君街道为实施乡村“文化振兴”而启动的针对梅蓉村的“口述史料”的抢救行动。

梅蓉村于2019年被列入第五批中国传统村落名录，又于2020年3月作为第二批村落单馆入驻中国传统村落数字博物馆。历史上的梅蓉村，曾以“九里一色”的梅景闻名四方；新中国成立后，梅蓉村又以“敢叫荒滩变绿洲”的精神名动天下，其“乡愁”之浓郁不言而喻。这个美丽古村落的创业史以及历史文化，在该村出的村史《九里洲巨变》等书籍中，都已有较详细的记载。

可是，梅蓉村的历史记忆不仅存在于文字档案里，还保存在每个经历者的记忆中。再详细的文献、档案，也难以载入亲历者的所见、所历、所闻，而那恰恰是能够最直接、最真实反映当时历史境况的第一手珍贵资料。可摆在人们面前一个严酷现实是：当年那段最珍贵创业史的亲历者，如今大多数都已进入人生暮年，他们那些刻骨铭心的历史记忆，也正在慢慢地消逝在人生长河的尽头。口述历史资料的收集，因此成为一项刻不容缓、迫在眉睫的工作。

为了抢救村落记忆，2020年上半年桐君街道组织成立《口述梅蓉》采写组，围绕着九里洲发展历史，尤其是新中国成立后的那段震撼人心创业史，对梅蓉村里的老人进行有针对性的采访。目标是通过他们的讲述，将原有文献资料中一些枯燥的统计数据和概括性文字，还原成一个个生动鲜活的故事。

口述史料的抢救行动，就这样开始了。

当时新冠疫情的阴云刚刚开始消退，采写组的三位同志便戴着口罩奔赴梅蓉村。在该村村委的大力支持配合下，将村里一些古稀老人、耄耋老人分批请来村委，共同回忆那段峥嵘岁月。对一些行动不便的老人，则一次次上门采访。半年来，我们先后采访了30多位老人，并将他们的口述情况，与相关历史文献资料互相印证核实，然后再用心整理成文字稿，最后便有了这本书。

说实话，这个项目做起来并不轻松。

被采访者都上了年纪，他们中有几位已经90多岁，耳聋眼花了，记性也不好，采访他们得靠“喊”，有时一句话得问好多遍，但在采写组同志的慢慢启发下，老人的记忆被一点一点激活，许多尘封的往事和鲜为人知的故事，因此被一件一件想起。说起那一段“战天斗地”的激情岁月时，这些讲述者神情激动，双眼发亮，喉咙也响了许多，仿佛当年火热的场景就在眼前一样。

这是一次艰苦的采访，也是一次幸福的采访：每当一段段珍贵的历史被发掘，采写组同志的内心都很激动，仿佛挖到了宝一样兴奋。在归途中，有种“满载而归”的感觉，连每次辛辛苦苦接送我们的镇干部单旻都为我们高兴。

随着采访的深入，我们对“梅蓉精神”感受益深，对梅蓉村父老乡亲的感情也在加深。徐根六为给每一位讲述人拍照和本书插图，在梅蓉村头巷尾、田头地角跑了二十几次；翁慧雯也在后期的排版、审校、宣发中熬了许多日夜。在本书的采写任务接近完成时，我们内心反倒有种不舍的感觉。

我们要感谢陈来春老人，他记录村史50年，一生积攒下最大“财富”，就是一大堆有关村落各个时期历史的发黄资料。他是梅蓉村历史的“活字典”，带给我们巨大的帮助。尤其是审稿阶段，他生病住院，本书的许多稿子是他在医院里完成审稿的。我们还要感谢梅蓉村党委纪委书记陈健康，身为退伍军人的他，也是“梅蓉巨变”的亲历者和见证者，他不但为我们提供资料，而且每次费心思地为我们落实讲述人，还常常百忙中亲自陪我们进村入户采访。80多岁的陈来春老人也一样，多次用他的小拖斗车送我们去采访，而乘坐他那辆“高级小车”下村采访的情景，已经成为我们最为亲切温暖的记忆。当我们向他表示感谢时，老人的回答总是简简单单：“你们是来帮我们村整理历史资料的，我还得谢你们呢。说实话，只要能把村庄历史记忆留下来，我就高兴了。”

更让人感慨的是，当本书在审校阶段时，我们得知，我们采访过的一位讲述人——91岁的陈关富老人与世长辞。虽说我们的文化“抢救行动”早了一步，但还是非常令人心痛。在历史的长河中，人的一生是多么渺小。梅蓉历史中的短短一段，就是他的一生。可正是这样一个个渺小的人，改变了地

形，改变了历史，成就了传奇。幸好还有文字，还有书籍能把他们记录下来。事实证明，我们此项行动意义重大，与时间赛跑，我们跑赢了。

一本口述历史，几多浓浓乡愁。在桐君街道领导的高度重视和全力推动下，在梅蓉村委的大力配合协调下，经过采写组同志半年多努力，这本《口述梅蓉》终于有了现在这个样子。在此，我们对梅蓉村那些可敬的讲述人表示感谢，对给予我们积极协作配合的梅蓉村干部和村民表示感谢！我们深信，梅蓉村会越来越美丽；我们深信，属于这方土地的“梅蓉精神”能薪火相传！

因采写人员水平有限，此书的错误和缺陷在所难免，许多极其珍贵的历史资料还来不及挖掘整理，在此敬请谅解，并欢迎读者批评指正。

《口述梅蓉》采写组

2020年11月28日

1962年
梅蓉村被评为
“浙江省农业先进集体”

1963年4月
中央新闻纪录电影制片厂拍摄了《访梅蓉大队》的纪录片

1963年12月
外交部副部长黄镇
陪同29个国家的外交使者69人前来参观访问

1966年
李先念副总理和中共浙江省委书记江华陪同阿尔巴尼亚部长会议主席谢胡前来参观访问，并赠送了“阿尔一号”麦种

1966年1月22日
日本代表团参观了梅蓉，并和梅蓉村民一起观看了演出。离开时向梅蓉大队赠送“人民胜利纪念碑”照片

1972年11月20日
中国人民解放军副总参谋长张才千和浙江省书记谭启龙陪同以巴卢库为团长的阿尔巴尼亚军事友好代表团访问梅蓉大队

1981年5月
浙江省委书记铁瑛在县委书记汪吉民陪同下视察梅蓉大队

1981年6月
澳大利亚朋友访问梅蓉大队

1984年8月
国际粮农组织专家来梅蓉进行水稻试验

为梅蓉创新史

作者：孙毅夫　刊名：人民画报　出版日期：1965　期号：第8期

口述梅莕

口述者